민주주의자들의 교실

민주시민교육의 실천

100시간교육 포럼

민주주의자들의 교실

민주시민교육의 실천

인천광역시교육청 학교민주시민교육
교사아카데미 지음

마북

시민되기를 통해 함께 성장하는 학생과 교사

한학범 인천인수초등학교 교사

2019년 한 해 '인천광역시교육청 학교민주시민교육 교사아카데미'(이하 교사아카데미)에 참여한 교사들이 있다. 왜 이들 교사들은 '민주시민'이라는 주제에 관심을 가졌을까? 학생들이 세상의 변화를 읽고 이해할 때 학교생활에서 제 의미를 찾아갈 수 있음을 보았기 때문은 아닐까? 교사아카데미는 자신이 시민이며 학생 또한 같은 시민임을 깨닫는 시간이었다. 교사아카데미에 참여한 우리 교사들은 다음 세 지점에 특히 의미를 두었다.

하나, 교사들은 교과목을 가르치는 일이 곧 학생이 시민으로 성장하는 변화로 이어지기를 소망했다. 교사아카데미 과정에서 교사들은 학생들이 스스로의 삶의 조건은 물론 세상일, 사회의 모습에 대해 자기 목소리로 말하는 존재로 성장해야 함을 공감해나갔다. 이를 위해 교사들은 학생에게 이미 정해져 있는 '프로그램'이 아니라, 학생과 함께 탐색하며 만들어가는 '프로젝트'를 용기 있게 제시하고 이를 실천했다. 자신이 이끄는 교과목과 교육활동이 '학생시민 되기'를 돕는 하나의 도구가 되길 희망했다. 학생들과 같이 호흡하기를 자청했다. 학생들이 공동체 속의 나를 발견하고 인식할 때 비로소 자기다운 모습을 찾고 진로찾기의 힘을 얻어갈 수 있다고 제안했다. 이제 교사들은 지식을 전수하는 역할에서 한발 더 나아가, 민주주의의 '정원'에서 정원사가 되고자 했다.

둘, 교사들은 학생의 성장을 이끌 가능성이 있는 내용을 찾기 위해 공식, 비공식 교육과정을 두루 살폈다. 학생들이 시민으로서 무엇을 할 수 있고 어떻게 하면 좋을지를 다룰 수 있는 핵심영역을 찾아갔다. 학생자치활동을 통해 학생들이 갈등을 조정하고 소통하는 과정을 익히도록 했다. 학생들이 점차 학교 밖 세상일에도 관심을 가지고 참여의 목소리를 낼 수 있도록 도왔다. 학생들이 민주주의를 삶의 태도로 체득하고 자신의 권리로 자각할 수 있도록 길을 열어주었다. 민주주의에 대한 '목마름'을 해소하려는 학생들의 노력을 격려했다. 교사는 가르치는 일을 하는 사람인 동시에 미래 시민인 학생의 동료 시민으로서 함께 살아가기 위해 무엇을 생각하고 실천하면 좋을지를 나누었다.

특히 학생 동아리에서 발현될 자율성의 힘에 주목했다. 동아리는 학생자치의 최전선이자, 학생 개개인의 차이가 드러나는 광장이다. 동아리활동은 기성세대의 눈에서 벗어날 수 있는 '비밀의 정원'인 동시에 학생끼리 자신을 내보일 수 있는 열린 공간이기도 하기 때문이다. 동아리활동을 하며 학생들은 서로를 환대하며 동료 시민으로 존중하고 함께 시민 공터에서 성장할 수 있다.

셋, 교사들은 자신을 선배 시민으로 부르기 시작했다. 교사아카데미에서 민주시민교육 철학을 함께 공부하고 다른 교사들의 실천사례를 접하면서 교사들은 자신이 시민이 되어야 함을 더욱더 자각하게 되었다. 자신의 시민성을 자각한 교사들은 학생들을 '학생시민'으로 불렀다. 선배 시민이자 '교사시민'이 된 교사들은 학생들이 시민다움을 찾는 여정에서 최고의 조력자가 되었다. 이 과정에서 교사들은 자신만의 민주시민교육의 장(場)에서 벗어나, 너와 내가 함께하는 모두의 민주시민교육 광장으로 향했다.

이처럼 민주시민교육은 모두를 위한 교육이다. 민주시민교육은 모든 학생이 각자의 소망은 물론 일상생활에서 맞닥뜨리는 현실적인 문제를 고민하는 '창(窓)'이 되어야 한다. 민주시민교육을 통해 길러진 시민성은 학생들이 앞으로 더불어 살아가는 데 생애체력이 될 것이다. 교사들이 시행착오를 거듭한 끝에 찾아낸 민주시민교육 실천의 길 위에서 학생들도 스스로 나아갈 힘을 키울 것이다.

제도적인 수준에 그쳤던 민주주의가 가정, 학교, 사회 곳곳으로 스며들기 시작했다. 다름을 인정하고 관용할 줄 아는 태도의 중요성이 날로 높아지고 있다. 우리 학생들이 살아갈 세상은 바로 그런 모습이 될 것이다.

그렇다면 우리 학생들은 어떨 때 시민이 되고자 하는 마음을 갖게 될까? 처음엔 교사의 안내에 따라 무심히 그 길을 걸을 수 있다. 하지만 과정 어딘가에서 학생이 불현듯 스스로 애쓴 순간이 생길 것이다. 비록 학생들이 성취해낸 것이 미흡해 보일지라도 교사와 학생이 함께 노력한 순간순간이 만나 시민되기의 스펙트럼으로 채워지는 것이 아닐까. 교육의 이름으로 교사시민과 학생시민이 함께 동등한 존재로서 부대낀 흔적들이야말로 교육활동의 고갱이라고 생각한다.

이 책은 저자들이 자신의 공간에서 고민하고 실천한 내용을 담았다. 13명의 선생님이 학생들과 함께 길을 찾아간 기록이다. 이렇게 한 권의 책으로 묶어 알리게 되어 기쁜 마음 가득하다.

차례

1부

초등학교 민주시민교육 실천기

교사인 내가 완벽한 존재가 아니라는 것을
인정하는 일은 어렵지만, 안심되는 일이기도 하다.
학생들이 미숙한 존재가 아니라는 것도
받아들여야 할 일이다.

이옥경 인천장도초등학교 수석교사

1. 선배와 후배 민주시민의 만남

교사로서 초등학생을 후배 민주시민으로 본다는 것은 어떤 의미일까? 그것은 바로 초등학생이 일상생활과 학습에 필요한 기본습관과 기초능력을 기르고 바른 인성을 함양하면서 민주주의를 자율적으로 경험할 수 있도록 교육하는 일이다. 즉, 미래의 민주시민으로서 필요한 지식, 기능, 가치·태도를 익힐 수 있도록 배움을 계획하고 실행하며, 이 과정에서 배움의 주체적인 참여자로 학생을 존중하는 일이다. 또한 이런 의도되고 계획된 공식적인 교육과정과 함께 잠재적 교육과정에서도 배울 수 있도록 돕는 일이다. 잠재적 교육과정이란 의도하거나 계획하지 않았지만 수업이나 학교의 교육활동에서 은연

중에 배우는 가치, 태도, 행동 양식 같은, 교육 결과로서 경험된 교육과정을 말한다. 특히, 중요한 것은 교사가 '선배 민주시민'으로 살아가는 일상의 모습이 잠재적 교육과정으로 학생들에게 자연스럽게 스며들 필요가 있다. 그러니 공식적인 교육과정에서의 교육보다 어쩌면 더 힘든 것은 교사가 선배 민주시민으로서 거듭나는 일이 아닐까?

교사로서 일상의 교육활동에서 주체적으로 옳고 그름을 분명하게 표현할 수 있고, 정의와 상생의 원칙에 따라 공적 책임과 연대의식을 제대로 발휘하는 선배 민주시민으로 패러다임을 전환하는 것은 쉽지 않다. 이는 기존의 삶에서 탈피하는 철학적 뿌리로부터의 인식적 변화로, 두려움과 어색함을 무릅쓰고 실천하는 도전이기 때문이다. 하지만 '선배 민주시민이자 교사'로의 변화 과정에서 겪는 혼란과 어려움 속에, 시행착오를 겪는 내 모습을 함께 공감하며 잘 들어주는 동료들이 있기에 용기를 내면서 조금씩 변화의 물꼬를 트고 있는지 모르겠다.

이렇게 변화를 향해 나아갈 수 있는 그곳은 어디일까? 누군가가 민주시민교육을 위한 교육과정 운영에서 겪는 어려움이나 실패담을 이야기하면 공감하면서 충분히 들어주는 공간이다. 서로에게서 위로와 다시 시작할 힘을 받을 수 있는 곳이다. 비록 작은 성공담이라도 내 성공처럼 기뻐하고 함께 축하해주는 따뜻한 힘이 작용하는 이 공간은 어디일까?

서로의 차이를 편안하게 드러낼 수 있도록 정서적, 물리적으로 따뜻하게 연결된 공간으로, 2019년 함께 민주시민교육 100시간 연수를 받은 교사아카데미 공동체와 몇 년간 함께 공부해온 전문적 학습

공동체 교사모임이 생각난다. 그 공간에서 우리는 자연스럽게 서로에게 배울 수 있는 준비가 되고, 동시에 배워가고 있다. 그래서 이상적인 일을 혼자만 꿈꾸는 것이 아니라, 우리의 일상에서 공동의 힘을 모아 실현할 수 있도록 함께 상상하고 이야기를 나눈다. 그러한 공간 속에서 우리는 자신의 것을 아낌없이 나누는 동료들의 힘으로 조금씩 선배 민주시민이 되어가고 있는 게 아닐까.

그렇다면 이렇게 조금씩 성장해가는 선배 민주시민 교사로서, 학생들이 후배 민주시민으로 성장할 수 있도록 하려면 어떻게 교육의 방향을 잡으면 좋을까?

2. 후배 민주시민을 위한 수업 방향

앞서 제기한 질문의 답을 학생참여 중심 수업 그리고 성장을 지원하는 평가에서 찾고 싶다. 학생참여 중심 수업이란, 학생의 관심과 흥미를 바탕으로 초등학생 수준에 맞게 민주시민교육의 가치를 반영한 삶과 밀접한 배움이다. 즉, 학생이 자기주도적으로 참여하도록 생활에서 접하는 문제상황을 제공하여 친구와 협력적으로 문제해결을 하면서 함께 배워가는 수업이다. 이 수업과정에서 친구와의 비교가 아니라, 과거의 나보다 조금씩 성장하고 있음을 느낄 수 있는 평가가 성장 지원 평가이다. 아울러 수업과정에서 학생들이 수업시간에 배운 것을 성찰하면서, 자신의 배움 속도대로 무엇을 배웠는지 설명할 수 있는 평가이다. 또 배움이 부족한 학생은 적절한 시점에 교사와 친구들의 피드백을 받아 배움의 틈새를 채울 수 있다. 이러한 따뜻한 배움이 있는 수업과 성장 지원 평가이기도 하다. 물론 학생참여 중심 수업과 성장 지원 평가가 가능하기 위해서는 교육과정 재구성이 선행되어야 한다. 이런 교육 방향으로 간다면 학생들도 자신의 속도에 맞게 자연스럽게 후배 민주시민으로 성장할 수 있지 않을까?

교육현장인 학교로 가보자. 일선의 선생님들도 민주시민교육이 단순한 '앎'이 아니라 민주적 '삶'을 실천하는 역량중심의 교육이어야 한다는 것에는 대부분 동의한다. 그러기에 학생의 성장을 돕기 위하여 공식적인 교육과정과 잠재적 교육과정에서 민주시민교육을 녹여내고 그것을 어떻게 수업과 평가로 연결할 수 있을까에 대한 의문, 실천에 대한 고민이 있다.

2015 개정 교육과정에서 민주시민교육은 안전·건강, 인성, 진로, 인권, 다문화, 통일, 독도, 경제·금융, 환경·지속가능발전 교육과 함께 10개의 범교과 학습주제 중 하나로 설정되었다. 그래서 교육부에 따르면, 교과와 창의적 체험활동 등 교육활동 전반에 걸쳐 통합적으로 지도하도록 되어 있다. 그러나 범교과 주제학습에서 다루는 민주시민교육은 '청렴·반부패교육 및 준법정신, 근로자의 권리와 의무 교육'으로 그 개념을 협소하게 정의하고 있다. 게다가 시민 자율성을 제한하는 등 내용 구성과 개념 정의에 많은 한계를 가지고 있어 실질적인 학생지도에 어려움이 많다. 특히, 가장 중요한 것은 교육을 담당한 교사들인데, 대체적으로 주입식 교육에 길들여져 자라왔고 민주시민으로 살아온 경험도 많지 않다. 게다가 체계적인 민주시민교육 연수 등을 받지 못했기에 실천의 길이 마냥 쉽지만은 않다.

사정이 이렇다보니 학교현장에서는 외부 강사를 초빙해 민주시민교육 수업 시수를 채우거나, 자습시간에 영상물을 트는 것으로 대체

하는 경우가 대부분이다. 또한 교육과정 상에 민주시민교육 관련 주제가 나오면 교육과정 진도표에 민주시민교육을 실시한 것으로 표시하는 등 형식적인 민주시민교육에 그치는 경우도 많다.

이처럼 실질적인 민주시민교육이 어려운 현 여건 속에서 어떻게 실마리를 풀어가면 좋을까? 우선 민주시민교육을 시작하는 초보자의 시선으로 단계별 교육과정을 재구성하는 것에서 시작해보았다. 수업에서 학생참여를 늘리고 평가 또한 학생의 성장을 지원하는 데 초점을 맞춰 진행했다.

3. 초등교실에서 이뤄진 민주시민교육

초등도덕 교육과정에 적용한 민주시민교육

민주시민교육의 방향을 도덕교과에서 살펴보겠다. 여러 교과 중 도덕을 택한 이유는 민주시민교육처럼 실천을 강조하는 '도덕함'을 추구하기 때문이다. '도덕함'이란 용어는 삶의 의미를 자율적으로 찾는 도덕적 탐구와 윤리적 성찰과 실천이 연결된 포괄적 개념으로, 도덕교과에 민주시민교육을 적용한다면 학생의 배움이 삶으로 전이될 가능성이 타 교과보다 높을 것이다.

2015 도덕과 교육과정 내용 체계를 살펴보면, 타 교과와 차별되는 핵심가치와 내용 요소별 질문이 개발되어 있다. 이 점에서 볼 때, 도덕교과에 민주시민교육을 적용하기가 유리하다. 자료1은 내용 체계 중에 타인과의 관계 영역 부분으로, 핵심가치는 배려이고 일반화된 지식과 해당 영역 내용 요소가 질문으로 제시되어 있는 것을 확인할

자료 1. 2015 개정 초등 도덕과 교육과정 내용 체계 중 타인과의 관계

영역		타인과의 관계
핵심가치		배려
일반화된 지식		가족 및 주변 사람들과 더불어 살아가기 위해 서로 존중하고 예절을 지키며 봉사와 협동을 실천한다.
내용 요소	3-4 학년군	· 가족의 행복을 위해 무엇을 해야 할까? (효, 우애) · 친구와 사이좋게 지내기 위해 어떻게 해야 할까? (우정) · 예절이 없다면 어떻게 될까? (예절) · 함께하면 무엇이 좋을까? (협동)
	5-6 학년군	· 사이버 공간에서 지켜야 할 것은 무엇일까? (사이버 예절, 준법) · 서로 생각이 다를 때 어떻게 해야 할까? (공감, 존중) · 우리는 남을 왜 도와야 할까? (봉사)
기능		· 도덕적 대인관계능력 · 도덕적 정서능력 - 경청·도덕적 대화하기 - 도덕적 민감성 갖기 - 타인 입장 이해 인정하기 - 공감능력 기르기 - 약속 지키기 - 다양성 수용하기 - 감사하기

수 있다.

　자료 1, 2는 도덕교과에서 일반화된 지식과 성취기준을 중심으로 수업 방향을 설정한 것이다. 이 자료에도 제시되었듯이, 일반화된 지식이란 학생이 해당 영역에서 알아야 할 보편적인 지식이다. 그리고 성취기준이란 학생이 교과를 통해 배워야 할 내용과 이를 통해 수업 후에 할 수 있거나 할 수 있기를 기대하는 능력을 결합하여 나타낸 수업활동의 기준이다. 자료 2에서 제시하는 도덕 수업의 성취기준 [4 도02-04]을 살펴보면, 성취기준 아래 두 가지 질문이 나와 있어 도덕과 협동 프로젝트 학습과 성장 지원 평가를 위한 기준점으로 활용할

자료 2. 2015 개정교육과정 3-4학년군 도덕과 성취기준 중 협동 성취기준

영역	타인과의 관계
핵심가치	배려
3-4학년군 성취기준	[4도02-04] 협동의 의미와 중요성을 알고, 경청·도덕적 대화하기·도덕적 민감성을 통해 협동할 수 있는 능력을 기른다. ① 협동의 의미와 중요성은 무엇이며, 협동을 위해 어떤 자세와 태도가 필요할까? ② 다양한 활동을 통해 알게 된 협동의 방법은 무엇이며, 이를 어떻게 실천할 수 있을까?

수 있다.

이와 관련한 수업 사례는 4학년 2학기 협동 프로젝트 수업과 '백워드(backward) 설계'의 수행형 평가로 구안했다. 기존 타일러 교육과정 설계 모형은 교육과정 목표 설정, 학습경험의 선정과 조직, 평가 단계로 이루어졌는데, 이 백워드 설계는 기존에는 마지막 단계로 인식했던 평가를 처음 단계에 두고 있다. 이처럼 교육의 목적과 평가에 따라 교육과정을 개발·실행한다는 점에 착안해, 이 개발모형을 '백워드 설계'로 부른다. 이는 위긴스와 맥타이에 의해 고안되었으며, 기존의 지식 위주 암기교육이 오히려 학력을 저하시키는 것에 대한 반성으로 등장한 이해중심 교육과정으로, 앎과 삶의 적용을 통한 심층적 이해에 목적을 두고 있다.

이 이해중심 교육과정은 2015 개정 교육과정이 도입되면서 교육과정의 질적 수준을 개선하기 위한 학생중심 교육과정 운영 방법의 하나로 소개되었다. 학생의 진정한 이해를 강조하며, 학생들이 이해하고 있다는 것을 증명하는 것을 '전이'로 설명한다. 즉, 위긴스와 맥타이(2005)에 따르면, 학생들은 스스로 알고 있는 지식과 기능을 새로운 상황에 유창하고 유연하게 적용하는 과정을 거쳐야 하며 이를 전이라고 한다. 이 전이야말로 민주시민교육에서 강조하는 학생의 주체적 배움을 실생활에서 실천하는 것과 방향과 같지 않은가? 또 백워드 설계의 평가는 수업과정에서 평가 피드백이 지속적으로 이루어질 수 있다. 따라서 학생들이 일회성 평가의 대상이 아니라, 지속적 성장을 경험할 수 있는 평가의 주체가 된다는 점도 민주시민교육과 방향이 일치한다.

이와 같은 방향은 현재 인천시교육청의 교육 비전에서도 찾아볼 수 있다. '삶의 힘이 자라는 우리인천교육'으로 다양한 현상을 이해하고 문제를 해결하는 데 필요한 역량을 기르는 것을 강조한다. 또한 학교 구성원의 소통과 협력으로 학생들이 민주시민으로 자라도록 교육과정을 운영하여 학생 스스로 삶의 힘을 키워가도록 돕는다. 2015 개정 교육과정에 발맞춰 학생들이 후배 민주시민으로 자랄 수 있도록 돕는 내용으로 도덕교과 수업을 재구성했다. 진정한 앎이 무엇인지를 생각하고 실천하도록 이끄는 수업을 통해, 지식 교육을 넘어 삶의 교육이 되고자 했다.

성장중심 평가와 학생참여 수업

익숙한 것으로부터 새로운 방향으로 수업과 평가의 변화를 시도하는 것은 시간과 노력을 필요로 한다. 달라진 수업과 평가 방식이 학생들을 변화시키고 수업 몰입도도 높여주었다. 그래서 실천의 어려움에도 불구하고 계속할 힘과 용기를 얻을 수 있었다. 이런 시도는 후배 민주시민으로 학생을 존중하며 교실에서의 배움을 세상과 연결해 학습할 수 있도록 안내한다. 이 배움의 과정에서 학생들은 친구들과 협동하면서 각자 삶의 이야기를 만들어낼 것이다.

백워드 설계로 실행한 수업으로 가보자. 앞서 말했듯이 기존 수업 설계와 달리, 목표에 도달했는지 여부를 판단할 평가를 미리 고려해 수업을 한다. 수업 과정 중에 학생들에게 피드백을 꾸준히 함으로써, 학생들이 학습 내용을 심층적으로 이해할 뿐 아니라 실천하도록 이끄는 효과도 크다.

위긴스와 맥타이의 백워드 설계는 3단계로 구성된다. 1단계는 학생들에게 기대하는 결과를 확인하는 단계로, 목표를 설정한다. 2단계는 학생들이 이해했다는 증거를 결정하는 단계로, 평가 계획을 수립한다. 위긴스와 맥타이(2005)는 이해를 여섯 가지 측면으로 제시하였다. 설명하기(explain)와 해석하기(interpret), 적용하기(apply)와 관점 가지기(perspective) 및 공감하기(empathy), 자기성찰(self-knowledge)이다. 즉, 이런 다양한 측면의 이해를 증명하는 것으로 실제적인 수행과제를 활용하는데 이게 바로 전이이다. 3단계는 학습 경험과 수업을 계획하는 단계로, 수업활동을 계획한다.

이런 과정을 적용한 사례를 소개한다. 도덕과 4학년 2학기 4단원 '힘과 마음을 모아서'는 협동이 주된 가치이다. 수업 1단계에서 기대하는 교육과정 성취기준은 '협동의 의미와 중요성을 알고, 경청·도덕적 대화하기·도덕적 민감성을 통해 협동할 수 있는 능력을 기른다'이다. 성취기준을 토대로 협동 프로젝트 학습의 성취목표를 설정하였다.

2단계는 학생이 목표에 도달했는지 이해의 증거로 평가 계획을 하는 단계이다(자료3 참조). 여기서 학생은 수동적 평가 대상이 아니라, 주체적 평가의 참여자로서, 협동에 대한 배움의 큰 그림을 그리고 평가의 시나리오를 완성한다. 수행에 기초한 과제를 개발하는데, 학생들이 이해하고 배운 것이 삶으로 전이될 수 있는 문제해결 과정으로 제시한다. 즉, 실생활에 적용할 수 있는 상황(Situation)에서 학생이 어떤 목표(Goal)를 갖고 구체적인 청중(Audience)을 고려하며 어떤 특정한 역할(Role)을 맡아 기준(Standard)에 따라 수행(Performance)하고 결과물을 만들어 구성할 것인지에 초점을 둔다. 이 수행과제 요소의 앞 철자를 따서 'GRASPS 모델'이라고 부른다. 어떻게 실제로 협동하도록 수행과제를 개발했는지 보면 자료3과 같다.

3단계는 2단계의 수행과제 실행에 적절한 수업활동을 계획하는 단계이다(자료4 참조). 기대하는 결과를 성취할 수 있는 학습활동을 선택해 목표와 학습활동이 일치하도록 계획한다. 이 단계를 계획할 때, 짜임새 있는 경험 조직을 위해 'WHERETO'를 활용한다. 이것은 학습을 계획할 때 필요한 각 원칙의 앞 철자를 딴 것으로, 차시별 학습 내용을 짜는 데 유용하다. 자료4는 위긴스와 맥타이가 제안한 템플릿으로, 이를 번역한 도서나 자료를 여러 권 살펴보고 나름대로 정리한 것이다. 이 부분에 대해 궁금하거나 구체적으로 더 알고 싶다면 참고문헌을 더 찾아보길 권한다.

백워드 3단계를 적용한 협동 프로젝트 수업의 흐름을 현행 교과서와 비교해 제시하는 것은 의미가 있다. 자료5의 교과서 중심 수업도 협동을 핵심가치로 가르친다는 점에서 같지만, 수업 차시들 간에 연계성이 부족하고 실생활에서 협동을 경험할 수 있는 수업이 되기에 어려움이 있다. 하지만 자료6처럼 교육과정을 재구성한 수업에서는

자료 3. 백워드 2단계 수행과제

GRASPS 모델	협동 프로젝트 수행과제
목표(Goal)	모둠별 협동능력을 길러 협동발표대회 참가하기
역할(Role)	발표대회 참가자로 협동할 모둠과 협동 주제 정해 연습하기
청중(Audience)	선생님과 친구들
상황(Situation)	학급 협동 프로젝트 발표대회 준비
수행(Performance)	3가지 기준을 반영해 계획하고 연습해 결과물 만들기
기준(Standard) 1. 지식 2. 기능 3. 가치·태도	1. 모둠별 협동의 의미와 중요성을 이해하고 있는가? 2. 모둠별 협동 프로젝트를 협동적으로 준비하고 발표하였는가? 3. 모둠별 준비와 발표 과정에서 협동 의지를 나타내고 있는가?

자료 4. 백워드 3단계 학습활동 계획하기 : 'WHERETO' 활용

1	W-학생들에게 단원의 목표와 방향이 무엇인지 알게 해주는가? (Where, Why)
2	H-학생들에게 흥미를 갖도록 하고 그것이 지속되도록 돕는가? (Hook)
3	E-학생들에게 필요한 지식을 학습하고, 주요 아이디어 경험 및 탐구 기회를 제공하는가? (Explore, Equip)
4	R-학생들이 이해한 것과 수행 결과물을 다시 생각하고 수정할 기회를 제공하는가? (Reflect, Rethink, Revise)
5	E-학생들이 수행한 과제와 결과물의 의미를 평가할 기회를 제공하는가? (Evaluate) E2로 구분
6	T-학생의 다양한 필요, 관심, 능력에 맞추어 학습활동을 다양화(개별화)하는가? (Tailored)
7	O-학습활동이 학습효과를 극대화하고 흥미와 참여를 유지하며 조직되는가? (Organize)

자료 5. 교과서 4-2학기 4단원 주요학습 내용 및 활동

단원	차시	주요학습 내용 및 활동	도덕 교과서
4. 힘과 마음을 모아	1	협동의 의미와 중요성 및 협동 까닭 알아보기	72~73
	2	협동단계를 익혀 실천 방법 찾기	74~77
	3	협동하기 위한 올바른 선택 알아보기	78~81
	4	함께 협동 게임을 하며 협동 실천 의지 다지기	82~85

자료 6. 'WHERETO' 요소를 적용한 교육과정 재구성

단원	차시	주요학습 내용 및 활동	WHERETO 요소
4. 힘과 마음을 모아	1	· 협동 프로젝트 브레인스토밍과 핵심질문 탐색하기 · 협동 프로젝트와 수행과제 탐색하기 · 주제와 모둠 구성은 선호도를 고려한 학생 맞춤형 수업	W, H, E, T
	2	· 모둠별 협동 프로젝트 계획 및 역할 분담하기 · 모둠에 맞는 협동단계를 익혀 실천 방법 찾기 · 협동 프로젝트를 위한 올바른 선택 탐색하기	T, R
	3	· 모둠별 협동 프로젝트 진행과 협동 실천의지 점검하기 · 모둠별 협동 프로젝트 발표대회를 위한 역할 분담하기 · 협동 프로젝트 발표대회 준비 및 발표 연습하기	T, R
	4	· 단원 핵심가치와 핵심질문 확인하기 · 협동 프로젝트 발표대회 참가 및 관람하기 · 협동 프로젝트 성찰하며 실천 의지 다지기	E, T

협동의 큰 그림을 함께 그리고, 배운 지식을 협동이 필요한 상황에 실제 적용하도록 할 수 있는 장점이 있다. 학생들은 배운 것을 실천함으로써 실제 삶에서 필요한 힘을 키울 수 있을 것이다.

협동 프로젝트 수업

앞에서 소개한 수업이 2020년에 뚝딱 나온 사례는 아니다. 1년 동안 도덕 전담 수업을 하며 여러 반에서 시행착오를 겪은 결과물이다. 학생들이 원하는 친구들과 자발적으로 모둠을 만들고, 모둠원들의 관심에 따라 협동 주제도 선택할 수 있게 계획했다(자료6 참조). 협동 프로젝트 수업 첫 시간에 핵심질문으로 학생들과 '협동'의 큰 그림을 그려보았다. 즉, 협동이 무엇이고 왜 중요할까? 협동을 위해 어떤 자세와 태도가 필요할까? 이 질문에 관해 생각을 나누고 자신의 언어로 협동을 정의하고, 협동이 왜 중요한지 함께 이야기하였다.

하지만 모둠을 구성하는 출발 단계부터 쉽지 않았다. 한 학급에서 학생들끼리 감정이 대립되어 모둠을 구성하지 못하고 시간이 지체되는 어려움이 생겼다. 재호(가명)와 민수(가명)가 직접적인 당사자였지만, 학급 전체 분위기에도 문제가 있었다. 재호는 평소에도 친구들을 괴롭히며 분노조절이 안 되어 피해를 주고 방해 행동을 일삼는 학생이었다. 그래서 아무도 그와 모둠을 하고 싶어 하지 않았다. 또 민수는 무기력한 학생으로 무표정에 늘 말없이 혼자 겉도는 학생이었다. 미리 모둠 구성 전에 이런 사건을 예방하고 싶어 존중과 협동에 관해 이야기하였으나 별 효과가 없었나보다.

다른 학생들 사이에서 "그냥 수업하지, 왜 이런 걸 하냐, 귀찮다"

라는 반응도 나왔고, "그냥 번호대로 하자", "선생님이 그냥 모둠을 지정해달라"는 의견도 나왔다. 순간적으로 난 다시 숨을 고르고 왜 우리가 협동 프로젝트 수업을 하는지, 협동 프로젝트 수행과제가 무엇인지 질문하였다. 그리고 우리가 방법을 민주적으로 찾는 것이 왜 중요한지 함께 의견을 나누었다. 일방적으로 협조를 부탁하는 것보다 학생들이 찾아내도록 하고 싶었다. 재호와 민수의 협동 프로젝트 수업에 관한 개인적인 생각과 관심 분야도 확인하고, 학급 학생들과 협의하며 다시 모둠 구성을 하였다. 이런 우여곡절 끝에 다행히 줄넘기 모둠과 그림 그리기 모둠에 두 학생도 각각 합류했다. 그 과정에서 왜 이렇게까지 하면서 해야 하나, 생각도 들었다. 하지만 학생들이 문제를 해결해나가는 과정 자체가 협동이 얼마나 실현하기 힘든 가치인지 몸소 체험하고 배우는 계기가 될 것이라 기대했다.

협동 프로젝트 과정에서는 모둠별로 의논하여 계획서도 쓰고 역할을 분담하면서 함께 프로젝트 발표대회도 준비하였다. 협동 프로젝트 발표대회를 위한 연습과정을 보면서 난 놀라지 않을 수 없었다. 물론 모든 학생이 열심히 준비한 건 아니지만 많은 학생들이 모여 연습하는 과정을 볼 수 있었기 때문이다. 시간을 내서 긴 줄넘기를 연습하는 모습, 협동하는 동영상을 찍기 위해 점심시간에 특별실을 빌려달라고 요청하는 모습, 발표대회 준비로 연습하면서 겪는 어려움을 해결하기 위해 도움을 요청하는 학생들의 모습에서 자발적인 협동의 힘을 느낄 수 있었다. 물론 새로운 수업을 준비하면서 챙길 것도 많고, 학생들이 스스로 얼마나 협동할 것인가 걱정도 되었던 것이 사실이다. 그런데 학생들의 눈빛이나 협동 프로젝트 학습에 임하는 자세를 보면서, 학생들이 주도하는 수업의 힘을 느꼈다. 일방적으로 강요된 협동이 아니라 자신들이 스스로 선택한 프로젝트를 위해 능동적으로 협동하는 모습을 보며 감동하기도 했다.

협동 발표대회 수업 당일, 담임 선생님도 초대하여 그동안 준비했던 협동 프로젝트 발표를 함께 보았다. 한 담임 선생님의 "아마 하라고 시켰으면 저렇게 시간 날 때마다 모여 연습하며 적극적으로 하지 않았을 거예요"라는 말씀이 기억에 남는다.

그리고 학생들이 협동하여 연습한 발표를 보면서 그간의 몇몇 장면도 떠올랐다. 긴 줄넘기 모둠이 나왔을 때, 우린 책상을 뒤로 밀어 앞에 공간을 만들었다. 다양한 긴 줄넘기 동작을 숨죽이고 지켜보면서 때로는 환호성도 지르고, 실수할 때는 괜찮다고 위로도 하며 큰 박수를 보냈다. 리코더 연주 모둠은 영화주제가와 그 당시 유행했던 드라마 OST를 조용하게 연주하였는데, 모두 숨죽이고 감탄하며 감상하였다. 여학생 2명이 팀을 이루었는데 소리소문없이 함께 시간 날 때마다 엄청나게 연습을 많이 했다는 이야기도 나중에 들었다. 수준 높은 연주에 우리 모두 기립박수를 보냈다. 특히, 인상적인 발표는 '컵으로 하는 난타'라는 의미로 이름 붙여진 '컵타' 공연으로, 수업시간에 조용해서 눈에 잘 띄지 않았던 학생들로 구성된 모둠이었다. 진지하면서도 때론 열정적으로 박자에 맞추어 신나게 발표한 공연이 수준급이었다. 우린 큰 박수를 치며 환호를 보냈다. 학생들의 숨겨진 에너지 방출이 놀랍기만 했고 감동적이었다. 이 세 모둠 외에도 협동 동영상을 찍어 발표한 모둠과 협동댄스 공연, 협동하여 그리기와 만들기 등 다양한 발표에서 학생들의 협동정신과 노력을 느꼈다.

물론 친구 탓을 하며 불만스러워하고 결과물 완성이 질이 떨어지는 모둠도 있었다. 그렇지만 그 학생들도 준비 과정에서 의견을 나누고 조율하며 서로 힘을 모아 협동하는 것이 저절로 되지 않는다는 점을 깨달았으리라. 또한 다른 모둠이 협동해 완성한 결과물을 발표하는 것을 지켜보면서 뭔가 느끼는 게 있었을 것이다. 협동 프로젝트 발표대회를 지켜보는 학생들의 몰입도는 놀랄 만큼 높았다. 학생들 스스로 함께할 친구들을 선택하고, 주제를 골라 준비를 거쳐 발표까지 한 작품이 그들의 눈에도 소중하게 여겨지지 않았을까? 아마 다른 모둠의 발표를 지켜보거나 자기 모둠의 발표를 준비하고 직접 발표하는 과정에서 협동의 중요성이 더 다가왔을 것이다. 그리고 수업시간이나 연습 과정에서 과거의 자신보다 조금씩 성장하면서 함께할 이야기도 생겨났으리라.

4. 실천을 이어가야 할 이유

2020년에는 코로나19로 학생들과 실제 수업을 하지 못해 아쉬웠다. 그러나 민주시민교육의 관점에서 과거의 수업을 되돌아보며 정리하는 뜻깊은 시간이었다. 앞으로 기회가 된다면 학생의 선택권을 최대한 허용한 기존의 협동 프로젝트 수업은 물론, 후배 민주시민으로서의 학생들과 함께한 수업과 평가 이야기도 쓰고 싶다. 학급이나 학교, 마을 문제 중 한 가지를 골라 협동하여 해결해나가는 과정으로 새롭게 수업해보면 좋겠다는 생각도 하게 되었다. '나' 중심 시각에서 '공동체' 중심으로 전환하여 해결해보고 싶은 문제를 선택하고, 친구들과 해결 과정에서 협동을 체험하는 것도 의미가 있을 거라는 생각이 들었기 때문이다.

　이렇게 삶과 연결된 학생중심 수업과 성장중심 평가에서 학생들은 민주시민교육을 체험하고 후배 민주시민으로 조금씩 더 성장할 수 있지 않았을까? 교사들은 선배 민주시민으로서 같은 학년이나 전문적 학습공동체 동료들과 민주시민교육을 교육과정에 어떻게 녹이고 수업과 평가로 어떻게 구현할지 함께 의논하며 실행하면 좋겠다.

　민주시민교육을 적용한 이상적인 수업이 일상이 될 수 있도록 동료들과 함께 노력해나가려 한다. 이것이야말로 교사이자 선배 시민으로 존재하면서 후배 시민인 학생들과 함께 성장하는 길이 되지 않을까.

✏ 추천하는 책과 영화

■ 『학교, 민주시민교육을 만나다!』(김성천 외, 맘에드림, 2019)
민주시민교육의 문제점과 해결방향을 제시한 책으로, 교사의 역할을 강조한다.
민주시민교육이 학교의 교육과정과 문화는 물론 지역사회와 만나, 학생을
민주시민으로 성장시킬 수 있도록 안내하고 있다.

■ 『교육과정을 뒤집다 : 백워드로 통합단원 설계하기』(인천초등교육과정연구소,
박영스토리, 2018)
교실에서의 배움이 세상과 연결되어 맥락적인 배움이 될 수 있도록 회원들이
함께 연구한 책이다. 4년간 연구하고 실천한 이해중심 교육과정의 백워드
설계에 기반을 둔 교육 사례가 자세하게 소개되어 있다.

■ 〈완득이〉(이한 감독, 2011)
소인증 아버지와 지적 장애 삼촌, 필리핀 국적 어머니 등 불우한 환경으로
인해 자신만의 세계에 갇혀 지내던 완득이가 주인공이다. 그를 담임교사가
애정을 갖고 세상 밖으로 끌어낸다. 완득이가 불편한 현실을 직면하며 삶을
주체적으로 받아들이는 과정이 감동적이다.

■ 〈히든 피겨스〉(시어도어 멜피 감독, 2017)
1960년대 소수의 백인남성이 주도하는 사회에서 차별과 한계를 뛰어넘은
흑인여성 천재들의 실화를 담은 영화이다. 인종과 남녀차별을 용기와 실력으로
당당하게 맞서며 삶을 변화시키는 이야기가 유쾌한 감동을 준다.

구소희 인천부내초등학교 교사

1. 하고 싶다와 해야 한다의 차이

"뭘 잘못했는지 알겠어요. 그런데 왜 실천이 안 될까요?"

대학교 1학년 때 꽃동네로 1주일간 봉사활동을 하러 간 적이 있다. 그곳에서 학교폭력으로 봉사활동 처분을 받고 온 고등학생 두 명을 만났다. 무슨 일이었는지 묻지는 않았다. 하지만 여학생들이 폭력을 휘둘러 봉사활동 처분을 받는 것이 흔하지 않던 때였으니 작은 문제는 아니었으리라 짐작할 수 있었다.

두 아이와 낮에 함께 병동에서 어르신들을 돌보고 밤에는 이런저런 이야기를 나누었다. 둘 다 진지한 태도로 자기가 어떤 문제를 일으켰는지, 앞으로 어떻게 해야 하는지 알고 있으며 부모님께 죄송

한 마음이 든다고 말했다. 눈물까지 글썽이는 아이들의 모습을 보며 '스스로 깨닫고 반성하고 있으니 앞으로는 나아지겠구나'라는 생각이 들기도 했다. 그러나 이어진 "뭘 잘못했는지는 알겠지만 실천이 잘 안 돼요"라는 아이의 고백은 나에게 많은 생각거리를 안겨주었다.

교육이 어려운 이유 중 하나로 배움의 어려움을 들기도 한다. '~을 하고 싶다'라는 바람이 아니라, '~해야 한다'라는 당위에서 우리의 교육이 출발하고 있는 것은 아닌지 생각해봐야 한다.

학생들의 욕구를 고려치 않은 상태에서 일방적으로 지식만 주입하는 교육은, 결국 아이들이 실질적으로 배우지는 못한 채 배운 척 '연기'를 하는 사태를 낳게 마련이다. 당시 그 아이의 말도 어쩌면 자신의 말이라기보다, 성장과정에서 무수히 들어온 부모와 교사의 말을 그대로 재생한 데 불과한 것은 아닐까.

스스로 배우고 경험을 통해 익힐 기회를 박탈한 상태에서 무조건 '열심히 노력하라!', '알고 있으니 실천하라!'라는 다그침이 얼마나 효과가 있을지 의문이다. 개인의 덕성을 온전히 각자 노력해서 이루어가야 할 사적인 영역으로만 보는 것이 정당한가 하는 문제의식도 갖게 됐다.

아이의 고백은 나에게 깨달음과 질문을 동시에 던져주었다. 이 경험은 교사가 된 이후 지금까지 학생들의 삶과 배움을 바라보는 관점에 꾸준히 영향을 주고 있다.

2. 앎이 삶이 되려면

가짜 배움을 진짜 배움으로

아이들은 궁금함과 호기심으로 가득하다. 개미 한 마리, 풀 한 포기를 통해서도 배운다. 배움과 성장에 관한 욕구는 본능에 가깝다. 하지만 성장과정에서 아이들의 욕구가 좌절되는 경험이 이어질 경우, 처음 가졌던 그들의 배움과 성장에 대한 욕구는 무기력증으로 변할 수 있다. 정신과 의사이자 '성장학교 별'의 설립자 김현수는 그의 저서『무기력의 비밀』에서 과정보다 결과를 중시하고, 경쟁을 부추기는 분위기, 지나치게 학업성취를 중시하며 배움을 강요당하는 환경 등 아이들에게 지속된 좌절감을 주는 요인은 매우 다양하다고 말한다.

강요당한 배움은 의식적으로든 무의식적으로든 '가짜 배움'을 만들어낸다. 가짜 배움은 이해했더라도 행동화되지 못한 채 머릿속에만 머무르고 있는 것, 배우지 못했음에도 자존심이나 체면, 사회적 관계 등을 이유로 배운 척 연기하는 것, 들은 것을 알고 있다고 착각하는 것 등 여러 모습으로 나타난다.

그래서 더욱 배움의 주체는 학생이어야 한다. 학교에서의 모든 활동은 아이들의 자발성이 최대한 담보되어야 한다. 누가 시켜서 억지로 하는 것이 아니라 학생이 스스로 문제를 찾고 학습 과정을 만들어갈 수 있어야 한다. 직접 경험하고 느낀 것을 자기화하기 위해서는 스스로 성찰하고 친구들과 공유하는 것이 도움이 된다. 이러한 경험을 통해 아이들이 학급을 '안전 기지'로 인식할 때, 이를 무대로 제대로 된 성장도 할 수 있게 된다.

배움과 실천(행동) 사이에는 거리가 있다. 앎이 곧 삶이 되려면 아이들의 자발성이 전제되어야 한다. 또한 학생들이 민주적으로 소통하는 방식을 배우고 익힐 수 있는 교육 환경이 필요하다. 이러한 환경을 만들어주는 것이 선배 시민인 어른들이 해야 할 일이다. 이것은 민주시민교육의 중요한 토대가 된다.

배움의 필요충분조건

사회의 변화로 맞벌이와 핵가족이 늘며 가정의 정서적 돌봄과 교육 기능이 축소되고 있다. 경제성장률이 우하향으로 변해가는 세상에서 생존을 위해 고군분투하는 부모들은 자녀의 정서까지 돌볼 여력이 없다. 이미 일부 가정은 아이들의 성장 기반이 되지 못하고 있다. 심지어 아동학대가 가장 많이 일어나는 공간이 가정이다. 안전과 생존을 위한 돌봄조차 안 되고 학대당하는 사례를 자주 접한다. 이러한 현실을 살아가는 아이들에게 학교는 안정적인 관계와 공동체를 경험할 수 있는 유일한 공간인 셈이다.

그럼에도 불구하고 학교는 지식을 가르치고, 인성은 가정이 책임진다는 도식화된 인식이 여전하다. 현대 심리학과 뇌과학을 통해서 정서가 인지의 많은 부분을 조절하고 때로 핵심적 기능을 한다는 사실이 밝혀지고 있다. 아이들이 온전하게 성장하기 위해서는 머리와 가슴이 모두 필요하다.

새가 자유롭게 날기 위해서는 양 날개가 모두 필요하다. 아이들이 삶을 온전히 살아가는 데 필요한 양 날개는 무엇일까? 지식만 강조하는 지금의 모습은 마치 한쪽 날개만 비대해진 새와 같다. 교육의 목적이 인지적 성장에 국한되는 것이 아니라, 삶의 힘을 기를 수 있는 사회적·정서적 성장까지 모두 포괄해야 하는 이유가 여기에 있다.

민주적 의사소통 방법을 익히다

참여를 넘어 학생이 스스로 만들어가는 수업과 학교생활을 꿈꿔왔다. 처음엔 초등학교 5~6학년 정도 되는 아이들에게 기회만 주면 스스로 방법을 찾아나갈 것이라고 믿었다. 하지만 생각처럼 쉽지 않았다. 늘 주어진 대로, 시키는 대로 살아온 아이들은 스스로 무엇을 한다는 것이 익숙하지 않다. 처음에는 의견을 내고 토의토론해야 할 시간이 긴 침묵으로 채워지곤 했다.

수업은 학업능력이 뛰어난 아이들이 주도하는 경향을 보였다. 학급회의에서는 '민주주의는 다수결'이라며 중간 논의 없이 결과만 찾으려는 모습, 학급의 중요한 일을 결정하면서 무조건 편한 방식을 선택하는 모습, 먼저 나온 의견으로 쏠리는 모습, 학급회의에서 결정하는 사항이 '방과후 청소하기' 등 처벌 위주가 되는 모습이 나타났다. 순발력 있고 아이디어가 좋은 아이들이 먼저 의견을 제시하다보니 천천히 깊게 생각하는 아이들 의견이 반영될 기회가 적었다.

민주적 의사소통 방법에 관해서 고민하게 됐다. 학급 구성원이 논의하여 스스로 학급의 일을 해결해나가는 것은 민주시민교육의 중요한 부분이다. 아이들은 가정이나 학교에서 이러한 의사소통 방법을 배운 적이 없다. 눈치껏 알아서 했을 뿐. 이제 구성원의 다양한 의견을 모으고 조율해나가는 의사소통 방법을 배우는 것이 필요했다. 민주적인 의사소통 방법을 익히고 실천하는 부분은 다른 모든 활동의 토대가 될 수 있기 때문에 이를 '공공성'의 측면으로 바라볼 필요가 있었다.

최형규는『시민, 학교에 가다』에서 수업을 공공성 개념으로 바라보았다. 공공성이란 특정 개인이나 단체에 국한된 것이 아니라, 공동체 구성원 모두에게 영향을 미치는 공적 영역의 성질이라고 설명하였다. 학교에서의 공공성은 교육이 추구하는 공적인 가치를 자유롭게 토론하고 실천하는 전반적 과정까지 포함한다. 공적인 가치와 이를 탐구하는 방식을 모두 포괄하고 있다. 지식을 수동적으로 받아들이고 암기하는 것이 아니라, 다양한 방식으로 탐구하며 경험하고 느끼는 것이 학생들의 실질적 성장으로 이어진다.

민주적 의사소통 방법을 익히는 것은 비단 학교에서뿐 아니라 아이들 삶의 전 영역에 큰 영양을 미치는 공공성의 영역이라고 할 수 있다. 이 자체를 다루는 것도 중요하므로, 교과와 접목하여 교과 내용과 함께 민주적 의사소통 방법을 익힐 수 있도록 수업과 학교생활 전반을 재구성해보았다.

3. 교과로 만나는 민주시민교육

참여로 소속감과 자존감 키우기

아이들이 학교에서의 삶을 어떻게 느끼고 있는지 궁금했다. 그래서 설문으로 물어보았다. '왜 학교에 오나요?'라는 질문에, '의무교육이기 때문에'와 '공부하고 성장하기 위해서'라는 응답이 가장 많았다. '학교에서 행복하지 않은 때는 언제인가요?'라는 질문에서는 '공부가 어렵고 수업시간이 지루하게 느껴질 때'와 '친구와 갈등이 생겼을 때'를 가장 큰 요인으로 꼽았다. '학교에서 행복할 때는 언제인가요?' 라는 질문에는 '모르던 것을 알게 되었을 때'와 '직접 참여하는 활동을 할 때'를 꼽았다. 학생들이 지루하거나 어려운 시간과 갈등을 학교생활의 고통으로 여기고, 배움과 성장을 중요하게 여기고 있다는 것을 알 수 있었다.

『긍정의 훈육』의 저자 제인 넬슨은 또 다른 저서『학급긍정훈육법: 친절하고 단호한 교사의 비법』에서 학생들이 학교에서 행복하게 성장하기 위해 가장 중요한 것으로 소속감과 자존감을 꼽았다. 소속감은 자신이 속한 곳에서 의미 있는 사람들과 연결되어 스스로 문제에 영향력을 발휘할 수 있다는 느낌이고, 자존감은 자신을 스스로 귀한 존재로 여길 수 있는 마음을 뜻한다.

학급 공동의 문제를 해결하는 데 자발적으로 참여해 의미 있는 역할을 하는 경험은 학생들의 행복감을 증가시킨다. 이처럼 민주시민교육은 학생들의 자존감을 키워주고 성장에도 큰 동력을 제공할 수 있다.

교과에 민주시민성 더하기

학기초 아이들에게 교과 수업과 관련된 설문조사를 했다. '수업시간에 공부한 것이 행동변화에 도움이 되었는가'를 묻는 문항에서는 25명 중 단 2명의 학생만이 '그렇다'라고 응답하였다. 전반적인 수업을 학생의 참여와 활동 중심으로 재구성해야 할 필요가 있었다. 민주시민교육을 교과에 어떻게 녹일 수 있을까 고민하다가 도덕과를 살펴보게 되었다. 우선 도덕을 중심 교과로 설정하여 내용과 방법을 익히고 차츰 타 교과로 영역을 확장해나가기로 하였다.

그간 도덕은 인성교육의 중심 교과로 인식되어왔다. 도덕과는 '성실, 배려, 정의, 책임'이라는 4개의 전체 지향 핵심가치 형태를 유지하며 이 핵심가치를 중심으로 영역별로 내용 요소를 설정하고 있다. 교육과정을 개정하며 예전보다 더 실천성을 강조하고 있지만 여전히 수업에서 배운 것이 실제 행동으로 이어지지 못하는 한계를 안고 있다. 또한 인성교육이 개인적 성품에만 초점을 맞추다보니, 공동체가 인성에 영향을 미치는 사회적 측면을 간과하고 있다는 비판을 받아왔다. 학생들에게 사회체제에 순응하고 무조건 노력할 것을 강요하는 역할을 인성교육이 해왔다는 지적이다.

2015 도덕과 교육과정은 '실효성 있는 인성교육의 추구'라는 과제에 초점을 맞추고, 보다 적극적이고 체계적으로 학교 인성교육을 끌어갈 축이 될 수 있는 방향으로 개정되었다고 한다. 그런데도 타인과의 관계, 사회·공동체와의 관계 부분은 과거보다 강화되었으나 여전히 개인의 덕성을 기본으로 하고 있다는 한계가 보인다. 또한 다양한 참여활동을 제시하였으나, 교과서의 내용이 많고 동영상 예화, 텍스트 중심이라 학생들이 직접 참여하여 만들어가기에는 아쉬운 부분이 있다.

인성이라는 개인적 덕목을 넘어 민주시민성으로 나아가기 위해서는 학생들의 실제적 참여 방안을 확보하여야 한다. 이를 위해 민주시민교육활동을 주제로 교육과정을 재구성해, 교과 수업시간과 체험(자율)활동 시간에 진행하였다.

다음 그림은 민주시민교육을 교과수업과 창의적 체험(자율)활동

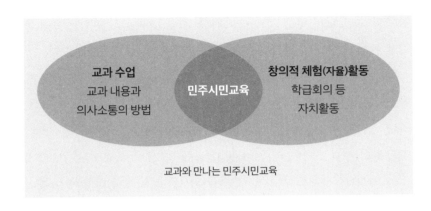

교과와 만나는 민주시민교육

으로 간략하게 도식화한 것이다. 민주시민교육은 도덕, 국어, 사회, 과학, 체육, 미술 등 교과 교육과정 상에서 재구성한 내용과, 학생과 교사, 학생과 학생 사이에 상호작용하는 과정을 통해 이뤄질 수 있다. 학급회의 등 자치활동을 벌일 수 있는 창의적 체험(자율)활동 시간도 민주시민교육을 할 수 있는 중요한 시간이다.

도덕 수업 재구성의 예

도덕과의 영역은 '자신과의 관계, 타인과의 관계, 사회·공동체와의 관계, 자연·초월과의 관계'의 네 개 영역으로 구성된다. 영역별 핵심 가치는 성실(자신과의 관계), 배려(타인과의 관계), 정의(사회·공동체와의 관계), 책임(자연·초월과의 관계)으로 설정되어 있다. 이는 성숙한 시민으로 성장하는 데 필수적인 가치이지만, 개인 덕목 위주이고 학습 내용이 실천으로 이어지지 못한다는 아쉬움이 있다.

　도덕은 사회 규범의 하나로 인간 상호작용의 결과이다. 따라서 이를 배우는 도덕 수업에서도 사회적 맥락을 이해하고 학생들이 직접 참여할 수 있도록 하는 것이 중요하다. 학생들의 삶과 연관된 주제를 함께 논의해 합의에 이르고 실천까지 할 수 있도록 재구성하였다.

총 4개 차시로 이루어진 단원 구성 중, 앞의 3개 차시는 '감정, 경청 및 공감, 역할극, 주제토론' 등 다양한 활동으로 규범을 익혔다. 나머지 1개 차시는 학급자치(창의적 체험활동, 자율) 시간과 통합하여 학급회의 형태로 진행했다. 공동체 놀이, 감사와 사과 나누기, 학급(혹은 개인)의 문제나 고민을 해결하는 시간을 학생들과 함께 만들어 갔다(옆 페이지 표 참조).

상호 공감을 통한 학급회의는 학급에 여러 긍정적인 변화를 가져왔다. 나, 상대, 그리고 우리를 모두 존중하며 돕는 태도는 구성원들의 친밀한 관계 형성에 도움이 되었다. 이는 비단 수업 시간뿐 아니라 전반적인 학교생활에 긍정적인 영향을 주었다. 학급이 공동의 목표 아래 함께 논의해 결정한 해결책을 존중하고 각별한 실천 노력을 기울이는 모습을 볼 수 있었다.

학생들은 자신이 존중받음을 느낄 때 상대도 존중하는 태도를 보였다. 학급을 안전한 공간으로 인식하고 학급의 문제가 자신과도 관련이 있다고 생각할 때, 공동의 일에 기꺼이 참여한다는 것을 알 수 있었다. 이는 학급이 공동체로 성장하는 데 매우 중요한 부분이다. 이러한 경험이 민주시민으로서 연대하고 행동하는 데 기초가 될 수 있기를 기대한다.

수업 재구성을 통한 민주시민교육

영역	교육과정 내용요소	단원명 및 주요 내용
역량중심 자율형 통합심화단원	정직한 삶, 감정조절과 충동조절, 자아존중 긍정적 태도	• 우리가 만드는 도덕 수업 1 (바르고 희망차게 가꾸어가는 나의 삶) -경청활동 -우리 반 목표와 약속 만들기 -학급회의 (우리 반의 약속 점검)
자신과의 관계	감정조절과 충동조절	2. 내 안의 소중한 친구 -감정사전 만들기 -감정 신호등, 감정날씨 활동 -학급회의 (프리즘카드 마음 나누기)
타인과의 관계	공감, 존중	5. 갈등을 해결하는 지혜 -경청활동 3가지 -'친구의 삶 바라보기' 공감활동 -학급회의 (사과의 시간)
타인과의 관계	사이버 예절, 준법	4. 밝고 건전한 사이버 생활 -온라인 공간에서의 경험 -개인정보와 저작권 문제 -학급회의 (사이버 폭력 경험 나누기)
사회· 공동체와의 관계	인권존중	6. 인권을 존중하며 함께 사는 우리 -인권의 의미 알기 -12살 인권 선언문 만들기 -학급회의(우리의 인권 문제 살펴보기)
자신과의 관계	정직한 삶	1. 바르고 떳떳하게 -'절대 실수하지 않는 아이' 동화책 토론 -학급회의 (실수는 배움의 멋진 기회)
자연· 초월과의 관계	자아존중, 긍정적 태도	3. 긍정적인 생활 -긍정적인 태도가 무엇인지 알아보기 -학급회의 (긍정 샤워 활동, 학급 소풍)
역량중심 자율형 통합심화 단원	공감, 존중, 인권존중, 사이버 예절	• 우리가 만드는 도덕 수업 2 (다 같이 행복한 우리들 세상) -인권을 침해하는 갈등 분석 -학급회의 (갈등 해결 활동)

4. 교실 속 민주시민교육

경청과 공감활동

우리 학급이 1년 동안 추구할 가치와 목표를 함께 만들어보았다. '우리가 만드는 도덕 수업'과 창의적 체험(자율)활동을 재구성하여 학기초 첫 주에 실시했다. 개인에서 시작해서 학급으로 이어지도록 구성하였다. 이 과정에서 경청의 중요성이 제기되었다.

"아무도 들어주지 않으니 무슨 말을 해야 할지 모르겠어요." 경청활동에 참여했던 학생의 소감이다. 학교 수업뿐 아니라 상대방의 이야기를 잘 들어주는 것은 매우 중요하다. 내가 잘 들어주어야 이야기하는 상대가 의견을 낼 수 있고, 이러한 분위기는 다시 나에게 영향을 미친다. 서로의 이야기에 귀 기울여주고 공감하는 반 분위기 형성은, 학생들이 좋은 관계를 형성하고 학급을 안전하다고 느끼도록 하는 데 매우 중요하다. 수업시간에 경청활동을 진행해보았다.

경청활동은 모둠에서 가장 이야기를 잘하는 친구를 한 명 뽑아(없으면 희망하는 친구) 1분 동안 친구들에게 내가 알고 있는 가장 재미있는 이야기를 하게 했다. 다른 친구들은 시선을 마주치지 않고 최선을 다해 듣지 않으면 된다. 남이 듣지 않을 때의 기분을 모두 느껴보라는 의도이다. 실제 상황이 아니지만 아이들은 역할극을 하며 상황에 몰입하게 된다. 친구들이 말할 때 끼어들거나 다른 이의 말을 귀 기울여 듣지 않는 친구가 이 역할을 하게 되면 반대 상황의 감정을 경험할 수 있다.

성민(가명)이는 평소 하고 싶은 이야기가 있으면 상대방의 말이 끝나기 전에 끼어들어 말하는 습관이 있는 아이였다. 처음에는 "누가 들어주지 않아도 저는 끝까지 이야기할 수 있어요"라며 자신만만하게 도전했지만 1분을 다 채우지 못했다. 듣는 이가 없으니 이야기를 하고 싶지 않았다고 했다. 실제 상황이 아니었지만 마음이 상했을 수 있는 성민이를 위로하며 활동을 마무리했다. 서로 역할극을 하며 생긴 감정을 나누었다. "성민아, 역할극 상황이었지만 네 이야기를 듣지 않아서 미안해. 앞으로 이야기 잘 들어줄게"라고 회복하는 시간을 갖고 다음 단계로 나아간다.

경청 역할극 활동에서 느낀 감정을 나누며 서로 잘 들어주는 것이 중요함을 확인했다. 일상생활에서 경험한 것과 연결할 수 있는 대화를 나누고 경청의 약속을 정했다.

> 교사: 우리가 이야기할 때 상대가 잘 듣는다는 것을 어떻게 알 수 있을까요?
> 학생 1: 친구가 저를 바라보아요.
> 학생 2: 다른 이야기는 하지 않고 잠시 멈추고 들어요.
> 학생 3: 고개를 끄덕끄덕 해주기도 하고 "맞아~"라고 해주기도 해요.
> 학생 4: 어떨 땐 저한테 들은 내용이 맞냐고 물어보기도 해요.

규칙은 누군가에 의해 주어지는 것이라는 어감이 강해, 약속이라는 말을 사용한다. 약속을 정할 때는 지키지 않았을 때 청소하기나 뒤에 나가서 서 있기 등 처벌을 할 수 없고, '나, 상대, 우리의 상황'을 존중하는 방식을 대신 취하도록 하였다. 그렇게 결정된 '우리 반 경청의 약속'은 다음과 같다.

우리 반 경청의 약속

1. 온몸으로 들어요.(눈과 몸을 상대방 쪽으로 돌리기)
2. 반응하며 들어요. (끄덕끄덕, 눈은 반짝)
3. 끝까지 들어요. (말을 끊지 않아요)

경청활동을 통해 경청의 약속을 정하고 교실 앞에 1년 내내 붙여 두었다. 약속을 정했다고 하루아침에 달라지지는 않는다. 꾸준히 연습하고 서로 점검해주며 나아가는 것이 필요하다. 깜빡하고 지키지 않았을 때 교사가 야단치거나 훈계한다면 반항적인 태도를 보일 아이들이, 조용히 손가락으로 우리 반 경청의 약속을 가리키면 선생님을 원망하는 눈빛을 보내는 대신 "아차, 깜빡했네" 하는 모습을 보였다.

같은 방식으로 학기초 학급 목표를 함께 정하고, 학급 목표를 실천하기 위해 우리가 구체적으로 어떻게 말하고 행동해야 할지 모둠별로 목록을 만들고 학급의 약속을 정하기도 했다. 경청의 약속과 마찬가지로 교실 앞에 붙여두고 서로 점검해주었다. 정한 약속에 대해 문제가 생기면 학급회의를 통해 함께 이야기하고 고쳐나갔다.

약속은 모두의 합의를 통해 만들어졌다. 거기에 서명하며 책임감을 더했다. 함께 만들었으니 함께 지켜나가야 한다. '함께 합의를 통해 결정된 것을 함께 지킨다'라는 민주시민성의 중요 원칙을 우리 반 약속을 만들고 지키는 과정에서 자연스레 아이들은 익혀나갔다.

학급회의로 만드는 학급문화

학기초, 아이들 사이에 문제가 생겼다. 우리 교실은 5층이었는데 점심시간에 이영(가명)이가 수진(가명)이에게 자꾸 실내화 주머니를 가지고 와달라고 부탁한다는 것이다. 아이들을 따로 불러 이야기하니, 이영이는 다른 친구들에게 부탁하면 거절하는데 수진이만 매번 들어주니 고맙다고 했다. 하지만 수진이는 다른 생각이었다. 다툼이 생기면 토라져 말을 안 하는 이영이라 부탁하면 어쩔 수 없이 들어주게 된다는 것이다.

이영이와 수진이에게 학급회의에서 이 문제를 안건으로 다루는 것에 관해 동의를 구하였다. 아이들은 오해를 풀고 싶다며 흔쾌히 허락했다. 둘 사이에 있던 일은 누구의 잘못이 아니라 서로의 입장을 이해하지 못했을 때 생긴 문제라는 것을 알기 때문이다.

학급회의를 시작하며 누구의 잘못을 따지는 것이 아니고 친구들이 오해 없이 사이좋게 지낼 수 있도록 돕는 자리라는 취지를 알렸다. 내용을 간단히 설명하고 있던 일을 각자 입장에서 이야기했다. 아래는 대화 내용을 간단히 정리한 것이다.

교사: 수진이는 실내화 주머니를 가지고 와달라는 부탁을 들었을 때 기분이 어땠어요?
수진: 처음에는 괜찮았는데 그다음 날도 부탁해서 기분 나빠졌어요. 실내화 주머니 여러 개 들고 내려갈 때 다른 친구들이 "실내화 주머니 셔틀하냐?"라고 놀릴까봐 걱정되었어요.
교사: 이영이는 수진이의 이런 상황을 알고 있었나요?
이영: 아니에요. 수진이는 키도 크고 힘이 세서 정말 안 힘든 줄 알았어요.

만약에 싫다고 했으면 부탁하지 않았을 거예요.

그때 다른 친구 한 명이 조용히 손을 든다. 두 아이와 평소 친한 우정(가명)이다.

> 우정: 수진이는 거절을 안 해요. 옆에서 보기에 좀 무리하다 싶은 부탁이라도 다 들어줘요. 불편하면 거절했으면 좋겠어요.
> 교사: 수진이는 거절이 어렵군요. 여러분도 혹시 불편한 마음이 들어서 거절을 못했던 경험이 있나요? 혹시 해주고 싶은 이야기가 있는 사람 있을까요?

아이들이 진지하게 수진이의 입장에서, 이영이의 입장에서 이런저런 자신의 경험과 의견을 나누었다. 처음에는 약간 시무룩했던 두 아이의 표정이 친구들의 이야기를 들으며 밝아지는 것을 볼 수 있었다.

> 교사: 앞으로 이런 불편함을 만들지 않기 위해 어떻게 하면 좋을까요?
> 우정: 수진이는 거절을 못하니까 당분간 부탁하는 것을 안 하도록 약속하면 어때요?
> 이영: 정말 불편하면 싫다고 표현해주면 좋겠어요.
> 교사: 그럼 친구들은 일단 수진이가 거절하는 힘을 키울 수 있도록 가급적 부탁을 하지 않도록 할까요? 수진이가 거절할 수 있도록 역할극으로 연습해보면 어떨까요?

비슷한 상황을 주고 이영이와 역할을 바꾸어 부탁하는 입장, 부탁을 받는 입장으로 연습해보았다. 화내지 않고 정중하게 거절하는 방법도 연습했다. 수진이처럼 다른 친구들의 평가가 두려워서 거절하지 못하는 아이들이 의외로 많다. 이러한 과정을 지켜보면서 불편한 일은 거절해도 되며 상대방 입장에 서봐서 내가 불편한 것은 남에게도 부탁하지 않아야 한다는 학급의 공감대가 형성되었다.

이러한 과정을 반복하여 익숙해지면 나도 문제가 생겼을 때 비난받지 않고 도움을 받을 수 있다는 믿음이 생긴다. 함께 노력해서 해결해나갈 수 있기 때문에 문제가 커지기 전에 해결할 수 있다. 갈등이나 문제가 생기면 오히려 아이들이 학급회의를 통해 공개적으로 다루고 해결책을 찾아달라고 요청하기도 하였다.

학급회의는 여러 가지 형태가 있다. 우리 반 회의는 학급긍정훈육법과 회복적 생활교육의 서클 모임을 학급에 맞게 변형하여 사용하였다. 학급회의 절차는 다루는 안건에 따라 달라지기도 하지만, 대개 다음과 같은 모습으로 진행되었다.

① **원으로 만들기** 교실 운동장 대형으로 만들고 의자만 갖고 원으로 만들어 앉기
② **공동체놀이하기** 함께할 수 있는 간단한 놀이로 몸과 마음을 편안하게 하기
③ **감사와 사과 나누기** 돌아가며 학급 구성원에게 고마운 점, 사과하지 못했던 일 또는 사과받지 못했던 일을 이야기 나누기
④ **안건 설명하기** 오늘 회의 안건에 관한 간단한 설명하기
⑤ **문제상황에 관한 역할극하기** 문제상황에 관한 역할극을 하고 감정 나누기
⑥ **해결방법 모으기** 차례로 돌아가며 이야기를 나누고 해결방법 모으기
⑦ **해결방법을 적용한 역할극하기** 해결방법을 문제상황에 적용해보고 느낌 나누기
⑧ **서로의 느낌 나누기** 학급회의 과정에서 경험하고 느낀 것과 감상 나누기

학급회의에서 가장 중요하게 생각한 것은 '모두의 의견은 소중하

다'라는 존중과 배려의 마음이었다. 함께하는 시간은 즐겁고 좋은 것이라는 마음을 가질 수 있기를 바라며 학급회의는 항상 공동체놀이로 시작하였다. 원으로 둘러앉아 서로에게 고마움이나 미안함을 나누고 대화와 역할극 등을 통해 함께 문제를 해결해나갔다.

한 달에 한 번 하는 학급회의 날짜가 다가오면, 아이들은 "선생님, 둥근모임(학급회의) 언제 해요?"라며 묻기도 하였다. 저마다 풀어놓을 이야기를 준비하며 함께 이야기를 나누는 시간을 기다리는 모습이었다. 매 학기를 마무리하며 자체 학급 평가회를 한다. 학급회의는 매년 아이들에게 '가장 의미 있고 기억에 남는 활동'으로 뽑힌다. 아이들도 경청과 공감의 힘을 느끼고 있음을 보여주는 결과라 생각한다.

다른 친구들이 귀 기울여 들어주고 서로의 경험을 나누고 공감하는 것은 그 자체로도 치유의 효과가 있다. 소통의 시간은 친구들과의 관계에서 불편한 감정을 나눌 수 있는 화해의 장이 되기도 했다. 갈등을 다루는 경험이 늘어날수록 바라보는 관점에도 크게 변화가 생겼다. 갈등은 피해야 할 것이 아니라, 살다보면 생길 수밖에 없는 자연스러운 것으로 생각하게 되었다.

관계에서 공감은 중요하다. 공감이란 단순히 다른 사람의 기분을 맞추어주거나 감정 상태가 좋아지게 만드는 것이 아니라, 다른 사람의 감정을 함께 느끼는 것을 말한다. 『행복을 배우는 덴마크 학교 이야기』에서는 공감하는 데 필요한 능력을 다음과 같이 제시한다. 상대방의 관점과 입장에서 생각할 수 있는 능력, 상대방을 함부로 판단하지 않는 능력, 타인의 감정을 이해하는 능력, 자신이 이해한 타인의 감정을 또 다른 타인에게 전달할 수 있는 능력 등이다.

덧붙여 강조할 것은, 타인에 공감하기 위해서는 이에 앞서 자신의 감정을 스스로 충분히 인지하고 있어야 한다는 점이다. 자신의 감정에 대해 잘 알고 느끼며 또 이를 주변으로부터 존중받은 경험이 있는 사람만이 상대방의 감정에도 공감할 수 있다.

자신과 상대방의 감정을 제대로 아는 것이 중요하다는 차원에서 감정 프로젝트 수업을 더욱 확대해 다른 교과와 연계해 진행했다. 점토놀이, 난화 그리기, 물감놀이 등 미술치료활동으로 자신의 감각에 집중하고 친구들과의 경험을 나누며 자신의 감정을 말, 글, 그림, 색깔로 다양하게 표현하는 시간을 가졌다. 자신의 감정을 알고 표현하는 것을 바탕으로 서로의 감정을 인정하고 공감하며 소통할 수 있다. 이것이 일상화되면 감정을 개인적으로 표현하는 것을 넘어 그것을 수업과 회의에서 공적인 언어로 담아낼 수 있다. 다른 사람의 의견을 듣고 조율하며 함께 만들어가는 경험은 학급을 공동체로 여기게 해주고 공동체에 수용되었다는 안정감도 갖게 한다.

새롭게 한두 번 무언가를 시도하는 것은 아이들에게 참여의 즐거움을 줄 수 있다. 이를 넘어 생각과 행동에 변화를 가져오기 위해서는 지속적인 활동이 필요하다. 아이들과 호흡을 맞추며 성찰하고 반복해나가면 학급의 문화로 자리 잡을 수 있다. 이는 다시 학교생활 전반에 영향을 미치게 된다. 학급의 문화가 가진 힘은 생각보다 크다.

학급회의를 통해서 실수하면 질책받는 것이 아니라, 모두에게 배울 수 있는 기회가 될 수 있다는 것을 알게 되면서 아이들의 참여가 더 활발해졌다. 활발하게 이야기 나누고 의견을 자유롭게 건의하는 것이 일상화되며 수업도 점차 영향을 받기 시작했다. 수업을 계획할 때 아이들이 프로젝트 활동제안서를 만들기도 했다. 아이들의 제안서에서 교실에서 당장 실천할 수 있는 일은 학급에 바로 적용했다. 우리 학급을 넘어 학년 차원에서 만들 수 있는 것은 학년 선생님들과 힘을 모아 전체 교육과정을 수정하며 만들어나갔다.

교실 벽에 '학급회의에서 다루고 싶은 것' 안건을 모으고, 5건 이상 같은 것이 나오면 학급회의 의제로 채택했다. 2학기에 들어 날이 선선해지며 압도적으로 '호수공원 소풍 가요!'라는 의견이 많이 나왔다. 학급회의를 통해서 구체적으로 어떻게 실현할지 계획을 세우고 학년 선생님들께 건의하여 호수공원 소풍을 다녀왔다. 호수공원 소풍은 국어, 체육, 미술, 사회 교과활동과 연계한 '동시 쓰기' 프로젝트로 구성되었다.

아이들의 간절한 바람으로 교육과정을 수정하고 계획서 결재까지 맡은 참이었는데, 그 주 내내 미세먼지가 심해 소풍을 갈 수 없었다. 소풍이 연기되자 아이들의 실망감은 말할 수 없이 컸다. 교육과정을 수정하여 다음 달 환경 프로젝트와 연계하여 수업을 새롭게 진행하기로 했다.

미세먼지 때문에 기다리던 소풍을 가지 못해 속상했던 아이들에게 큰 호응이 있었다. 다양한 정보를 통해 환경오염, 특히 미세먼지의 원인과 건강에 미치는 영향, 해결방법을 알아보았다. 미세먼지로 직접 불편함을 겪은 아이들은 평소보다 더 열심히 탐구했다. 미세먼지가 심해진 상황을 원망하고 화를 내는 대신, 앞으로 우리가 미세먼지에 대처하기 위해 무엇을 해야 하는지 고민하는 시간이었다. 수업 결과로 만든 포스터와 토퍼로 찍은 사진으로 미세먼지의 나쁜 점과 우리가 어떻게 해결해나가야 하는지 홍보활동에도 열을 올렸다.

다시 공기가 맑아지고 호수공원 소풍을 가던 날, 아이들은 깊어진 가을을 마음껏 느꼈다. 공원을 한 바퀴 돌며 가을 사진을 찍고, 낙엽을 주웠다. 돗자리를 펴고 친구들과 간식을 먹고 동시 책을 펴서 읽었다. 준비해간 블루투스 스피커로 잔잔한 음악을 틀어주었다. 아이들은 각자 편안한 자세로 앉아 책읽기에 집중하는 모습이었다. 함께 만들어왔기에 더욱 의미 있는 시간이었다.

5. 상호존중과 공감이 있는 공동체를 향하여

아이들 손으로 무언가 만들어간다는 것은 생각만큼 쉬운 일은 아니다. 과정과 결과가 늘 아름다울 수도 없다. 과정은 거칠고 투박하며, 조율해야 할 많은 것들이 이곳저곳에서 등장한다. 일상의 수업만으로도 빡빡한 일상에 새로운 것을 함께 만들어간다는 것은 시간과 노력이 많이 필요하며, 힘들게 느껴지는 순간도 많다.

　공동의 합의로 정하는 것이 늘 좋은 결과만을 가져오는 것도 아니다. 함께 정했어도 지키지 않는 경우도 많았다. 그럴 경우 행동을 점검하고 다시 회의하며 실천할 수 있는 방향을 찾아갔다.

　학급회의를 하면서 첫 번째로 발언한 친구의 의견에 휩쓸리는 것을 경험하기도 하고, 학급 아이들의 성향이 집단의 논의를 거치며 더욱 극단화되는 것도 경험했다. 때론 배움이나 성장보다는 본인들이 하고 싶지 않은 일을 피하는 방향으로 결정되기도 하였다. 학급의 가치를 함께 만들고 합의하는 과정이 중요하다는 것, 학급 내의 수평적 관계와 민주적 의사소통 방법을 익히는 것이 중요함을 알 수 있었다.

문제가 발생할 때마다 합리적인 방안을 찾기 위해 아이들과 함께 머리를 맞대고 논의하여 해결책을 찾아나갔다. 그냥 답이 보이는 일이라도 공동의 사고 과정을 함께 거칠 수 있게 했다. 학급회의를 여러 번 거듭하면서 우리 반은 함께 의견을 이야기할 때, 먼저 손을 드는 사람의 의견부터 듣는 것이 아니라 원으로 둘러앉아 모든 아이들의 이야기를 차례로 듣는 것으로 방법을 정해갔다. 천천히 깊게 생각하는 아이들의 의견이 좋은 해결책으로 자리할 때가 많았다.

　우리 반 아이들이 가장 좋아하는 말은 '우리는 모두 소중하다' '서로 다르다는 것을 인정하자' '실수는 배움의 멋진 기회이다' 등이다. 특히 '존중'은 학기초 만들어갈 학급의 가장 중요한 가치로 선정되어, 1년 내내 칠판에 붙여두고 가이드라인으로 삼았다. 학급 내에서 영향력 있는 한둘의 의견에 좌우되는 것이 아니라, 함께 이야기하고 자기의 목소리를 낼 수 있는 학급 분위기가 형성되어갔다는 것이 가장 의미 있는 일 중 하나라고 생각한다.

　배움과 실천 사이에 간극이 있다. 존중과 공감을 기반으로 한 공동체성으로 함께 만들어나가고 지켜가는 경험은 아이들의 성장에 자양분이 되며 실천의 원동력이 될 수 있다. 학급이 공동체로 설 수 있다는 가능성을 보았기에 교사로서도 한 뼘 성장한 한 해였다. 아이들과 함께 성장할 수 있음에 항상 감사한다.

✏️ 추천하는 책과 영화

■『가만히 들어주었어』(코리 도어펠드, 북뱅크, 2019)
좌절하고 외롭고 슬픈 순간, 누군가 진심 어린 태도로 내 이야기에 귀 기울이는
것만으로도 힘을 얻을 수 있다. 슬픔에 빠진 사람을 위로하는 방법은 가만히 귀
기울이며 기다려주는 것이라는 것을 이 책은 속삭여준다. 나의 방식이 아니라
상대의 방식으로 위로하며, 토끼는 그림책의 주인공 테일러에게 다가온다.

■『점』(피터 레이놀즈, 문학동네, 2003)
주인공 베티는 미술시간이 전혀 즐겁지 않다. 무엇을 그릴까 고민하다가
결국 아무것도 그리지 못했다. 모두 나가버린 미술실에서 혼자 앉아 무엇을
그릴지 고민하다가 쥐고 있던 연필을 도화지 위에 그냥 내리꽂는다. 선생님은
베티의 그림을 멋진 액자에 끼워 전시하고, 용기를 얻은 베티는 점을 다양하게
그려나간다. 베티는 마침내 다양한 점을 그릴 수 있는 예술가로 탄생하여
전시회를 열게 된다.

■『논쟁 수업으로 시작하는 민주시민교육』(넬 나딩스 외, 풀빛, 2018)
배려와 돌봄에 주목한 대표적인 여성주의 학자이자 존 듀이의 계보를 잇는
세계적인 교육철학자 넬 나딩스와 그녀의 딸 로리 브룩스가 공동집필한
책이다. 저자들은 다양한 논쟁적 쟁점에 관한 탐구가 비판적 사고력으로
이어지며, 나아가 건강한 인간관계와 강력한 참여민주주의를 유지하는 데
얼마나 유용한가를 설득력 있게 다루고 있다.

■〈원더〉(스티븐 크보스키 감독, 2017)
주인공 어기는 재치 있고 호기심 많은 매력부자이다. 하지만 남들과 다른
외모로 태어났기에 헬멧으로 얼굴을 감추며 지내왔다. 학교에 가게 된 어기는
처음으로 헬멧을 벗고 낯선 세상에 용감하게 첫발을 내딛지만, 첫날부터
남다른 외모로 눈길을 끌고 사람들의 시선에 큰 상처를 받는다. 어기는 다시
한번 용기를 내고, 주변 사람들도 하나둘 변하기 시작한다.

1. 민주시민교육, 어떻게 그릴까?

교사연수모임에서 마음 열기 아이스브레이킹으로, '누구일까요?' 활
동에 참여한 적이 있다. A4 종이를 반으로 접어 한쪽 면에 자신의 외
모를 설명하는 글을 적는다. 종이를 모아 섞은 후 다른 사람에게 나
눠주면 글을 읽고 그림으로 이미지를 나타내야 한다. 그림이 완성되
면 주인일 것 같은 사람에게 종이를 돌려준다. 외모를 설명하는 글
이니 완성된 그림이야 뻔할 것 같고 금방 주인을 찾을 수 있으리라
생각했다. 그런데 많은 수의 참가자가 한참을 헤맨 후에야 주인을
찾았다. 상당수의 참가자는 정해진 시간 안에 종이를 주인에게 돌려
주지 못했다. 이렇듯 외모를 설명한 간단한 글도 그림으로 묘사하라

면 제각각 달라진다. 철학과 가치가 담긴 민주시민교육을 교사들이 어떻게 이해하고 실천할 것인가 하는 문제는 한결 더 복잡하고 다양하지 않을까?

민주시민교육에 대한 다양한 접근을 이야기하기에 앞서, 민주주의 자체가 얼마나 다양한 스펙트럼을 갖고 있는지 짧게나마 살펴보자. 미국의 역사학자 칼 베커는 민주주의를 자유민주주의, 사회민주주의, 경제적 민주주의, 기독교 민주주의, 산업민주주의, 공중민주주의, 직접민주주의, 간접민주주의, 인민민주주의, 다원적 민주주의, 참가민주주의, 관객민주주의 등 수많은 개념을 포함한 여행용 가방에 비유했다. 민주시민교육이 인성교육의 관점까지 아우르고 있는 우리나라 현실을 고려하면, 정말 다양한 민주시민교육'들'이 존재함을 알 수 있다. 따라서 민주시민교육의 방향성과 지향점을 찾는 것이 내가 우선해야 할 과제라고 생각하였다.

우선 프로젝트 학습으로 교육과정을 재구성하면서 그 속에 민주시민교육을 담아보았다. 방향성과 지향점을 4가지로 정리하였다. '세상 읽기, 자기 목소리 내기, 차이가 편안히 드러나는 광장 만들기, 공동체에 협력하고 연대하기'를 경험하는 프로젝트로 교육과정을 구성했다. 처음부터 세밀하게 계획되어 성공적으로 마무리한 프로젝트도 있고, 아쉬움이 많이 남는 프로젝트도 있다. 제시된 프로젝트가 민주시민교육을 담기에 완벽해서 소개하는 것은 아니다. '생각보다 어렵진 않네' 하는 생각으로, 더 다양한 프로젝트 수업을 통해 민주시민교육이 이루어지길 바라는 마음에서 몇 가지 소개한다.

2. 프로젝트 학습에 민주시민교육 담기

'세상 읽기' 프로젝트

"나는 민주시민인가?", "나는 민주시민교육을 제대로 받은 경험이 있는가?"

민주시민교육에 관심이 생긴 이후 스스로에게 자주 던진 질문이다. 답은 언제나 "아직"이다. 어릴 적 학교에서는 '예', '효', '근면'을 최고의 덕목으로 배우며 자라왔다. 가정에서도 '성실', '순종'을 배웠고 스스로 판단하거나 결정하는 것이 부모님께는 반항하는 행동이라고 여겼다. 개인의 문제가 사회 시스템의 잘못일 수 있다는 것을 생각해본 적이 없었다. 내가 겪는 모든 어려움은 내 행동에서 비롯된다고 굳게 믿고 살아왔다. 세상일에 관심을 보이거나 진지하게 의문을 품어본 적도 별로 없었다. 지역이나 사회에서 일어나고 있는 일은 나와 상관없이 텔레비전 뉴스에나 등장하는 일이었다. 착한 인성과 성공을 강조한 교육을 받은 결과, 가정과 학교는 내 삶의 전부가 되었다. 삶의 영역으로 세상을 읽어내는 것에는 서툰 시민임을 부정할 수 없다.

이제 학생들은 나와 같은 기존 세대와는 달라야만 한다. 개인적 시선에 머무르지 않고 가정과 학교 밖 너머의 세상과도 연결되어 있음을 알아야 한다. 그러면 교사로서 학생들의 세상 읽기를 어떻게 도와줄 수 있을까? 우선 교육과정 속에서 학생들이 세상 읽기를 잘하게 만들어야 하지 않을까? 세상 읽기는 나와 나를 둘러싼 공동체를 둘러보고 살펴보는 것이다. 이를 통하여 새로운 관계를 만든다. 저절로 이루어지는 것이 아니라 의도적인 노력이 필요하다. 그러나 넓은 세상을 읽기에 개인적 경험과 능력은 한계가 있다. 이 한계를 극복하도록 도와줄 매개가 필요하다. 책, 영화, 사회 이슈 등을 매개로 토론하는 활동은 학생들의 세상 읽기를 도울 수 있다. 특히 책은 교사나 학생들에게 익숙한 것으로 부담 없이 쉽게 접할 수 있다는 장점이 있다.

책을 매개로 한 세상 읽기 프로젝트 학습은 학급 특색인 하브루타(Havruta, 짝을 이뤄 서로 질문을 주고받으면서 논쟁하는 유대인식 토론교육 방법) 독서토론과 연계하여 진행했고, 세상의 여러 면을 살펴보게 하려는 의도에서 책 목록을 미리 주제별로 선정하여 제시하였다(자료1 참조). 책 선정 과정부터 학생들과 함께 고민하고 합의하여 결정했더라면 학생들이 수업에 좀 더 적극적이지 않았을까 하는 아쉬움이 남는다.

세상 읽기 프로젝트에서 책은 내 생각을 알리고 다른 사람의 생각을 들어보는 매개 역할을 한다. 생각이 활발하게 작동하게 해 토론에 적극적으로 참여하는 데 도움을 준다. 일반적인 독서토론처럼 책 내용을 세심히 분석하거나 느낀 소감 말하기에 중요한 의미를 둘 필요가 없다. 『텔레비전 보여주세요』는 매체 중독을 소재로 하지만, 우리 반 학생들은 시청 가능 연령에 관해 활발한 토론을 펼쳤다. 대부분이 11살인 그들에게 '12살 이상 관람가'라는 제한사항은 평소 불만의 요소가 많았기에 책 내용을 꼼꼼히 읽지 않고도 토론에 흠뻑 빠지게 만들었다.

첫 순서는 책을 읽고 학생들과 토론 주제를 정한다. 주제는 교사가 이끌어가고 싶은 의도로 정하는 것이 아니라, 학생 편에서 그들에게 우호적으로 제시한다. 예를 들어 '12살 이상 관람가인 텔레비전 프로그램은 보면 안 된다'와 같이 교훈적인 의도로 표현하는 것은 적절하지 않다. '12살 이상 관람가를 정하는 것은 어른의 의견과 기준으로만 정해서는 안 된다'와 같이 학생들의 관점에서 기술하여 제시한다. 주제를 이렇게 제시할 때 토론은 더 활발히 이루어진다.

세상 읽기 프로젝트에서는 학생들이 다양한 관점을 갖도록 하는 것이 중요하다. 내 생각만이 아니라 다른 사람의 생각을 잘 들을 수 있도록 해야 한다. 처음에는 자신의 의견으로 찬성과 반대를 정하고 근거를 들어 이야기하게 한다. 후속 활동으로 상대방과 의견을 바꾸어 다시 토론하게 한다. 이때 앞에서 토론 상대가 말한 근거는 제외하고, 다른 근거를 들어 자기 의견을 이야기하게 한다. 마지막으로 주제와 관련하여 문제의 창의적 해결방법을 대화 짝과 함께 의논하여 적어보게 한다. 이 과정에서 학생들의 사고는 더욱 확장되고 민주적인 의사결정을 배우게 된다. 다음은 아이들의 소감이다.

- '그림책 읽는 민주시민' 프로젝트 활동에서 여러 주제에 관해 친구들과 이야기하는 것이 재미있었다. 짝과 입장을 바꾸어 토론할 때 친구가 말한 근거를 다시 말하면 안 되는데, 내가 잘 듣지 않았을 때는 똑같은 것을 또 말하게 된다.
- 다른 사람의 말을 경청하는 것이 중요하다는 것을 깨달았다. 제일 좋았던 점은 선생님으로부터 "무엇을 해라, 말아라" 하고 지시받는 느낌이 아니라 우리가 스스로 문제를 해결한 것이다.
- 내가 생각하지 못한 것을 다른 친구들이 말하는 것을 보고 사람마다 생각이 다르다는 것을 알게 되었다. 짝이 말을 잘할 때는 내 생각이 자꾸 바뀌려고 해서 그러지 않으려고 꾹 참았는데 쉽지 않았다.

세상을 읽는 매개로는 책 외에도 영화, 사람, 사회 이슈 등 여러 가지를 활용할 수 있다. 세상 읽기는 단순히 세상을 읽는 것으로 그치지 않았다. 책에서 소개한 상황은 사회적 의미를 생각함과 동시에 자신과 연결하여 앞으로의 실천 계획 세우기까지 이어지게 하였다.

'자기 목소리 내기' 프로젝트

R. M. 맥키버는 그의 저서 『The Ramparts We Guard(우리가 지켜야 할 성벽)』에서 민주주의를 참과 거짓으로 나누는 기준을 다음과 같이 제시하였다.

- 첫째, 사람들이 정부 시책에 반대해도 이전과 다름없이 심신의 안전을 보

장받을 수 있는가?
- 둘째, 정부의 시책에 반대되는 정책을 표방하는 조직을 자유롭게 조직할 수 있는가?
- 셋째, 집권당에 대해서 자유롭게 반대투표를 할 수 있는가?
- 넷째, 집권당에 반대하는 투표가 대다수를 차지하게 되었을 경우 투표로 정부를 권력의 자리에서 물러나게 할 수 있는가?
- 다섯째, 이와 같은 문제를 결정하는 선거가 일정 기간 또는 일정 조건 아래에서 이루어지도록 입헌적인 조치가 되어 있는가?

학급운영의 방향으로 삼기 위해 이것을 민주적인 학급을 참과 거짓으로 나누는 기준으로 바꾸어보았다.

- 첫째, 교사가 실행하려는 학급경영 방침이나 행사에 반대해도 학생들이 이전과 다름없이 즐겁게 교실에서 생활할 수 있는가?
- 둘째, 교사의 생각에 반대하는 학생들이 다른 학생들과 자유롭게 자신의 의견을 공유할 수 있는가?
- 셋째, 다수의 의견에 반대한다고 말하는 소수 학생의 의견도 허용하는 분위기인가?
- 넷째, 정해진 학급경영 방침이나 행사에 반대 의견이 많을 경우, 정해진 것을 투표로 무효화할 수 있는가?
- 다섯째, 이와 같은 문제를 결정하는 절차와 기간, 조건이 학급 규칙에 따라 이루어질 수 있는가?

삶에 대한 주인의식을 강조하는 민주시민교육에서는 학생들이 자기의 생각을 당당히 말할 수 있어야 한다. 파커 J. 파머는 『비통한 자들을 위한 정치학』에서, "내 의견을 분명히 말하고 자신 있게 발언하는 것만큼 타인에게 열린 마음과 존중하는 태도로 귀 기울일 필요가 있다"고 하였다. 민주적인 학급이 되려면 학생들이 자기 생각을 분명하게 말하는 당당함과 다른 학생의 의견을 존중하는 겸손함을 함께 갖추어야 한다.

다른 사람을 열린 마음으로 존중하고 겸손한 태도를 갖는 것의 중요성에 대해서는 학생들에게 수없이 강조해왔다. 더불어 자기 의견을 자신 있고 분명하게 말하는 당당함도 학생들에게 강조해왔을까? 민주적인 학급을 참과 거짓으로 나누는 기준은 조금 억지스럽고 과장된 느낌도 있다. 그러나 학생들의 목소리에 얼마나 허용적일 수 있는지를 점검하는 도구로 삼을 수도 있다.

자신의 필요와 요구가 충족되지 않았을 때 불만을 갖는 데 그치지 않고 긍정적인 변화로 만드는 방법을 학생들에게 알려주고 싶었다. 요즘은 각 시도마다 정책참여 컨테스트, 시장에게 보내는 소통 메시지, 시민대토론회, 국민생각함 등 자신의 목소리를 낼 수 있는 다양한 시민참여제도가 있다. 어린이·청소년 참여위원회와 청소년 참여 포털 Y-Change(http://youth.go.kr/ywith) 온라인 정책 제안 시스템처럼, 어린이나 청소년이 의견을 정책에 반영할 수 있는 통로도 마련되어 있다. 대개 정책이라고 하면 거창하고 복잡하게 느껴진다. 그래서 정책 제안도 두렵고 어렵고 귀찮게 생각한다. 경험을 통하여 학생들의 편견을 깨주고자 '정책 제안' 프로젝트를 계획하였다(자료2 참조).

정책설명서 양식은 Y-Change에서 요구하는 항목을 기본으로 작성하였다. 먼저 일반적 정책의 의미와 목적, 중요성, 사례 등을 소개하여 학생들이 정책에 관한 기본적인 이해를 하도록 한다. 학생들이

국어 3. 의견을 조정하며 토의해요 / 도덕 5. 갈등을 해결하는 지혜 (10차시)

준비물: 설명서, 전지(이젤 패드), 매직펜, 스티커

- 1차시: 정책마켓의 의미와 사례 소개, 청소년 참여 포털 Y-Change 소개
- 2차시: 상품개발 예시
- 3~4차시: 상품 기획회의(모둠이 개발할 소재 선정-상품개발-상품설명서 기초작업)
- 5~6차시: 전지(이젤 패드)에 상품개발서 작성
- 7~8차시: 상품설명회(상품별 5분) 및 질의응답
- 9차시: 갤러리 투어, 구매 및 조언 (상품설명자 1명은 설명 역할 부여)
- 10차시: 구매 결과 발표 및 정책마켓활동 소감 나눔

결과물은 Y-Change 탑재

(공감 50건 이상 받은 정책 제안은 청소년특별회의에서 정식으로 검토 및 논의됨)

〈정책 상품설명서〉

- 정책 명칭:
- 제안 이유:
- 현황(현재의 정책이나 관련 법률):
- 문제점:
- 정책 제안:
- 기대 효과:
- 구매 의사 (이 정책이 마음에 든다면 스티커를 붙여주세요)

---

*교육부 외, 『민주시민교육 교원역량강화연수 자료집』일부 참고

아이디어를 정책으로 이어가게 하려면 교사의 친절함과 인내가 필요하다. 항목 하나하나에 관한 자료를 찾고 내용을 생각해보는 데는 시간이 많이 필요하다. 특히 충분한 사전학습 없이 정책을 제안하라고 하면 '무슨 무슨 법' 하고 자신들의 건의 사항에 '법' 글자만 붙인다. 사전학습 과정 없이 정책 제안에만 초점을 두고 진행하였다

가 학생들이 단순 건의와 정책을 구분하지 못하여 프로젝트를 처음부터 다시 해야 했다. 나중에는 학급 영역, 학교 영역, 사회 영역으로 구분 지어 진행하게 했더니 좀 더 쉽게 접근할 수 있었다.

정책 결과물은 동료 학생들이 평가한 스티커의 개수와 상관없이 모두 Y-Change에 탑재하였다. 학생들이 자신의 의견이 실제로 얼마나 공감받을 수 있는지 확인해보게 하려는 의도였다. 아쉽게도 사이트를 이용하는 학생 수가 많지 않아 목적한 바를 이루지는 못하였다. 제안이 올라오는 건수에 비해 공감을 눌러주는 학생이 많지 않았다. 사이트에서 제안한 정책에 공감하고 그 이유를 나누는 수업을 진행해보는 것도 좋을 것 같다.

비록 실제 정책으로 이어지지는 못했지만, '모든 공용화장실에 화장지를 의무 설치하게 하자'는 정책부터 '짝을 선택할 권리'를 주장하는 건의사항까지, 학생들의 다양한 목소리를 들어보는 의미 있는 시간이었다. 학생들은 사회 영역보다는 자신의 이해관계에 밀접한 학교생활 관련 정책에 관심이 많았다. 이 부분은 앞으로도 계속 풀어가야 할 숙제로 남는다. 한두 번의 경험으로 사회로 확장하는 정책 제안을 할 순 없겠지만, 학생들의 시야를 넓히기 위한 전략을 고민할 필요성을 느낀다. 아이들의 의견도 다양했다.

- 마음대로 원하는 친구랑 앉는 것을 정책으로 내면 친구들이 모두 찬성할 줄 알았는데, 내가 제시한 기대효과에 반대하는 사람도 많아서 조금 놀랐다. 공감 스티커를 많이 받았지만 1위는 아니어서 정책으로 채택되지 못해 아쉬웠다.
- Y-Change 사이트에서 얼마나 많은 공감을 받을 수 있을지 기대가

되었다. 선생님이 공감을 많이 받은 의견은 진짜 정책에 반영되도록 Y-Change 위원회에서 의논한다고 하셔서 엄청 긴장했다.

• 사이트에 접속하는 사람이 많지 않아서 공감을 받지 못했다. 그래도 우리 반에서 공감 스티커 1위로 뽑혀서 기분이 좋았다. 정책 상품설명서 쓸 때 는 많이 힘들었는데 뽑히니까 힘들었던 것이 한꺼번에 사라졌다.

'차이가 편안히 드러나는 광장 만들기' 프로젝트

'시민은 태어나지 않고 만들어진다'라는 미국 시민교육센터 사무총 장 찰스 퀴글리의 말처럼, 시민성은 끊임없이 타인과의 관계를 형성 하고 나, 우리, 공동체를 성찰할 때 길러진다. 학생이 다른 학생들과 만나 관계를 형성하고 대화할 때 공동체도 성장하고 동시에 학생 개 인도 성장한다.

그러나 모든 만남에서 이런 동반 성장이 일어나지는 않는다. 다음 두 가지 조건이 갖추어질 때에야 비로소 학생들의 끊임없는 성장은 가능해진다. 첫째, 학생은 상호 비교하여 우열을 가릴 수 있는 존재 가 아니라는 것이 전제되어야 한다. 학생은 동등하며, 그들의 특성은 좋고 나쁘고가 아닌 고유한 차이로 인식되어야 한다. 둘째, 학생이 자신의 생각을 공론의 장에서 자유롭게 표현할 수 있는 환경이 마련 되어야 한다.

동학년 교사 명단이 발표 나고 얼마 후 차이가 편안히 드러나는 광 장 만들기 프로젝트를 위하여 꼼꼼하고 세밀하게 학년초 통합 프로 젝트 수업을 계획한 적이 있다(자료3 참조). 동학년 선생님들이 학년 협의실에 모여 회복적 생활교육을 근간으로 비경쟁 토의토론, 학급 긍정훈육법, 의사소통 기술을 종합하여 장기간에 걸쳐 진행할 프로

자료3. 차이가 편안히 드러나는 광장 만들기: 아름다운 동행! 공동체의 발견 (34차시)

교과	단원	활동 내용
국어	2. 토의의 절차와 방법	• 토의의 절차, 방법 알기 - 학기초 학급의 문제 발견하기(학급에 관심 갖기) - 문제: 청소, 학급문고, 환경, 식사, 자리 등 - 토의를 통해 해결(문제해결을 위한 효과적인 방안도출) - 원으로 만들기 활동 (안전하게, 모두, 빠르게, 조용하게) - 감사 나누기 활동(격려하기, 감사와 격려하기, 감사와 격려받기 또는 패스) - 문제해결 4단계 학급회의 방법 터득하기 (문제에서 물러나기, 모두 함께 진지하게 이야기하기, 윈윈 해결책 이야기하기, 도움 요청하기)
국어	6. 말의 영향	• 말이 미치는 영향 알기 • 의사소통 기술 향상하기 - 경청기술 익히기 1: 일대일 경청활동, 달팽이 경청활동 - 경청기술 익히기 2: 그룹에서 경청활동 - 경청기술 익히기 3: 비언어적 표현과 함께 경청 - '나 전달법' 활동 : 의사소통 기술인 '나 전달법'을 통해 자신의 감정 및 의견을 전달하는 방법 익히기 (사실 - 나의 감정 - 바람) • 말의 힘을 알리는 광고 만들기
도덕	2. 감정, 내 안의 소중한 친구	• 상호존중(다름 인정하기) - 정글 속 다양한 동물(4가지 동물을 통한 다름 인정하기) 동물 중 되고 싶은 동물과 그렇지 않은 이유를 통한 다름 존중하기 - '상처받은 ○○' 활동하기 : '○○'라는 가상 학생을 설정하여 상처받은 ○○를 학급공동체에 참여시키는 방법 토의하기 • 마음을 제대로 표현하는 말을 하는 좋은 방법 (관찰, 느낌, 희망, 부탁) • 감정표현 방법(언어적 표현, 비언어적 표현, 반언어적 표현) • 감정조절 3단계 (감정신호등: 멈춤, 상황판단, 행동) • 가치사전 만들기

도덕	3. 책임을 다하는 삶	• 학급을 위해 자신의 책임 다하기 - 선택한 일과 해야 하는 일 - 역할 나누기(학급, 학교, 마을, 지구촌) • 내 탓이 아니야, 책임에 관하여 토론하기 • 누구의 책임일까요? 토의하기 • 이렇게 바뀌었어요. - 학교폭력을 해결하기 위한 공동체 해결 단계 정하기
도덕	7. 모두 함께 지켜요	• 즐거운 학교생활에 도움을 주는 법 조사 • 규칙 지킴이 활동 • '네 가지 핑계' 주제로 토론하기(EDS 토론방법) • 준법 돋보기 3단계 익히기 • 학급 규칙 만들기(PDC 학급 토론을 위한 가이드라인 작성)
도덕	8. 우리 모두를 위하여	• 나와 공동체 관계 알기: 짝 인터뷰 활동 • 〈Take the bus〉 동영상 보고 이야기 나누기 • '우리는 하나' 공동체 체험활동하기 • 아름다운 세상 공익광고 만들기
실과	1. 나의 성장과 가족	• 나의 성장과정 책 만들기 - 학급공동체의 일원이 될 자신을 소개하는 책 만들기

*정진, 『회복적 생활교육 학급운영 가이드 북』

젝트를 함께 설계하였다. 이 일은 내 교직 경력에서 가장 의미 있는 시간으로 기억된다. 학생들을 위한 프로젝트를 계획하는 과정에서 교사들이 의견을 표현하고 차이를 수용하는 것을 먼저 실천해나갔기 때문이다.

처음에는 서로를 잘 모르기에 낯설고 어색한 분위기에서 학년 모임을 시작했지만, 프로젝트에 관한 논의는 중단되지 않고 계속되었다. '학생의 배움과 성장'이란 공동 목표에 관해 끊임없이 이어간 토론과 대화는 교사들에게도 의미 있는 광장이 되었다. 프로젝트는 성공적으로 마무리가 되었다. 새 학교에 적응하며 학생 생활지도 역량을 키워 교사로서 성장하는 경험을 나눌 수 있었다. 가장 선배이신 선생님은 30년 경력을 앞세우지 않았다. 프로젝트 세부 프로그램을 이끈 젊은 선생님의 해박한 전문지식에 다른 선생님들이 주눅 들지도 않았다. 교사들이 서로의 차이를 인정하고 열띤 토론을 하며 만든 이 프로젝트는 학생들의 1년살이 밑거름이 되었다.

물론 쉽게 얻어진 결과는 아니었다. 동학년 선생님들은 두 달 이상에 걸쳐 34차시로 구성된 긴 프로젝트 수업을 진지하고 성실하게 진행하였다. 수업시간 외에도 학생이 생활하는 곳곳에서 서로의 차이를 인정하며 대화하는 분위기를 만들고자 노력했다. 간단한 훈계로 끝날 상황도 스스로 대화로 풀어가도록 교사가 지켜보고 기다려주는 것은 기본이지만 가장 어려운 일이기도 하다.

이런 프로젝트를 구성할 때 여기에 소개된 활동으로만 구성해야 하는 것은 아니다. 학생들이 서로 다름을 인정하고 소통하는 민주적인 토론문화를 경험할 수 있다면 어떤 활동으로 대체해도 좋다. 활동 내용이 무엇이든 교사가 반드시 유의해야 할 점은 학생들이 토론을 통해 자신의 우월함을 드러내려고 하는 마음을 경계시켜야 한다는 것이다. 다른 학생을 억압하고 무시하는 태도도 주의시켜야 한다. 학생들에게 좋은 토론의 태도를 강조하는 것도 한 방법이 될 수 있을 것 같아 소개한다.『상상상 지도』를 참조했다(자료4 참조).

이 프로젝트 수업을 하면서 어려웠던 점은 아무리 갈 길이 바빠도 교사의 권위를 앞세워 학생들을 재촉할 수 없다는 것이었다. 민주적인 토론문화를 빨리 만들라고 강요할 수는 없는 노릇이었다. 인내심을 가지고 기다린 결과, 3월에 시작된 차이가 편안히 드러나는 광장 만들기 통합 프로젝트는 몇 달 지나지 않아 정착되었다. 이제 학생들은 다른 어떤 활동보다 토론을 좋아하게 되었다.

이렇게 학생들이 서로 다름을 인정하고 토론하는 문화에 익숙해지자, 학급의 생활 전반에 변화가 일어났다. 안건이 있으면 학생들은 스스로 학급회의를 열어 해결하기를 원했다. 소소한 다툼은 대화로 해결되었다. 조정자 역할을 자처하는 학생도 생겨났다. 그러한 변화를 보여준 제자들 때문에 내 마음에도 변화가 일었다. 대화를 통하여 세상이 변할 수 있다는 믿음을 굳건하게 새기게 되었다.

- 학급회의 시간이 좋다. 우리 반 '함께 칭찬'이 모두 모여지면 파티를 하기로 했는데, 최종 의견이 선생님께서 떡볶이를 만들어주시는 것으로 나와서 혼날까 봐 사실 좀 걱정되었다. 선생님은 회의의 결정이니 따르겠다고 하셨다. 선생님은 떡볶이 만드느라 힘드셨겠지만 나는 우리가 결정한 내용이 실제로 이루어지니 좋았다.
- 우리 반 현호(가명)가 계속 친구들을 건드려서 그 습관을 고치기 위해 바벰바 부족회의를 열었다. 우리는 둥글게 앉고 가운데 앉은 현호에게 좋은 점과 훌륭한 행동을 칭찬해주었다. 처음에는 기분이 안 좋았다. 친구를

괴롭히는 사람을 칭찬하라니 말이 안 된다고 생각했다. 그동안 경청하기, 토의하기 공부를 많이 해서 우리 반 모두 이야기를 잘했다. 그리고 속상한 점을 말할 때 현호가 화내지 않고 사과해줘서 고마웠다. 자기의 습관을 고치겠다고 약속했는데 고쳐질지는 모르겠다.

- 한 달 동안 책은 배우지 않고 계속 이야기하고 들어주는 연습을 했다. 활동들이 모두 재미있었다. 예전에는 일어나서 말하거나 친구 앞에서 말하는 것이 어려웠는데 요즘은 좀 잘하게 된 것 같다. 선생님은 가장 중요한 것을 우리가 배우고 있다고 하셨다. 나도 그렇게 생각한다.

'공동체에 책임 있게 협력하고 연대하기' 프로젝트

학교에서는 어려움을 겪는 사람을 도와야 한다는 것을 강조한다. 자신이 맡은 일을 성실하게 해내라고 가르친다. 자신의 이해관계를 넘어 공동체 일에 관심을 가지라고도 한다. 언뜻 보기에 각각 별개일 것 같지만 '개인의 역할과 책임'만 지나치게 강조하고 있다는 생각이 든다. 우리가 살아가는 사회는 개인의 노력만으로는 해결할 수 없는 요인이 복잡하게 얽혀 있다. 개인 한 사람의 도덕적인 선의로 모든 것을 해결할 수 없다, 어려움을 겪는 사람의 어려움은 무엇 때문에 생겨난 것일까? 그 어려움이 다시 발생하지 않게 하려면 어떤 도움을 주어야 할까?

이런 질문을 구조적 틀 안에서 제기하고 답하는 교육이 많이 부족하다. 교사주도로 사용하던 학급비를 학생자치활동과 연결하여 사용해보면 어떨까? 학생들이 협력하고 연대하여 공동체의 문제를 해결해보는 데 학급비를 사용하자는 생각에서 이 프로젝트를 계획하게 되었다.

자료 5. '공동체에 책임 있게 협력하고 연대하기': 학생자치활동과 연계한 민주시민 프로젝트 수업

- **프로젝트명: 재보기(재미·보람·기여)를 실천하는 민주시민**
- **국어 6. 타당성을 생각하며 토론해요 / 도덕. 우리가 만드는 도덕 수업 (10차시)**
- 팀원 구성: 학생이 원하는 방법으로 팀원을 구성하되, 소외되는 학생 있을 시 교사 개입
- 진행 준비:
  - 과제 완성시 개별 쿠폰 지급
  - 프로젝트 실시 전 실제 돈으로 교환(학급비 예산 범위를 고려하여 지급)

- 1차시: 프로젝트 안내-의도, 내용, 유의사항
- 2~3차시: 공동체 생활 문제로 토론활동
- 4~6차시: 팀별 토론계획 세우기-토의와 계획 나눔
- 7~8차시: 준비물 제작-광고 또는 안내장
- 방과후 팀별 프로젝트 실행
- 9~10차시: 결과 보고, 소감 나눔

- **유의사항:**
  프로젝트 실천 외 사적 용도로 학급비를 사용할 수 없음을 안내
  실행을 위한 사전 안전지도 및 생활지도
  학부모 가정통신을 통한 프로젝트 안내, 방문기관 협조 등에 따른 교사 조력

- **실천 내용:**
  노인정 방문하여 겨울용품 나눔
  학급 고민상담소 운영
  소방서 방문하여 핫팩 나눔
  떡볶이 만들어서 수익금으로 보건실과 화장실에 여성용품 무료나눔상자
  　설치
  아파트 단지 내 화장실에 휴지 설치

스스로 팀원을 정하고 학급비를 사용할 수 있다는 점이 매력적으로 느껴지지 않을까 기대하며 학생들에게 프로젝트를 제안하였다. 그러나 예상과 달리 학생들은 계획 세우는 것을 많이 어려워하였다. 주어진 선택의 자유에 오히려 당황했다. 주변의 문제를 비판적으로 바라보는 것에 익숙하지 않아 다양한 생각을 떠올리지 못했다. 다른 팀원과 제안 내용이 달라야 한다는 제한사항에도 부담을 많이 느꼈다. 공동체 문제해결은 곧 불우이웃돕기나 이웃 격려하기라는 생각에 머물러 있었다. 개인적 봉사와 책임만을 지나치게 강조해온 교육의 폐해를 실감하는 순간이었다. 자신의 이해관계를 넘어 공동체의 일에는 관심을 보이지 않는 것도 눈에 띄었다. 학생들은 '사회정의를 추구하는 시민'으로서 사고해본 경험이 무엇보다 부족하였다. 학급비 사용처럼 일회성 행사 외에 다양한 기회에 사회적 이슈에 관심을 가지고 변화에 동참하는 성장 경험이 필요하다. 이러한 경험을 꾸준하게 제공하는 것은 앞으로도 중요한 과제로 남는다.

그래서 또 다른 프로젝트를 계획하였다(자료6 참조). 선거는 학생들에게 주권자로서 실천하고 공동체에 책임감 있게 연대하는 경험을 제공하는 좋은 재료가 된다. 2018년에 가장 큰 사회적 이슈 중 하나가 지방선거였다. 전국민적 관심사인 선거를 그냥 지나칠 수 없어 학생들과 함께 배움의 기회로 활용했다. 선거교육 자료나 방법을 찾는 것이 생각만큼 쉽지 않았다. 요즘은 중앙선거관리위원회 사이트의 선거체험관처럼 교육자료가 다양화되긴 했지만, 앞으로 더 많은 선거교육 자료가 개발되었으면 한다.

프로젝트 활동 후 학생들의 소감도 다양했다.

자료 6. '공동체에 책임 있게 협력하고 연대하기': 우리도 지방선거를 치르자 (13차시)

교과	단원	활동 내용
국어	3. 상황에 알맞은 낱말 10. 글쓰기의 과정 11. 여러 가지 독서 방법	• 인물의 생각이 드러나게 촌극 꾸미기 　- 세계 각국의 정치가와 삶을 풍요롭게 바꾼 위인 찾아 극 꾸미기 • 6.13지방선거 공약집 분석하기 　- 말하는 이의 관점을 생각하며 공약집을 읽고 우리만의 선거를 위한 공약집 제작하기 • 주장하는 글쓰기대회 하기 　- 가상후보가 되어 주장하는 글쓰기 　- 가상후보에게 기대하는 마음을 담은 편지쓰기
사회	4. 우리 사회의 과제와 문화의 발전	• 경제성장 과정에서 나타난 문제점을 사례 중심으로 알아보기 　- 해결방안 모색하기 　- 문제가 해결된 미래의 모습 상상하기 • 공동체 문제의 해결사례를 보며 참여와 민주주의를 실천하는 태도의 중요성 파악하기 　- 공동체 문제의 해결 과정에서 참여가 중요한 까닭과 참여 방법 알아보기 • 우리만의 선거를 위한 가상후보 선정하기 • 발전된 공동체의 미래를 위한 다짐의 시간 갖기
창체	자율활동	• 우리만의 선거를 위한 공약집 제작하기 （모둠별 가상후보 1명） 　- 각 모둠별 공약집 제작하기 　- 실현가능한 공약을 위한 공약 설정하기 　- 공약집 공표 및 배부

- 우리 모둠은 그냥 평범한 이름으로 가상후보를 내세웠는데 가상후보 이름으로 '세종대왕'을 정한 모둠이 있었다. 공약집은 우리가 훨씬 잘 만든 것 같은데 실제 선거투표를 한다면 세종대왕이 선거에 당선될 것 같았다. 선생님이 투표하기는 하지 않는다고 해서 다행이었다.
- 공약집에 경제성장 과정에서 나타난 문제해결 방안까지 적는 것이 어려웠다. 다른 모둠은 의견이 많아서 부러웠는데, 우리 모둠은 경제성장 부문 공약을 한 개도 생각하지 못했다. 선거후보들의 선거공약을 분석할 땐 별것 아니라고 생각했는데 직접 만들어보니 공약을 만드는 것이 쉽지 않았다.
- 가상후보에게 나의 기대를 담은 편지를 쓰기가 재미있었다. 내가 요구하는 것을 다 들어주는 후보가 있다면 그 후보를 뽑을 것이다.

3. 시민 대 시민의 만남을 기약하며

민주시민교육이라는 이름으로 실시된 일련의 프로젝트 학습을 마치고 문득 민주시민교육에 대한 학생들의 시선이 궁금해졌다. 학생들은 어떤 사람을 민주시민이라고 생각할까? 민주시민교육에서 원하는 것이 무엇일까? 가장 중요한 단계를 놓쳤다는 생각에 늦었지만 학생들에게 물어보기로 하였다(자료7 참조).

민주시민교육은 내용과 방법이 모두 민주적이어야 한다. 아무리 교사가 훌륭하고 민주적인 내용과 가치를 가르쳤다 해도 학생이 내면화 과정 없이 암기했다면 민주시민교육의 본질에 충실했다고 할 수 없다. 내용과 방법을 결정하는 그 과정 또한 민주적이어야 한다. 앞으로는 배움의 주체인 학생에게 먼저 물어야겠다. "민주시민교육

자료 7. 초등학생의 시선으로 본 민주시민과 민주시민교육

설문 대상: 5학년 N초등학교 27명

키워드로 말하는 민주시민

- 민주시민은 어떻게 말하고 행동해야 할까요?
  - 배려, 존중, 봉사, 경청, 성실, 인권, 청렴, 감사, 사랑, 자유로움
- 민주시민은 어떻게 생각해야 할까요?
  - 평등, 공감, 배려, 긍정, 자유, 공동체, 자신감, 확신
- 민주시민은 무엇을 실천해야 할까요?
  - 봉사, 선거, 기부, 도움, 책임
- 민주시민이 된다는 것은 왜 중요할까요?
  - 공동체, 평화, 갈등 해결, 더 나은 세상 만들기, 함께 잘살기

어떻게 민주시민교육을 받기 원하나요?

- 프로젝트 수업으로 배우고 싶다.
- 민주시민교육과 관련하여 현장체험학습을 하러 가고 싶다.
- 민주시민교육과 관련하여 이벤트나 축제가 있으면 좋겠다.
- 어린이들에게도 선거의 기회를 주면 좋겠다.
- 창의적 체험활동 시간에 더 많이 배우고 싶다.
- 민주시민교육 관련 전문가 선생님들이 오셔서 알려주는 시간이 있으면 좋겠다.
- 달마다 자신이 실천한 민주시민 활동을 발표해서 그것이 민주시민으로서 바람직한 행동인지 토의를 하고 싶다.
- 민주시민에 대해 알 수 있는 민주시민교육 박물관이 있으면 좋겠다.
- 민주시민 활동을 제일 잘한 학생에게 상을 주면 좋겠다.
- 우리가 한 것처럼 수업시간에 민주시민교육을 연관 지어 배우면 좋겠다.
- 선거와 관련하여 투표 교육을 더 많이 하고 선배가 후배에게 알려주면 좋겠다.

에 대한 의견을 말할 수나 있으려나" 했던 내 의심은 학생들이 또박
또박 쓴 글자 앞에서 부끄러움이 되었다. 물론 그동안 받아왔던 교
육 내용이나 방법을 벗어나지 못한 한계도 보이지만, 자신들의 의견
을 분명히 밝힐 수 있는 것 자체가 대견스러웠다. 이제 아이들이 자
신의 배움에 대해 주체적으로 자각하고 목소리를 낼 줄 아는 시민으
로 나를 바라본다고 생각하니 한편으로 긴장도 된다.

프레이리는 모든 것을 아는 사람도 없고, 아무것도 모르는 사람도
없다고 하였다. 교사는 한 명의 시민으로서 또 다른 시민인 학생을
만나 소통하고 대화하면 된다. 교사인 내가 완벽한 존재가 아니라는
것을 인정하는 일은 어렵지만, 안심되는 일이기도 하다. 학생들이 미
숙한 존재가 아니라는 것도 받아들여야 할 일이다. 다름을 인정하고
편안히 대화하면 교사도 학생도 함께 성장하는 상생의 결과를 맛볼
수 있다.

아직도 권위주의에 익숙한 이들을 자주 만난다. 내게 친절이 지나
치다며 그것은 약자의 표식이자 무능한 사람으로 보일 수 있다고 걱
정해주기도 한다. 때로는 나도 권위적인 모습이 되어 학생들에게 훈
계를 늘어놓을 때도 있다. 그러나 내가 경험한 억압의 권위는 그 효과
가 오래가지 못했다. 반감만 불러일으켰다. 사람을 설득하고 변화시
키자면 언제나 그 사람을 인정하고 존중하며 기다려야 한다. 내게 다
른 사람을 억압하는 권위는 '힘'보다 '무거운 부담'으로 느껴진다. 그
러한 이유로 이제 나는 권위라는 무거운 짐을 내려놓고, 시민 대 시민
으로서 학생과의 만남을 기대한다.

✏️ 추천하는 책과 영화

■『선생님, 민주시민교육이 뭐예요?』(염경미, 살림터, 2018)
중학교 교사로서 민주시민교육의 의미와 방법을 모색하여 실천한 내용을 담고
있다. 논쟁 수업, 참여 수업, 프로젝트 수업 사례와 창의적 체험활동을 연계하여
시민교육을 소개하고 있다.

■『학교, 민주시민교육을 실천하다』(교육정책디자인연구소 시민모임, 맘에드림,
2020)
시민교육의 필요성에 관한 담론과 주제별(다양성, 선거, 미디어 리터러시,
인권감수성, 성인지감수성) 민주시민교육의 사례를 소개하고 있다. 교육과정과
연계한 사례, 학교의 학생자치활동 등의 수업 사례들은 학교현장에서 바로
적용할 수 있도록 자세한 설명이 되어 있다.

■〈런던 프라이드〉(매튜 워처스 감독, 2017)
어려움을 당한 탄광마을 사람들을 위해 성소수자들이 후원과 모금을 하며
돕는 이야기이다. 탄광마을 사람들 역시 처음에는 성소수자에 대해 편견의
시선을 가졌지만, 사회적 약자라는 공통점을 깨닫고 서로 이해하고 화합한다.
서로 어울릴 것 같지 않은 두 집단은 차별당하고 고통받은 아픔을 통하여 강한
연대를 이루고 이를 통하여 어려움을 극복해간다.

■〈거룩한 분노〉(페트라 볼프 감독, 2018)
지금은 당연하게 여겨지는 여성의 선거권에 관해 다시 생각하게 하는
영화이다. 많은 나라에서 여성의 선거권은 정치투쟁운동을 통해 얻게 된
결과이다. 유럽의 선진국 중 하나인 스위스에서 여성들이 참정권을 위해
어떻게 연대하고 투쟁하였는지 보여주며, 선거 참여의 의미를 되새겨보게
한다.

2부

교과목별 민주시민교육 실천기

자신의 생각을 펼칠 수 있는 공간을 만드는 것.
그것이 바로 수업시간에 학교에서
이루어져야 할 가장 큰 과제이자
민주시민교육의 첫걸음이다.

장서정 동암중학교 교사

1. 우리나라 역사교육의 불편한 진실

역사 수업을 마치고 나면 학생들 입에서 꼭 나오는 말이 "너무 어렵다", "외울 것이 너무 많다"라는 소리이다. 열심히 수업 준비를 해도 학생들의 입에서 나오는 말은 별반 다르지 않다. 역사는 사람들의 이야기이고 거기에 담겨 있는 과거 사람들의 삶의 모습을 들여다보아야 한다고 아무리 수업시간에 외쳐도 학생들은 이미 누군가에게 단단히 교육받은 것처럼, 절대 그럴 리 없다는 표정으로 나를 바라본다. 역사교사로서 이러한 상황은 거대한 벽에 가로막힌 것 같은 답답함을 준다. 하지만 다른 한편으로는 우리나라 역사교육이 그동안 가지고 있던 문제점은 무엇이고, 이를 해결하기 위해서 나는 어떠한 역할을 할 수 있을까 열정을 만들어주는 좋은 자극제이다. 역사교과는 우리의 삶과 밀접하게 맞닿아 있다. 그럼에도 불구하고, 우리나라에서 역사교육을 받은 대부분의 사람은 역사교과를 통해 자신의 삶을 들여다보고 세상을 발견한 경험을 거의 가지고 있지 않다. 도대체 왜 역사교과는 그동안 제 기능을 하지 못한 채 부정적 인식의 대상이 된 것일까?

가장 먼저 떠올릴 수 있는 원인은 역사 교과서이다. 우리나라 역사 교과서에는 사람이 아닌, 사건만이 존재하고 있다. 사람의 삶이 빠져있는 역사 교과서 덕분에 역사는 고정불변의 거대한 지식 덩어리라는 오명이 생겼다. 변하지 않는 지식 덩어리에 대한 가치 판단은 무의미하다. 그저 열심히 암기하여 머릿속에 집어넣은 후 다섯 개 보기 중에 숨어 있는 하나의 정답을 맞히면 그 사람은 역사를 잘하는 사람이 된다. 그동안 우리 교육의 문제점으로 지적되어왔던 학생의 성장 과정이 아닌 결과중심의 교육, 입시 위주의 교육은 역사교육에 대한 부정적 인식을 더욱 부추겼다. 일제고사에서 받은 점수에 의해 우열을 나누는 사회에서는 시험에 나오는 것만 학생들의 머릿속에 효과적으로 주입하는 교사가 명강사라 불린다. 앞서 말했듯이, 고정불변의 거대한 지식 덩어리라는 오명을 둘러쓴 역사교과는 이러한 환경 속에서 암기식, 주입식 교육의 대표 교과로 자리 잡게 되었다. 암기에 자신 있는 사람들에게는 오히려 생각하지 않아도, 판단하지 않아도 되는 마음 편한 교과로 여겨지기까지 했다.

또한 대한민국에서 역사교과는 집권세력이 자신의 권력을 정당화하는 수단으로 이용되어왔다. 선사시대 우월한 도구를 가진 이주민 세력이 토착 세력에게 자신들이 하늘의 자손이라는 선민사상을 내

세우며 지배를 정당화했듯이 말이다. 역사가 국가주의의 도구로 이용되면 교과서에 서술된 역사 지식은 탐구와 논쟁의 대상이 아니라, 민족적 자부심의 원천으로서 기념하고 보존해야 할 대상이 된다. 하나의 사건에 관한 다양한 관점은 필요 없다. 찬란한 역사에 대해 반론을 제기하는 것은 자랑스러운 태극기 앞에 조국과 민족의 무궁한 영광을 위하여 충성을 다하겠다는 맹세에 크게 어긋나는 것이 되어버리기 때문이다. 이렇게 이 땅의 역사교육은 아주 오랜 시간 동안 삶의 주체인 자유로운 개인을 기르는 것이 아닌, 국가와 기업에 충성하는 산업화 일꾼 양성을 위해 학생들에게 단일 관점을 주입하는 도구로 이용되어왔다.

2. 역사교육의 제자리 찾기

2015 개정 교육과정에서 역사는 '과거에 있던 인류의 다양한 삶과 문화를 이해하고 현재의 생활과 앞으로 전망되는 미래의 생활을 과거 생활과 연관 지어 살펴봄으로써 인간과 인간의 삶에 대한 폭넓은 이해력과 통찰력을 키우는 과목'이라고 그 성격을 말한다. 국가 교육과정에 명시된 역사교과에 관한 서술을 바탕으로, 그동안 이루어졌던 역사교육에 대한 반성과 새로운 시대에 지향해야 할 역사교육은 어떤 것인지 생각해볼 수 있다.

이제는 평면적이고 단편적인 사건 나열이나 단일 관점의 주입에서 벗어나, 역사교육 본연에 충실한 교육이 필요하다. 잊힌 사람들의 삶의 모습에 집중하고, 그들의 이야기에 귀를 기울여야 한다. 역사 시험점수는 높은데 역사의식은 없는 빈껍데기 성적우수자는 그만 만들어내야 한다. 역사적 사건 혹은 인물에 대한 상이한 해석이나 역사 속의 갈등상황을 제시함으로써 다양한 해석이 가능함을 확인하고 자기만의 역사의식을 만들어가는 것은 어쩌면 시대가 요구하는 역사교육의 방향일지도 모르겠다. 이는 박근혜정권 당시, 한국사 국정교과서 파동을 겪으며 역사교과가 이루어야 할 소명이 되어버렸다.

수많은 역사적 사실에 대해 다양한 해석이 가능하다는 것을 인정하는 일은 다양성을 인정하고 상호존중, 평화의 가치를 가르치는 민주시민교육의 목표와 맞닿아 있다. 실제로 2015 개정 교육과정에서는 역사교육의 목표 중 하나로, 한국과 세계의 구성원으로서 다양한 문화를 존중하며, 민주와 평화의 정신을 바탕으로 문제를 해결하는 자세를 기른다고 말한다. 다시 말해, 역사교과 목표의 달성이 곧 민주시민교육의 내실화와 연결되어 있다. 역사교육의 제자리 찾기는 민주시민을 기르는 과정인 동시에 민주시민들이 함께 만들어가는 과정이라고 할 수 있다. 그렇다면 우리가 지향해야 할 새로운 역사교육은 구체적으로 어떤 모습이어야 할까?

삶과 만나기

역사교육은 무엇보다 과거 사람들의 '삶'에 집중해야 한다. 사람이 빠져 있는, 사건의 나열에 그치는 역사교육을 지양해야 한다. 역사는 사람의 이야기이다. 그들과 우리의 시간이 다를 뿐, 우리는 같은 공간에서 살아갔고 살아가고 있다. 시대라는 이름의 소용돌이 속에서 그들은 왜 그런 선택을 하게 되었는지, 내가 만약 역사 속 인물이 된다면 어떤 감정이었을지 분석과 감정이입을 통해 적극적으로 과거 사람들의 '삶'과 만나야 한다. 정치사, 사회사가 들려주는 거대 서사도 좋지만 미시사, 여성사 등 그동안 소외되었던 역사 속 사람들의 삶의 이야기도 들어보아야 한다. 지배층의 역사, 승자의 역사에서 벗어나 이제는 과거를 살아간 수많은 민(民)의 삶에 주목해야 한다. 그들의 이야기가 담긴 사료를 적극적으로 찾아 읽고 분석하며, 학생들 스스로 역사적 판단을 할 수 있는 기회를 제공해야 한다.

아이들이 함께 성공하는 경험 만들기

아주 오랫동안 우리 교육은 결과만을 중시하는 입시 위주 교육이 중심을 이뤘다. 이를 극복하기 위한 다양한 실험과 노력이 행해지고 있으나, 지금도 진행형이다. 과정이야 어떻든 성적이 좋으면 모든 것이 허용되는 입시 위주 교육, 인간을 서열화시키는 교육을 강조하는 사회에서는 모두가 행복해질 수 없다. 성적 좋은 사람들만 우대하는 사회에서 낮은 성적은 두려움의 대상이자 좌절 그 자체이다. 교실 안 친구들은 어떻게 해서든 내가 이겨야만 하는 대상이 된다. 우리나라 아이들은 자라면서 친구는 '내 서열보다 아래에 위치해야 하는 경쟁자'란 사실을 자연스럽게 받아들인다. 학창시절의 이러한 경험은 사회에 나가서도 끊임없이 남과 비교하는 습관을 만든다. 인생 초년에 받은 수능점수가 대학으로 이어지고, 누가 정했는지 알 수 없는 대학 간 서열에 의해 나는 평생 잘난 사람, 또는 못난 사람이 되어버린다. 우리 사회가 만든 잣대 상에서 누군가보다 못하면 내 의지와 상관없이 그 사람보다 열등한 사람이 된다. 이를 경험한 이 땅의 수많은 부모는 자식에게만큼은 이러한 불편한 감정을 물려주고 싶지 않아서, 또는 자신이 경험한 우월감을 물려주고 싶어서 사교육의 바다로 아이들을 내몬다. 엄청난 규모의 사교육 시장이 발달한 우리나라는 세계적으로도 사교육비가 많이 드는 나라로 손꼽힐 정도다. 이러한 현상을 자식에게만큼은 좌절감을 물려주고 싶지 않은 트라우마에서 비롯된 것이라며 측은하게 바라보아야 할까? 이는 문제의 본질에서 벗어나 악순환만 반복하는 꼴이다.

누군가가 만들어놓은 경쟁의 쳇바퀴 속에서 빠져나오는 방법, 악순환의 고리를 끊을 수 있는 방법 중 하나로 아이들에게 함께 성공하는 경험을 만들어주는 것이 있다. 우리 교육에서 필요한 것은 경쟁이 아닌 함께 힘을 합쳤을 때, 즉 연대했을 때 더 좋은 결과가 나타난다는 것을 확인하는 성공 경험이다. 기억을 떠올려보면 학창시절 나에게는 협력의 경험이 많지 않았다. 협력이라고 해봐야 체육대회 우승을 위해 같은 반 친구들과 힘을 합쳤던 기억밖에는 없다.

급격한 사회변화가 예상되는 미래사회에서 갑자기 발생하는 문제에 효과적으로 대응하기 위해서는 다른 사람과의 협력이 필수이다. 서로 공동의 목표를 향해 힘을 합쳐 함께 노력해가는 과정, 너와 내가 서로에게 힘을 북돋워주는 과정의 소중함을 경험하는 것은 매우 중요하다. 이제 우리 교육의 목표는 아이들이 함께 성공하는 경험을 만들어주는 방향이 되어야 한다고 생각한다. 함께했을 때 더 큰 힘이 발휘될 수 있다는 믿음, 즉 연대에 대한 믿음은 바로 이러한 성공 경험에서 만들어진다.

마음껏 생각을 펼칠 수 있는 장 만들기

협력과 연대의 경험 못지않게 자기 생각을 갖는 일 또한 참 중요하다. 자기 생각을 갖는다는 것은 삶의 주체로서 나와 주변을 인식할 수 있다는 것이다. 자기 생각은 하루아침에 뚝딱 만들어지지 않는다. 여러 가지 경험을 통해서, 그리고 다른 사람의 생각이 담겨 있는 다양한 주제의 글을 읽고 해석하는 과정을 끊임없이 반복하며 형성된다.

자기 생각을 가졌다면 그다음에는 자기 목소리를 낼 수 있어야 한다. 자기 목소리를 내기 위해서는 논리적으로 자신의 생각을 말하고 쓸 수 있어야 한다. 생각을 표현하는 법을 모르면 삶의 주인이 될 수 없다. 자신의 마음과 생각을 다른 사람에게 정확하게 전달하지 못해 원하지 않는 결과를 얻는 경우가 있다. 서로 갈등이 생겨도 대화로 해결하지 못해 폭력으로 가기도 한다.

수업을 통해 자기 생각을 갖게 되고, 그것을 자기 목소리로 표현하는 방법을 알게 되었다고 해도 자기 생각을 맘껏 펼칠 수 있는 광장이 없다면 아무 소용이 없다. 그러기에 수업시간은 학생들이 자신이 생각한 바를 자유롭게 이야기할 수 있는 광장이 되어야 한다. 다른 사람이 만들어놓은 모범 답안을 머릿속에 주입시켜 모두가 똑같은 목소리를 내게 하는 것이 아니라, 자신의 생각을 맘껏 펼칠 수 있는 장을 마련해야 한다. 내가 지금 이야기한 것이 선생님의 의견과 같지 않으면 어쩌나, 또는 친구들의 생각과 다르면 어쩌나 하는 잠시의 머뭇거림도 없이 자신의 생각을 펼칠 수 있는 공간을 만드는 것. 그것이 바로 수업시간에 이루어져야 할 가장 큰 과제이자 민주시민교육의 첫걸음이다.

역사교과는 이 과제를 수행하는 데 여러모로 적합한 교과이다. 과거 사람들의 판단에 자신의 가치를 넣어 자신만의 역사의식을 만들어가는 것을 목표로 하기 때문이다. 역사 수업에서 교사는 학생들에게 다양한 역사 관련 읽기자료를 제공하고 그것을 해석할 수 있는 능력, 즉 문해력을 키우는 교육을 해야 한다. 또한 학생들이 적극적으로 자신의 생각을 글로 쓰고 말할 수 있는 기회를 제공해야 한다. 역사적 사건이나 논쟁 주제와 관련된 자신의 생각을 마음껏 이야기할 수 있는 자유로운 분위기가 수업 중에 보장되어야 한다. 주입을 넘어 주체로, 민주시민을 키우는 새로운 역사교육을 시작해야 한다.

3. 민주시민과 함께하는 역사 수업 이야기

'동학농민운동 뮤지컬 만들기' 프로젝트

중학교 3학년 역사 교육과정 중 한국사 부분은 흥선대원군 집권기부터 시작해 현재에 이르기까지 우리나라 근현대사를 다루고 있다. 교과서의 흐름을 따라 이 부분을 수업하며 느낀 것은 굉장히 많은 사건이 나열되어 있고, 사건의 원인, 전개과정, 결과 및 영향으로 도식화되어 학생들에게 공식처럼 역사적 사실을 전달하게 된다는 것이다. 그 와중에 인물은 주도했던 몇 명의 이름이 언급되는 정도이다. 제대로 당시 사람의 삶과 마주하는 수업을 하고 싶었다. 또한 협력과 연대의 과정을 통해 공동의 성공을 경험하는 수업을 만들고 싶었다. 어떻게 만들 수 있을까 고민하던 중 '동학농민운동'이라는 주제가 눈에 들어왔다.

동학농민운동은 마침 교과서에 6개 주제로 나누어 설명되어 있었다. 여기에 착안해 모둠당 하나의 주제를 맡아 노래와 역할극을 만들고, 6개 모둠의 작품을 이어 공연하면 한 편의 뮤지컬을 만들 수 있겠다고 생각했다. 학생들은 모둠원이 되어 모둠 안에서 서로 돕고, 모둠 차원에서도 협력하여 한 편의 공연을 완성해보는 좋은 학습 경험이 될 것이다. 다른 모둠과의 경쟁이 아닌, 협력을 해야만 좋은 공연을 완성할 수 있는 구조 속에서 학생들이 어떤 모습일지 궁금했다. 또한 '동학농민운동 뮤지컬 만들기' 프로젝트를 통해 당시 농민의 삶의 무게를 느껴보고, 그들의 입장이 되어 조선 후기 사회 문제의 해결방법을 찾아보게 하고 싶었다. 과거의 그들도 우리와 같이 하루하루의 삶을 살아가는 사람들이었다는 것을 알려주고 싶었

모둠별 주제탐구(위)
장면 만들기와 연기 연습(아래 왼쪽)
뮤지컬 공연(아래 오른쪽)

다. 역사 수업을 통해 만날 수 있는 것이 방대한 지식 덩어리만이 아니라 바로 인간의 삶이라는 것을 학생들과 공유하고 싶었다.

8차시에 걸친 프로젝트 수업이 시작되었다. 모둠별 주제 정하기, 모둠별 주제 탐구, 개별활동(주제에 맞게 자신만의 노래, 장면 만들기), 자신만의 작품을 가지고 모둠활동(모둠 노래, 장면 만들기), 소품 제작 및 연기 연습, 리허설, 뮤지컬 공연 순서로 진행된 기나긴 여정이었다.

처음에 수업 안내를 받은 아이들은 "우리가 어떻게 뮤지컬을 만드냐"라며 투덜거렸다. 이 투덜거림은 강의식으로 수업했을 경우, 수업 태도 면에서 나무랄 데 없고 성적 또한 좋은 아이들에게서 특히 강하게 나타났다. 그 아이들에게 이러한 프로젝트 수업은 불필요해 보였다. 시험 잘 보고 성적 잘 받는 것이 목표라면, 이 작업이야말로 효율이 떨어지는 작업이 될지도 모르겠다. 혼자서 하면 자기만 노력하면 성적을 잘 받을 수 있는데 모둠학습을 하면 소요 시간이 배가 되고 들인 노력만큼 결과가 잘 나온다는 보장도 없다. 각양각색의 모둠원과 함께 작업하며, 참여에 소극적인 아이들을 설득해야 하고 자신보다 역량이 부족한 아이들을 도와야 한다. 자신의 시간과 노력을 남들보다 몇 배 더 쏟게 되는 상황까지 연출된다. 몇몇 아이들의 이러한 저항에 적잖이 당황스러웠지만, 이 수업을 통해 성장할 수 있다는 믿음을 아이들에게 주기 위해 나 또한 수업 단계에 맞는 치밀한 수업 설계와 준비를 위해서 시간을 들이고 더욱 노력했다.

투덜거리던 아이들은 단계를 수행함에 따라 작품이 완성되어 가는 것을 경험하면서 신기해했다. 한 사람이 감당하기에는 부담스러운 과제였기 때문에 자연스럽게 무임승차자가 없어지고 서로 격려해가며 수행하는 모습이 보였다. 나중에는 작품의 완성도를 높이기 위해 누가 시키지 않아도 자료를 찾고 노력하는 모습이 보였다. 프로젝션 맵핑을 통해 장면 연출을 해보라고 했더니, 자신들이 공연할 장면에 관한 나름의 이해와 해석을 바탕으로 상상력까지 동원하여 조선 후기를 재현해냈다. 여기에 음향효과와 소품까지 더해지니 제법 그럴듯한 한 편의 공연이 완성되어 가고 있었다.

공연은 학교 시청각실에 있는 실제 무대에서 진행되었다. 무대 위의 공연은 학생들의 그간 노력이 담긴 소중한 결실이었고, 수행평가이기도 했다. 평가와 연결된 만큼 공연 중인 친구를 향해 관객이 된 아이들이 말을 걸거나 감정을 상하게 만들면 안 되었다. 공연을 망치면 수행평가에 지장이 있을 것이기 때문이다. 이를 대비해 공연 시작 전 우리가 지켜야 할 약속에는 무엇이 있을지 아이들과 함께 고민해보았다. 함께 질서를 만들고 상대방에 대한 존중과 배려를 어떻게 할 것인지 생각해보는 좋은 시간이었다.

아이들의 공연은 완벽하지 않았다. 리허설을 하고 미리 준비했어도 실수가 있게 마련이었다. 갑자기 마이크가 작동하지 않는다거나 하는 돌발상황도 발생하였다. 대사를 잊어버려 시간이 지체되어 쉬는 시간까지 써가며 공연해야만 했다. 어떤 반은 한 모둠이 거의 준비를 해오지 않아 반 전체 공연에 차질이 생겼다. 그 모둠 아이들은 자신들의 무책임이 다른 사람에게 얼마나 큰 피해를 주는지 직접 경험했다.

아이들의 모습을 지켜보며 처음에는 답답하고 화도 났는데, 시간이 지나면서 그동안 보이지 않던 것들이 눈에 들어오기 시작했다. 수업시간에 잠만 자던 아이들이 깨어 있었다. 자기 차례가 되면 성의껏 외운 대사로 연기하고 있었다. 자기 모둠의 것이 아닌데도 솔선수범하여 소품이나 음향 등을 챙기며 도와주던 아이 역시, 수업시간에는 엎드려 있어서 얼굴을 잘 볼 수 없던 아이였다. 평소에는 거의 말이 없던 아이가 큰 목소리와 뛰어난 연기력으로 자신이 맡은 역할을 소화해낼 때는 그 아이에게서 빛이 났다. 남에게 보여주기 위한, 완벽하게 준비된 뮤지컬 공연을 바란 것이 아니었다. 실수하더라도 서로 격려하고 웃으면서 친구들과 책임을 다하는 것이 어떤 것인지를 아이들이 느낄 수 있게 해주고 싶었다. 학교를 졸업하고도 좋은 추억으로 자리 잡을 수 있는 그런 수업이면 좋겠다고 생각했다. 그동안 준비했던 공연을 마치고 학생 소감을 묻는 학습지에는 친구들과 함께 무언가를 만들어본 아이들의 마음이 잘 드러났다.

- 뮤지컬을 우리가 직접 만드니 그냥 수업을 듣는 것보다 더 집중되고 이해도 잘 돼서 좋았다. 만드는 과정에서 완벽하게 그 내용을 이해해야지만 대본을 짜고 연기할 수 있기 때문에 더 열심히 공부할 수 있었다.
- 동학농민운동 뮤지컬을 직접 만들어보니 수업을 통해서는 다 이해할 수 없었던 그 당시 농민들의 심정과 왜 동학농민운동을 했는지 이유를 더 잘 알 수 있어서 좋았다. 과거 우리 조상들의 심정을 이해할 수 있는 유익한 시간이었다. 또한 친구들이랑 배려하면서 역할도 정하고 더 많은 얘기를 할 수 있어서 좋았다.
- 뮤지컬 준비와 공연을 하며 당시 농민들의 비참한 삶과 동학농민운동의 비장한 분위기를 느낄 수 있었다. 친구들과 연습할 때는 힘들었지만 점차 친밀감을 형성하고 좋은 추억을 만들어서 좋았다.

동학농민운동 뮤지컬 만들기 프로젝트 수업은 과거 광장에서 자

프로젝션 맵핑 자료(위 왼쪽),
공연 관람시 유의사항 안내지(위 오른쪽),
자기평가지, 동료평가지(아래)

신의 목소리를 냈던 조선시대 동학농민군의 삶을 추체험하는 장이었다. 자신이 처한 부당한 현실을 비판적으로 인식하고 이를 해결하기 위해 연대하여 실천한다는 것이 어떤 것인지 생각해보는 것을 목표로 한 수업이다. 이 수업을 통해 아이들은 친구들과의 경쟁이 아닌, 협업을 통해 공동의 성취를 이루어나가는 경험을 하게 되었다. 교사인 내게도 잊을 수 없는 아주 소중한 경험이었다. 아이들은 스스로 역할을 찾았고, 자신이 맡은 역할에 최선을 다했으며, 주체가 되어 멋지게 협업하고 있었다. 이 수업은 내게 학생 한 명 한 명을 발견하고 더 이해하는 계기가 되었다. 나 역시 아이들과 함께 성장하고 있었다.

'살기 좋은 조선 만들기' 프로젝트

이 프로젝트는 중학교 2학년 교육과정 중 'Ⅵ. 조선 사회의 변동' 단원을 주제로 교육과정을 재구성하여 8차시 프로젝트 수업으로 진행한 수업이었다. 조선 후기 사회 모습이 담겨 있는 자료를 분석해 당시 사회의 문제점을 알아보고, 해결 방안을 모둠 토론을 통해 찾아보도록 했다. 학생들의 역사적 판단력과 문제해결능력을 키우기 위한 활동이었다. 조선 후기 사회의 문제점을 해결할 수 있는 방법을 친구들과 함께 찾아 개혁안을 만든 후, 개혁안에 제시된 문제해결 방법이 구현된 '살기 좋은 조선'을 그림으로 표현해보는 것이 수업의 핵심이었다. 또한 자신이 만든 개혁안을 조선 후기 농민봉기 당시 실제 농민들이 제시한 개혁안과 비교해보도록 하여 학생들이 과거 사람과 간접적으로 만날 수 있도록 하는 수업을 구상해보았다.

8차시는 모둠별 주제 탐구(또래 선생님 활동), 수원화성 모형 만들

수원화성 모형 만들기(위)
월드카페 토론(아래 왼쪽)
생각 펼치기(아래 오른쪽)

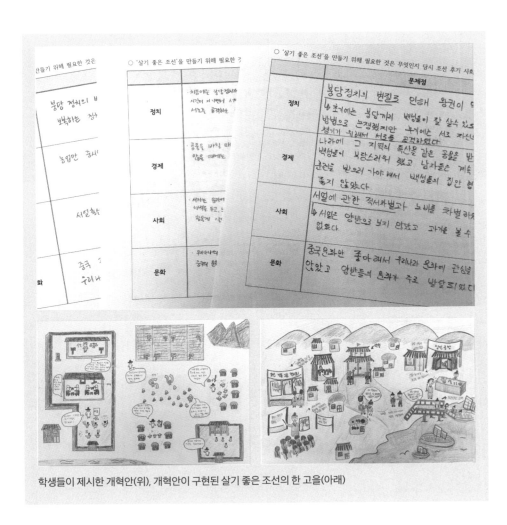

학생들이 제시한 개혁안(위), 개혁안이 구현된 살기 좋은 조선의 한 고을(아래)

기, 조선 후기 사회의 문제점 및 해결방안을 주제로 한 '월드카페' 토론, 생각 펼치기, 개혁안 작성, 그림으로 표현하기 과정으로 이루어진다.

이 수업의 특징은 교사는 철저하게 학생의 안내자 역할만을 하고 있다는 점이다. 탐구활동 및 과제 해결 과정에서 학생들은 자기주도적 학습과 협력활동을 하게 된다. 처음에는 학생들이 잘할 수 있을까 걱정이 많았는데, 생각보다 훌륭하게 자신의 역할을 수행하였다. 또한 당시 조선 후기 사람의 입장이 되어 문제점을 살펴보고 해결방안을 찾는 과정에서 창의적인 아이디어가 나오기도 했다. 자신이 생각해낸 해결방안과 실제 농민봉기 당시 농민들이 제시한 개혁안을 비교해보며 일치점을 발견하고는 놀라워하는 학생들이 꽤 있었다. 다음은 수업을 마치고 소감을 묻는 설문지에 학생들이 답한 내용이다.

- 수원화성을 직접 만들어보니 조선사회의 문제를 해결하기 위한 정조의 노력이 느껴져서 좋았고, 내가 생각했던 해결방안과 일치되는 면이 있어서 신기했다. 모형도 만들어보고 그림도 그리는 수업이 재미있어서 이해가 더 쉽게 되고, 기억에 오래 남는다.
- 활동을 하며 수업을 하니 지루하지도 않고, 이해가 훨씬 잘되었다. 평소 수업에 참여를 잘하지 않던 친구들도 활발해져 보기 좋았다.
- 조선사회의 문제점에 대한 해결방안을 찾는 것이 처음에는 어려웠는데 친구들과 생각을 나누니 쉽게 해결되었고 같이해서 너무 좋았다. 우리 모둠에서 찾은 해결방안이 당시 조선 후기 농민들의 생각과 일치한 것을 확인했을 때 소름이 돋았다.

학생들이 스스로 조선 후기 사회의 문제점과 해결방안을 찾아보는 작업을 통해, 자신이 속해 있는 사회의 문제점을 찾고 해결할 수 있는 민주시민으로서의 역량을 기를 수 있는 수업이었다. 또한 사회 문제에 대한 해결책을 찾는 과정에서 친구들과 의견을 나누면 더 좋은 해결책을 찾을 수 있다는 것을 학생들이 체험하는 것을 확인할 수 있었다. 국어, 미술교과와 융합한 수업도 권할 만하다.

'나만의 역사책 만들기' 프로젝트

역사 교육과정 모든 단원에서 할 수 있는 프로젝트이다. 무조건 수용했던 역사적 지식과 정보를 학생 자신만의 시각으로 보고, 역사교과서 전체도 비판적 관점에서 접근하도록 구상해보았다. 또한 대안 역사 교과서를 만드는 과정에서 종이와 텍스트에 갇힌 기존 형태가 아닌, 전자책(e-book)의 개념을 도입하도록 했다. 기술을 활용하여 시각화, 입체화하라는 조건을 주어 학생들이 창의적 사고력과 문제해결능력을 기를 수 있도록 수업을 구상하였다.

4차시에 걸쳐 이루어진 나만의 역사책 만들기 프로젝트 수업은 모둠별 주제 탐구(또래 선생님 활동), 나만의 역사책 만들기 활동, 친구들이 만든 역사책을 통한 탐구활동, 모둠별 발표(책 홍보), 동료평가('우리 반의 Best Seller를 찾아라!')로 그 흐름을 정리할 수 있다.

역사적 사건이나 인물에 대한 자신의 관점이 담긴 '나만의 역사책'을 만들어보라고 하니 아이들이 처음에는 어려워했다. 자신의 관점을 갖는다는 것은 역사적 사건에 대해 가치판단을 해야 한다는 것인데, 학생들이 주로 접하는 역사책인 역사 교과서를 통해서는 그러한 경험을 할 수가 없기 때문이다. 역사적 지식을 그대로 나열하기에 급급한 아이들에게 기존 교과서를 뛰어넘는 역사책을 만들어보라고 용기를 북돋우니 자신만의 관점이 담긴 '나만의 역사책'을 멋지게 완성해냈다. 이는 자연스럽게 교과서 분석과 비판으로까지 이어져, 역사적 판단력과 비판능력을 갖춘 민주시민으로서의 역량을 키우는 수업으로까지 확장할 수 있다. 아이들의 생각이 성장하는 모습을 소감에서 더욱 구체적으로 확인할 수 있어, 교사인 나에게도 좋은 피

학생들의 역사 교과서 분석과 비판

- 시각자료가 부족하여 암기하기 어려운 문제점을 그림 자료를 다양하게 활용하면
  해결할 수 있을 것 같아 그림 자료가 많이 들어간 나만의 교과서를 만들어보았다.
- 텍스트만으로는 학생들의 흥미를 끌 수 없을 것 같아 QR코드를 넣고, 역사 관련 영화 티저나
  이해를 쉽게 해주는 영상을 볼 수 있게 해 학생들이 역사를 재미있게 배울 수 있도록 하였다.
- 문장이 간결하지 않고 어려운 용어가 많아 이해에 방해가 되는 문제점이 있어서
  문장을 최대한 간결하게 작성했다. 학생 수준에 맞는 용어로 쉽게 풀어서 교과서를
  만들어보려고 노력했다.

역사적 사건에 대한 자신만의 관점이
들어간 '나만의 역사책' 학생 작품

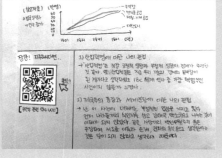

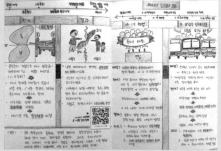

드백이 되었다. 다음은 학생들이 나만의 역사책 만들기 프로젝트 참여 후에 낸 소감의 일부로, 역사적 사건에 관한 학생들의 관점을 엿볼 수 있어서 흥미로웠다.

- 우리나라 민주화운동을 공부하며 우리의 시민의식과 주권의식을 다시금 확인할 수 있었다. 당시 시민들은 독재정권에 맞서 시민의 자유와 권리를 지켜내었다. 이러한 민주화운동의 전통이 계속 이어져 오늘날 우리나라의 민주화를 이루었다는 점이 자랑스럽다.
- 제2차세계대전 부분 교과서를 서술하면서 드는 의문은 그때 당시 사람들은 왜 많은 사람에게 피해와 희생을 불러일으켰던 전체주의, 인종주의를 이상향이라고 생각하였을까? 하는 점이다. 또 권력이 사람을 망치는 것은 아닐까 하는 생각도 들었다. 많은 사람이 피해를 입는 전쟁은 사라져야 한다.

4. 민주시민을 키우는 새로운 역사교육

수업에서 교사가 일인극의 주인공이 되어서는 안 된다. 수업의 주인공은 학생이 되어야 하고, 교사는 학생의 사고를 끌어내 배움이 이뤄지도록 하는 안내자 역할을 해야 한다. 어쩌면 수업이라는 한 편의 드라마에서 교사는 학생이라는 배우와 끊임없이 소통하며 함께 작품을 만들어가는 동료 배우이자 감독일 수 있겠다.

수업은 인간의 활동이다. 효과적으로 지식을 주입하여 하나의 질문거리도 생기지 않게 만들어주는 것이 좋은 교육이라고 말하는 시대는 이제 지났다. 앞으로는 수업에서 학생의 머릿속에 더 많은 물

음표가 생길 수 있도록 사고를 자극해서 무언가를 스스로 발견할 수 있도록 이끌 수 있는 주제 찾기에 힘써야 한다. 수업은 다양한 주제를 가지고 교사와 학생이 상호작용하며 함께 만들어나가는 과정이다. 한 차시의 수업은 교사와 학생이 만드는 한 편의 작품이다.

지식의 지배를 받지 않고 인간을 깨우는 교육, 새로운 역사교육으로 학생은 주체가 되었다. 다양한 자료를 수집하고, 친구들과 생각을 나누고 함께 과제를 해결하는 과정을 경험하였다. 이를 통해 학생은 역사의식과 민주시민으로서의 역량을 키울 수 있었다. 교실에서, 학교에서 우리 사회의 민주시민이 오늘도 자라나고 있다.

✏ 추천하는 책과 영화

■ 『나미야 잡화점의 기적』(히가시노 게이고, 현대문학, 2012)
30여 년간 비어 있던 오래된 잡화점에 숨어든 세 명의 도둑이 과거의 사람들과
시공간을 초월하여 편지를 주고받는다는 설정이 흥미진진하다. 이 소설의
설정을 역사 수업에 가지고 와 과거 역사 속 인물이 지금의 나에게 고민을
상담하는 편지를 보낸다면, 나는 어떤 답장을 할 것인가를 주제로 수업을
해보는 것도 좋다.

■ 『페다고지』(파울로 프레이리, 그린비, 2018)
'억압받는 자들을 위한 교육학'이라고 불리는 이 책은 출판된 지 50년이
지났지만 시간이 흐르면 흐를수록 더욱 빛이 난다. 자본주의의 기형적인
발달로 교육격차가 점점 더 커지고 있는 상황에서, 우리가 교육자로서 어떠한
노력을 할 수 있을 것인가, 답을 주는 책이다.

■ 〈동주〉(이준익 감독, 2016)
시대의 비극을 아파하며 스러져갔던 시인 윤동주의 모습을 통해 일제강점기
지식인으로서, 꿈을 꾸는 청년으로서, 나약한 한 인간으로서의 시인의 모습을
간접 경험할 수 있다. 잔잔한 배경음악과 윤동주를 연기한 배우 강하늘의
독백이 어우러져 일제강점기를 살아간 쓸쓸한 청춘의 모습을 엿볼 수 있다.

■ 〈눈길〉(이나정 감독, 2017)
부잣집 막내딸 영애와 그런 영애를 동경하던 가난한 소녀 종분이 일본군
'위안부'로 끌려가 겪게 되는 비극을 다룬 영화이다. 끔찍한 폭력의 순간을
시각적으로 보여주지 않고도 소녀들의 독백과 대화를 통해 당시 어린 소녀들이
겪어야 했던 아픔을 그대로 느낄 수 있게 한다. 위로와 공감의 힘을 이야기하는
영화이다.

**5장
AI 아이들과 만난 민주시민교육**

한은경 인천과학예술영재학교 교사

1. 교사 갱년기와 흔들리는 정체성

교사의 갱년기는 언제부터일까? 교사도 여러 번의 사춘기를 겪게 된다. 새로운 아이들을 낯설게 맞이하고, 함께 생활하면서 그 안에서 위로받고 좌절하고 또 희망을 보고, 또 미워하고를 반복한다. 이런 시간이 지나고 갑자기 출석부의 작은 글씨가 흐릿하게 보이는 노안이 시나브로 온다. 출석부를 들고 아이들의 이름을 부를 수 없을 때 "오늘은 13일이니 13번 읽어보자" 같은 호명을 하게 되고, 조간신문의 활자가 보이지 않게 된다. 이 상태로 계속 아이들과 만나야 할까? 정말 퇴직을 해야 할까? 고민이 깊어진다. 그런 와중에 학교를 옮기면 고민은 더 깊어진다. 지금까지와는 다른 시스템의 학교 환경, 리

액션이 다른 아이들, 새로 맡은 교과에 대한 불안감……

새 학교는 상상했던 이상의 혼란을 불러왔다. 늘 중요 과목이던 문과반 사회교사가 수학·과학에 완전 특화된 영재고의 AI(인공지능) 같은 아이들과 수업하게 된 것이다. 그게 뭐? 할 수도 있지만, 완전 다른 아이들이었다. 제자들을 AI라 칭하는 데 대해 독자들의 양해를 구한다. 영재고 밖 아이들과 여러 면에서 다른 우리 학교 학생들에 대한 나만의 애칭이다. "사회 과목은 내 진로에 필수적으로 중요한 과목도 아니고, 특성상 많은 내용을 암기해야 하고 답이 모호할 때도 많아요"라고 평가하는 학생들을 어찌 만나고 어떻게 함께 공부해나가야 할까. 정말 심각하게 고민하게 되었다. 대학 가는 것이 크게 어렵지 않을 만큼의 지능, 먹고 사는 데 큰 지장을 받지 않을 경제적 여유와 막강한 부모의 지지와 지원, 주변의 무한한 기대와 사랑. 나무랄 것 없이 풍요로운 아이들이 이곳에 함께한다. 자기 목소리를 내는 데 자신감 있고, 배경 지식도 적지 않다. 음악과 미술을 접하는 식견도 상당히 높다. 사회 과목은 그저 교양에 불과하며, 서울대가 요구하는 '사회교과 2과목 이상 이수'를 위해 필요할 뿐이다.

'AI와 자율주행에만 깊은 관심을 보이는 아이들과 어떻게 공부해야 할까?' 이 글을 쓰는 나의 문제제기는 여기에서 시작되었다.

2. 일반사회 수업, AI 아이들과 만나다

사회과는 민주시민교육의 본질적 과목으로, 민주시민 양성을 목적으로 정치, 경제, 사회, 문화를 공부하는 과목이다. 일반고등학교 학생과 달리 수능시험을 대부분 치르지 않고, 사회과 전반의 지식 습득도 필수적이지 않은 영재고 학생들의 상황을 반영해 수업과정을 구성했다. 내용적 부담을 더는 대신, 어쩌면 AI처럼 경직된 아이들의 뇌를 좀 말랑말랑하게 해보자는 마음으로 수업을 시작하였다. 학생들은 대체적으로 우리 사회의 어려운 사람들에 대한 공감도가 떨어졌다. 그들에 대해 안다고 하더라도 지면이나 영상을 통한 피상적인 이해에 그치는 경우가 대부분이었다. 실험실과 연구실에 주로 머물게 될 이 학생들이 동시대 사람들과 공감하며 더불어 살아가는 이들이 되도록 하는 길은 무엇일까? 자기 목소리를 내는 것만큼 남의 이야기도 귀 기울여 듣는 사람으로 성장토록 할 방법은 무엇일까? 'AI 아이들과 만난 민주시민교육'을 바라보는 나의 문제의식이다.

사회과 수업을 통해서 가르쳐야 하는 많은 민주시민 덕목 중 무엇보다 경제 시간에 배우는 자본주의와 정치 시간에 배우는 법치주의를 제대로 공부해야 할 필요가 있다고 판단했다. 교과과정도 실제 사례를 중심으로 재구성했다. 자본주의와 법치주의를 아는 것에 그치는 것이 아니라, '자본주의는 만능인가?', '자본주의 도래 이후 인류의 행복은 비례하는가?', '법이 존재하면 정의는 자동적으로 실현될 수 있는가?', '법은 누가 만들어야 하는가?' 등의 문제를 심각하게 고민하게 하는 방향으로 진행하였다. '불평등'을 책이나 영상을 통해 막연히 인지하는 데 그칠 것이 아니라, 교실에서 자기 목소리로 토론하고 논의해볼 수 있도록 프로젝트 수업으로 진행했다. 프로젝트 수업은 교과 내용보다는 AI 아이들에게 자본주의와 법치주의의 본질을 고민하게 하고, 내가 말하기보다 남의 목소리 듣기, 이 사회를 위해 진정 내가 해야 할 일이 무엇인지 찾기에 주안점을 두었다.

3. 본질적인 질문

첫 시간은 늘 '나는 무엇을 위해, 왜 공부하고 있는가?'라는 주제를 학생들에게 고민하게 했다. 우수한 머리를 타고나서 일찌감치 공부 잘하는 아이로 성장하여 영재고에 와서 '나는 아인슈타인이 될 거야'라는 꿈을 가진 대부분의 학생에게, '내가 연구하려는 분야는 누구를 위한 것인가?', '나는 왜 공부하는가?', '이런 연구는 인류를 위해 과연 필요한 것인가?' 하고 생각해보는 시간을 가지게 하는 것이다. 이것은 맹목적인 연구에 그치지 않고 민주시민으로서 목적성을 가지게 하기 위함이었다. 두 가지 수업 사례를 들겠다.

모의투자로 자본주의를 돌아보다

경제 시간에 자본주의를 공부하면서 수요곡선과 공급곡선을 가르치기보다 모의투자로 시작해보기로 하였다. 첫 시간은 학생이 연구하려는 분야와 관련 제품을 만드는 기업, 또는 취업하고자 하는 기업을 찾아 기업분석에 들어갔다. 그래서 자연스럽게 자신이 조사한 기업은 주식이 얼마나 되고, 주식은 왜 발행하는지 알게 되었다. 단, 코스피나 코스닥에 상장된 기업으로 제한하였다. 신생기업이나 비상장 벤처기업이 전망이 없어서가 아니라, 자연스레 투자 실험으로 이어지도록 하기 위해서이다. 그리고 학생들이 각자 조사한 기업을 친구들 앞에서 소개하는 시간을 가져, 다양한 기업에 대한 투자 검토가 이뤄지게 했다.

다음은 한 학생의 모의투자 프레젠테이션 예시이다(자료1 참조).

학생들의 기업분석 발표가 끝나면 1차 투자에 들어간다. 코스피와 코스닥 지수를 확인하고 관심 있는 기업의 주식을 매수한다. 이렇게 학생들은 사고팔고를 반복하면서 자연스럽게 수요와 공급의 상관관계를 이해하게 된다. 뉴스와 시세를 읽고, 그래프를 분석하면서 투자를 진행한다. 학생들은 투자 시간이 아닌 시간에도 자연스럽게 주가

자료1. 기업분석보고서와 1차 모의투자

kakao 카카오   KAKAO FRIENDS

1. 기업의 역사
1995 02 ㈜다음커뮤니케이션 설립
2010 09 ㈜아이위랩/㈜카카오로 사명 변경
2014 10 다음카카오 통합법인 출범
2015 05 국민내비 김기사 '록앤올 ' 인수

4. 기업의 주력 기술 또는 사업

2. 기업의 장점, 주목받는 이유
다양한 분야의 융합 서비스 제공
4차 산업 변화에 맞춰진 서비스 제공
"Connect Everything"
새로운 연결, 더 나은 세상

5. 관심있는 이유
카카오크루 : 아무도 가보지 않은 길을 함께 가는 사람들
세상의 문제를 새로운 시각과 방식으로 해결

3. 기업의 인재상
자기 주도성   공개 공유   수평 커뮤니케이션

6. 주가는 얼마나 되는가?
106,500 ▲ 전일대비 2,500 ▲ 등락율 -2.4%

활동으로 배우는 경제	3개월 모의투자 (500만 원)		학번	이름
				OOO
소개기업(자회사) 이름	기업소개 이유		투자목적	
현대건설	통일을 바라서		내 차 뽑기(목표:600만 원)	

날짜	코스피지수 코스닥지수	종목 (기업이름)	주가	거래주식수 사자	거래주식수 팔자	거래액	현금잔액	고(등락)
본원 투자금							5,000,000	
3월 19일	2179.53	현대건설	51,400	30		1,542,000	3,458,000	
3월 19일	2179.53	아모레퍼시픽	203,500	10		2,035,000	1,423,000	
3월 19일	2181.33	카카오	105,000	10		1,050,000	373,000	
3월 19일	755.55	JYP	28,700	10		287,000	86,000	
3월 19일						0	86,000	
						0	86,000	

에 집중하고 의견을 나누게 되었다.

　10차까지 모의로 진행한 후, 최종정산액을 기준으로 수수료와 세금을 계산했다. 증권 수수료와 세금까지 내야 한다는 생각을 하지 못한 학생들이 당황스러워하기도 했다. 이 과정에서 느낀 점을 저마다 허심탄회하게 정리하고, 이후 투자 소감을 포함한 최종보고서를 쓰게 했다(자료2 참조).

　프로젝트의 마지막 시간은 '자본주의는 우리를 행복하게 하는가?'를 주제로 토론을 했다. 소주제는 '수요와 공급은 무엇인가?', '자본은 어떻게 창출되는가?', '수익이 나면 배당은 누구와 나눠야 할까?' 등이었다. 놀랍게도 자본주의는 무척 합리적인 체제라는 평가가 많았다. 반면 약자의 소리를 듣는 귀가 여전히 부족함이 느껴졌다. 민주시민교육을 위해서는 다양한 의견이 자유롭게 표출될 수 있는 장이 필수적인데, 그러기엔 구성원이 너무나 동질적이었다. 기득권층만을 위한 법안을 만드는 국회에 온 것과 같은 느낌이었다. 어떤 학생들은 돈이 없어 투자를 하지 못하는 것은 개인이 무능한 탓이라고 주장했는데, 미국의 사회철학자 로버트 노직이 이야기한 '소유권리권의 정당화'를 교실에서 듣는 느낌이었다. 주식투자 같은 걸 엄두도 못 내는 사람들이 현실에는 존재할 텐데, 그들의 이야기를 듣고 싶지만 실제로 교실 안에서 들을 수 없다면 '역지사지로 생각해보기'를 해야만 했다.

　이 수업의 교육적 목표는 '주식은 함부로 뛰어들면 안 되는구나, 주식투자를 하려니 신문이나 정치, 사회면 뉴스를 많이 보게 되는구나, 이것도 게임과 같이 중독될 수 있겠구나. 신용창조는 무엇이고, 이것이 꼭 필요한가? 기업의 가치는 과연 고스란히 노동자에게 돌아

자료2. 한 학생의 최종투자 보고서(모의)

▶목표금액: 550만 원 ▶투자목적: 생활비 마련 ▶증권사 수수료: 48,099원
▶증권거래 세금: 47,566.5원 ▶내 최종평가액: 4,549,334.5원

기업	투자 기간	주가 최종 변화	이익/손해 금액
에스퓨얼셀	4차	-2400	-177500
kt	1차	-700	-49000
넥슨지티	4차	+900	+90000
LG	3차	-3900	-78000
위닉스	1차	-1050	-42000
CJ ENM	1차	-2200	-33000
카카오	1차	-5000	-100000
신일산업	2차	+495	+99000
sk 하이닉스	1차	-2400	-72000

느낀 점

결론부터 말하자면 주식에 대해 부정적으로 인식하게 되었다. 처음부터 주식에 대해 별로 안 좋은 인식을 가지고 있긴 했지만, 모의투자를 하면서 정말 열정을 가지고 전문적으로 분석하지 않는 이상 주식을 통해 이익을 보기 어렵다고 느꼈다. 처음에 모의투자를 시작하면서 세운 가상의 목적과 목표는 생활비로 50만 원을 벌려고 하였는데, 오히려 50만 원을 잃었다.

모의투자를 진행하면서 깨달은 것들이 있는데, 우선 첫 번째로 투자할 기업을 고를 때 정보가 정말 중요하다는 것이었다. 처음에는 단순히 그 기업의 주가 증감률을 보고 골랐지만, 갈수록 날씨, 시장 경향 등 외부 원인부터 기업에 관한 기사들(부정적이든 긍정적이든)까지 확인해야 그나마 어떻게 주가가 변화할 것인지 예상해볼 수 있다. (중략) 또한 주식은 자신이 여유가 있을 때 추가적 수익을 기대하면서 해도 괜찮겠지만, 순수하게 원금을 늘리려고 하는 것은 좋지 않겠다고 느꼈다.

가나? 자본주의는 무엇인가?' 같은 문제를 고민하게 하기 위한 것이었다. 아울러 성공한 경험밖에 없는 아이들에게 실패를 맛보게 하려는 부수적인 목적도 있었다. 마침 경기가 좋지 않아, 모의투자지만 손해를 본 아이들이 대다수였다.

반면 어려운 점도 많았다. 무엇보다 모의로 하는 투자이다보니 아무래도 실감이 덜 했고, 자본주의를 이해하기보다는 각자 투자금 회수와 이득을 크게 하는 데만 몰두하는 경향을 보였다. 학생들 대부분은 모의투자 프로젝트를 경쟁으로만 받아들이는 듯했다.

하지만 마지막 토론 수업 이후 학생들이 준 피드백에서 민주시민교육의 가능성을 보았다.

- 뉴스에서만 보던 경제를 실제로 배우고 나서 자본주의는 마치 살아 있는 유기체 같다는 생각이 들었다. 잘사는 사회를 만들기 위해서는 생명체의 노력이 함께 필요하다.
- 한 학기 동안 모의투자를 통해 경제 문제와 사회 문제가 서로 연결되어 있다는 것을 알게 되었다. 자본주의가 우리 모두를 행복하게 하지 않다는 것을 생각하면 너무나 가슴이 아픈데, 함께 사는 사회를 만들기 위해 노력해야 할 사람이 바로 나라는 생각을 하였다.
- 이 수행을 통해 내 투자 성향도 알 수 있었는데, 나는 엄청난 단기투자형에 초조한 성격이라는 것을 발견하였다. 이것조차 할 수 없는 사람들에게 주식투자는 얼마나 사치인가, 부끄럽기도 했다.

자율주행차 모의재판으로 법치주의를 묻다

수학·과학에 특화된 공부를 하는 학생들은 법과 정치는 문과애들이

하는 거지, 나와는 관계 없는 과목이라는 생각을 많이 한다. 이러한 고정관념을 깨는 일이 말처럼 쉽지 않다는 것을 알았다. 하지만 아이들이 장차 다양한 연구를 수행할 때 법에 대한 기본적인 이해가 필수적임을 스스로 깨닫게 할 방법이 무엇이 있을까, 계속 고민했다.

그러던 중 학생들의 연구주제에서 많은 부분을 차지하는 AI 관련 내용을 공부하면서, 이를 법으로 연결하는 프로젝트를 진행하기로 결정했다. 바로 '자율주행차'였다. 특히 '자율주행차의 교통사고는 범죄인가?', '만약 범죄라면 그 책임은 누가 져야 할까? 운전자, 프로그래머, 차 소유자, 탑승자 모두인가?', '그럼 현행 형법은 범죄를 어떻게 규정하고 있는가? 현행법상 범죄인가?' 등을 고민하도록 하는 것이 수업 목적이었다(자료3, 4 참조).

수업을 시작하자마자 자율주행차의 발전과 연구에 정말 폭 빠져 있는 학생들이라는 걸 실감할 수 있었다. "이건 내가 제일 잘 아는 주제야"라는 열의가 처음부터 느껴졌다. 이 수업은 '자율주행차의 단계는 어떻게 되는가?', '자율주행차의 사고는 누가 책임져야 하는가?', '지금은 제대로 된 현행법이 있는지 검토해보자', '연구개발과 동시에 빨리 법안이 만들어져야 하는가?', 'AI시대는 과연 누구를 위한 것인가?' 같은 질문에 답하고자 했다.

역시 이런 목적의 달성은 쉽지 않았다. 첫 시간 '자율주행차의 단계'에 관해서는 정말 할 말 많고 아는 것 많은 아이들이었다. 그러나 이 수업의 목표가 자율주행차의 최신기술 파악에 그치는 것이 아니었기에, 형법을 적용하는 재판으로 넘어가니 아이들은 당황하기 시작하였다. 사람이 사망에 이르는 사건이 일어났으니 정의실현을 위해 형벌이 내려져야 함이 마땅한데, 죄형법정주의에 입각할 때 현행

자율주행차의 교통사고, 범죄인가? 누가 책임져야 하는가?

2016년 5월 7일 조건부 자율주행 단계를 시험해보던 테슬라의 모델 S 차량이
사고를 내 운전자가 사망한 사고가 있었다. 자율주행 모드에서 미국 플로리다주
고속도로를 달리다 앞에 있던 대형 트레일러와 충돌했다. 조사 결과, 모델 S의
카메라와 센서가 트레일러의 하얀색 탑재물을 하늘로 오인해 속도를 줄이지
않은 것으로 나타났다.
2018년 3월 18일 고도의 자율주행 단계를 시험해보던 우버의 자율주행차가
사고를 내 보행자가 숨지는 사고가 발생했다. 미국 애리조나주 템피 시내의 한
교차로에서 보행자를 치어 숨지게 한 것이다. 자율주행차가 자율주행 모드로
운행하는 도중 보행자가 쇼핑백을 가득 실은 자전거를 끌고 갑자기 도로로
튀어나오면서 자율주행차에 치였다고 한다.

형법에는 적용할 조항이 없던 것이다. 운전하지도 않은 운전자에게
적용해야 할지, 차 주인이라는 이유로 책임을, 그것도 손해배상이 아
닌 형사상 책임을 지워야 할지, 프로그램을 그렇게 세팅한 것도 아
닌데 프로그램 개발자가 책임을 져야 할지 학생들은 당황했다.

그리고 관련 법안을 누가 만드는 것이 합리적인지를 놓고 아이들
은 또다시 혼란에 빠졌다. 법은 늘 나와 관계없고, 나는 연구만 하면
된다는 생각이 얼마나 편협한지 깨닫게 된 것이다. 전체 토론시간에
'자율주행차 자율주행차 관련 법치주의는 어떻게 실현해야 할까?'라
는 주제와 '자율주행차 개발은 누구를 위한 것인가?'를 연결해 토론
하였다. 갑론을박하는 가운데 "개발을 중단해야 한다"는 주장을 펴
는 학생도 등장했고 적잖은 친구들의 공감을 얻었다. 무엇을 위한,
누구를 위한 인공지능 자율주행차인가를 고민하게 되었다는 피드백

에서 그래도 이 아이들의 뇌를 건드린 것 같아 보람을 느꼈다.

　'자율주행차와 관련한 법치주의는 어떻게 실현해야 할까?'를 다룬 마지막 토론시간에 이르러서는 앞선 모의재판과는 비교가 안 될 만큼 긴 침묵을 맞이했다. 과학기술 발전에 따른 빛나는 성과로만 여겨온 자율자동차가 관련 법이나 제도적 발달이 병행되지 않을 경우, 반쪽짜리가 될 수밖에 없음을 실감하는 시간이었다. 교사는 이 긴 침묵의 시간 속에서 민주시민교육의 가능성을 발견하게 되었다. 갸우뚱하는 학생들의 표정과 눈에서 그들의 뇌가 많이 말랑해지고 있는 중이라는 것을 느꼈다. 다음은 학생들의 수업 소감의 일부이다.

- 자율주행 자동차를 계속해서 발전시키고 있지만, 개인적으로는 이를 줄여야 한다고 생각한다. 정확한 나의 의견은 정상적인 방법으로 자동차를 운행하기 어려운 사람들을 위해서만 자율주행 자동차가 만들어져야 한다는 것이다. 과학기술의 혜택은 모두가 누릴 수 있어야 한다. 그렇다고 해서 핵폭탄을 모두가 누릴 수 있다는 말은 억지이지 않은가? 위험의 요소가 있는 것은 충분한 검토를 한 뒤에 정말 필요한 사람들에게만 보급되어야 한다고 강력히 주장한다.
- 자율주행 자동차에 대해 이해가 잘되어 있는 사람들이 법률안을 만들어야 할 것으로 생각한다. 나도 자율주행 자동차를 좀 더 조사해야겠다고 생각했다. 과학의 발전에 따라 법도 맞추어 바뀌어야 하는데, 그렇지 못한 우리나라 현실이 아쉬웠다. 선생님이 수업시간에 말씀하신 것처럼 우리 같은 이과생들이 로스쿨에 가는 것도 꽤 필요할 것 같다고 생각하였다.

자료4. 자율주행차 교통사고에 관한 학생 최종보고서

2학년 O반 O번 OOO		
학습과정		자율주행차는 미국자동차기술학회가 나눈 5단계를 따르는 것이 일반적입니다. 0단계 자율주행 기능이 전혀 없는 자동차. 1단계 차선이탈 경보장치와 긴급제동장치가 있음. 2단계 차선을 벗어나지 않도록 자동차가 스스로 핸들을 움직이고 속도조절. 3단계 스스로 장애물을 감지해 피해갈 수 있으며, 운전자가 주변 상황에 　　　크게 신경 쓰지 않아도 됨. 4단계 특정 위험상황에 운전자는 수동운전. 운전자의 개입이 없어도 　　　자동차 스스로 속도를 늘리고 갓길에 정차하는 등 제어가능 수준. 　　　만일에 대비하여 운전자가 탑승함. 5단계 인간의 개입이 전혀 필요없는 완전자율주행 단계. 　　　운전자는 없고 탑승자만 있음.
	자율주행 자동차의 교통사고	• 2016년 5월 7일 3단계 자율주행 단계를 시험하던 　테슬라의 모델 S 차량 사고. • 2018년 3월 18일 고도 자율주행 단계(4단계)를 　시험해보던 우버의 자율주행차 사고.
	범죄인가?	자율주행차의 교통사고 범죄 성립을 주장할 수 있는가? 상황에 따라 다를 수는 있겠지만 나의 경우 자율주행 자동차의 사고는 범죄에 해당한다고 생각한다. 다만 0단계부터 4단계에 해당하는 자동차의 경우 운전자의 책임으로 생각하고 5단계의 경우에는 상황에 따라 판단해야 하겠지만 대부분 판매업체의 잘못이 된다고 생각한다. 그 이유는 0단계부터 4단계는 운전자가 주변을 주시해야 하는 역할이 여전히 남아 있기 때문이다. 완전한 5단계를 구현했다면 다양한 상황에 대처할 책임은 오롯이 판매업체가 진다.

누가 책임져야 할까?	• 자동차 소유자 0단계부터 2단계까지의 경우, 자율주행차량이라 하기 어렵기 때문에 온전히 차주의 책임이라 생각한다. (중략) • 개발자(프로그래머) 개발자의 경우, 제작 과정에서 0단계부터 2단계까지 해당하는 경우에 있어서는 보조장치만 추가 제작한 것이기 때문에 전적으로 사용자의 책임이라 생각한다. (중략) • 판매업체 판매업체의 경우에는 개발자 및 자동차 소유자와 모두 관계되어 있다. 특히 차를 판매하는 상황에서는 고지 사항만 제대로 고지하였다면 이에 대한 책임은 직접 질 이유가 없다. (중략)
과연 자율주행차를 계속 만들어야 할까?	자율주행차를 계속 만드는 것은 중요하다고 생각한다. 하지만 이는 과학기술 발전 차원이다. 실제 상용화하기에 앞서서 관련 법안을 정비하고 특수통신장비를 개발하는 등의 노력을 국가 차원에서 대대적으로 기울여야 한다고 생각한다.
자율주행차 어느 정도까지, 어떻게 발전시켜야 할까?	자율주행차의 기술을 계속 발전시켜 나가는 것은 전혀 문제가 되지 않는다. 하지만 이를 상용화하자면 기술적으로 먼저 4단계 이후에 도달하여 안정적인 운행을 할 수 있는 단계에 진입해야 한다고 생각한다.
느낀 점을 기록해 봅시다.	평상시에 별로 관심을 기울이지 않았던 주제에 관해서 생각해보는 과정이 만만치 않았다. 만일 법을 만든다면 어디서부터 만들어져야 할지, 또한 그 책임을 누구에게, 어떻게 주어야 할지 생각하는 것이 난감했으며 너무도 많은 예외가 발생할 수 있기 때문이다. 만일 자율주행 자동차가 사회에 흔하게 다니면 어떤 모습일지 더 궁금해지는 계기가 되었다.

4. 차별성 있는 AI시대의 교육

AI시대에 더 많이 필요한 민주시민교육

2020년에는 원격수업을 쌍방향으로 진행하고 있다. 학생들이 코로나 뉴스를 집에서 많이 접하다보니 뉴스 시청이 눈에 띄게 늘고 코로나 이외의 소식도 더 빠르게 습득하고 있는 것을 발견할 수 있었다. 그래서 학교에서 수업할 때보다 일반사회 수업을 훨씬 재미있어 했다. 학생들의 정보찾기도 빨리 진행되었다. 코로나 이후 우리의 삶과 교육은 더욱 인터넷 세상과 가까워진다는 사실을 실감했다.

　AI와 민주시민교육의 만남은 'AI를 어떻게 사용해야 할까? 왜 사용해야 할까? 언제 사용해야 할까?'를 철학적으로 고민하는 일이다. AI 기술개발에만 몰두할 것이 아니라, 이 기술이 인류에게 필요한 이유를 끊임없이 고민하는 태도를 가져야 한다.

　앞서 소개한 모의투자와 자율주행차 수업을 통해 AI와 민주시민교육의 만남이 가능하다는 희망의 싹을 보았다. 일방적으로 지식을 전달하는 기존 수업방식에서 벗어나, 학생들과 머리를 맞대고 근본적인 문제에 대해 고민한 시간은 우리에게 작은 공론장을 선물해줬다.

코로나와 민주시민교육

학생들은 자신이 좋아하는 주제를 다룬 수업에 확 빨려 들어오는 특징을 보인다. 학생들의 삶과 연관된 주제를 발굴하려는 노력은 그래서 민주시민교육에서 매우 중요하다. 일상적인 주제를 다루면서 새로운 지식을 제공하고 구체적인 목표도 제시할 수 있다면 더할 수 없이 좋은 수업 재료가 될 수 있다.

그런 면에서 2020년에 전 세계가 맞닥뜨린 팬데믹 코로나19는 정말 좋은 주제이다. 코로나 상황에 대응하는 각국 정부와 정치 체제의 장단점, 문제해결을 위한 경제 체제 비교분석 등이 가능하다. 국제정치나 경제 수업을 하며 이런 주제를 연결해도 좋겠다는 제안을 해본다.

교사와 학생이 민주시민으로서 함께하는 공론의 장, 더불어 세심하게 듣는 경청의 장이 학교 안에서 좀 더 많아지고 풍성해지기를 바란다.

✏ 추천하는 책과 영화

■ 『왜 세계의 절반은 굶주리는가?』(장 지글러, 갈라파고스, 2016)
전 세계 기아의 진실을 대화 형식으로 풀어쓴 책으로, 식량과잉인 나라와
구조적 문제로 인한 기아의 나라를 찾아 비교해볼 수 있다. 책의 두께는 부담
없지만 많은 것을 고민하게 하는 책이다. 자본주의 자체에 관해 고민하는
교사와 학생 모두 읽어도 좋다.

■ 『10대와 통하는 자본주의 이야기』(김미조, 철수와영희, 2018)
자본주의는 어떻게 시작되고, 돈은 무엇인지, 바람직한 삶의 방향을 어떻게
구축해나갈지 고민하게 하는 책이다. 청소년이 자본주의를 알아야만 경쟁이
아닌 연대의 삶을 살아갈 수 있음을 이야기한다. 교사, 학생 모두에게 추천한다.

■ 〈효자동 이발사〉(임찬상 감독, 2004)
청와대 근처에서 이발사로 일하는 주인공의 이야기를 엮은 영화로, 4.19혁명
촉발 직전과 그 이후가 배경이다. 우리나라 민주정치의 역사를 공부하기에
좋은 소재이다. 학생, 교사 모두에게 추천한다.

■ 〈마이너리티 리포트〉(스티븐 스필버그 감독, 2002)
앞으로 일어날 범죄를 예상하여 범죄자를 미리 체포함으로써 평화로운 사회를
구현한다는 아이디어가 흥미진진하다. AI시대를 고민하기에 좋은 주제의
영화이다. 학생 교사 모두에게 추천한다.

현경희 인천마전고등학교 교사

1. "네 목소리를 들려줘!"

나는 '범생'이었다. 고등학교 때 쓰던 양철필통 뚜껑을 열면 다음 시험에 목표로 하는 평균 점수와 석차가 적힌 종이가 붙어 있었다. 수업 중에는 선생님의 말씀이나 필기 내용을 하나도 놓치지 않으려 바쁘게 손을 움직였다.

이런 내가 선생님 말씀을 어기고 손바닥 10대를 맞은 일이 있다. 고1 때 국어 선생님이 내준 숙제를 거부한 일 때문이었다. 선생님이 내준 숙제는 단원 끝에 나오는 단원정리 학습활동 문제와 정답을 노트에 10번 적어오는, 소위 '깜지' 형식의 숙제였다. 나는 학습활동을 할 줄 알고 이해하면 되지, 굳이 그것을 반복해 적을 필요가 없다고 생각했고, 숙제검사 날 선생님께 그 말씀을 드렸다. 선생님께서는 무척 실망한 표정으로 이를 꽉 다물곤 내 손바닥을 힘차게 내리치셨다. 이 국어 선생님의 수업 방식은 아직도 기억에 많이 남아 있다. 수업 시작 전 3가지 색 볼펜을 준비하도록 했고, 수업 중 "몇 쪽, 몇째 줄 빨간 줄 치고 이 내용 적어" 하며 필기를 칠판에 가득히 하셨다. 당시 국어 스타강사는 서한샘 씨였고, 그의 강의에서 나온 유행어는 "밑줄 쫙~ 돼지 꼬리 땡땡!!"이었는데, 이와 유사한 필기중심, 요약 제시형 수업이었다.

고등학교 1학년과 3학년 때 내 생활기록부에는 이런 내용이 적혀 있다. '학업 성적이 우수한 모범생이나 자기주장이 강함'. 당시 선생님들이 갖고 있던 학생관이 어떠한지 짐작할 수 있는 짧은 문장이다. 선생님들이 가르치는 지식을 많이 암기하고 익히되, 자기 목소리는 내지 않는 순둥순둥한 학생이 당시 학교에서 원하는 학생 상이었다.

시간은 이제 많이 흘러 국어 수업에도 변화가 찾아왔다. 프레이리가 『페다고지』에서 말했던 '은행예금식 수업'이라 할 수 있는 교사주도 수업 방식도 진화해서 말하기, 듣기, 읽기, 쓰기, 문학, 문법, 매체 등 다양한 국어 영역에서 학생중심 수업이 혁신학교뿐만 아니라 일반학교 수업에도 도입되었다. 수행평가를 활용해 학생의 다양한 역량을 키울 수 있는 평가 방식도 도입되었다.

특히 최근 괄목할 만한 연구와 실천이 뒤따르는 국어과 수업 방식은 '온 작품 읽기', '슬로리딩', '한 학기 한 권 읽기', '하브루타 수업' 등 독서와 관련된 수업이다. 요즘은 국어교과뿐만 아니라 다양한 교과에서 독서를 활용한 수업이 늘고 있고, 학생들에게 책을 많이 읽게 하기 위해 생활기록부에까지 그 기록을 남기고 입시에도 반영하고 있다. 이렇게까지 하는 이유는 뭘까? 책을 많이 팔려는 출판업자의 입김도 아닐 것이고, 학생들의 독서량을 늘려 지식을 많이 쌓게 하자는 어른들의 단순한 의지도 아닐 것이다. 독서교육의 최종 목표는 책을 매개로 학생이 주변의 삶을 돌아보고, 공동체 속에서 자신의 생각을 갖고 남과 더불어 교감하며 평화로운 삶을 살도록 돕기 위해서라고 본다. 결국 독서를 통해 주체적인 판단을 하는 삶의 주인인 사람, 공동체의 일원이 되어 삶을 아름답게 영위하는 사람을 기르기 위함이 목적이라고 할 수 있다. 이는 '자주적 생활능력과 민주시민으로서 필요한 자질을 갖춰 인간다운 삶을 영위하게 하자'는 교육기본법 제2조에 등장하는 '민주시민'의 모습과 연결된다.

여기서 말한 '삶의 주인'과 '공동체 속의 나'가 되려면 자신의 생각을 갖고 자기 목소리를 낼 수 있는 비판적 사고자를 기르는 수업과 평가, 학교문화가 이루어져야 한다. "네 목소리가 거기서 왜 나오니?"가 아니라 "네 목소리를 들려줘!"의 바람을 갖고 학생들이 정신적, 사회적 직립보행을 할 수 있도록 돕는 수업이 교과교육에서 이루어져야 한다.

2. 민주시민교육에서 필요한 용기

경기도교육청에서는 2013년에 이미 민주시민교육 교과서를 만들어 관련 수업을 권장하고 있고, 전국의 많은 학교에서도 창의적 체험활동의 범교과학습으로 민주시민교육의 일환이 되는 수업을 진행하고 있다. 외국의 사례처럼 민주시민교육이라는 과목이 개설되어 의무적인 시수를 이수하면 좋은 일일 터이나 그것만으로도 충분하지 않다는 생각이 든다. 이런 특수 교과 개설이나 창체활동의 수업은 분명히 지향해야 할 방향이고, 의미가 있는 교육활동이지만 우리가 바라는 이상적인 민주시민을 기른다는 것은 특정 교과에서 이루어질 일도, 계기교육으로 좁혀 생각할 일도 아니라고 본다. 아직 민주시민교육이라는 단어가 낯설고, 그 가치를 알지 못하는 사람들은 민주시민교육은 특정 교과(사회과, 윤리과)가 책임지고 하는 교육이고, 민주학교나 혁신학교에서 시행하는 교육이며, 학생자치는 학생과에서 알아서 할 일이라고 오해하기 쉽다.

민주시민교육은 학생들이 학교에서 가장 많은 시간을 보내는 교과 수업 내 교육과정에 녹아들어 수업 내용, 수업 방식, 평가 절차와 방식, 그리고 학교의 민주적인 문화 등에서 은연중 체화하도록 하는 것이 가장 바람직한 접근법이고, 그 교육효과 또한 좋을 것이다.

이런 맥락에서 봤을 때, 국어교과는 민주시민교육을 은연중 체화하도록 가장 쉽게 접근할 수 있는 교과라고 할 수 있다. 흔히 도구 교과라고 하는 국어 수업에서는 읽고 쓰고 말하고 듣는 일련의 과정이 복합적으로 일어난다. 또한 광범위한 텍스트나 매체를 다룰 수 있기에 분절적 교과의 벽을 넘어 다양한 교과의 영역을 묶어줄 수 있다. 이같은 교과 포용성은 민주시민교육에 대한 접근도 용이하게 한다.

2015 개정 국어과 교육과정에서 국어교과의 성격을 설명하는 부분을 살펴보면 아래와 같은 구절을 발견할 수 있다. '학습자는 국어의 학습을 통해 국어가 추구하는 역량인 비판적·창의적 사고 역량, 자료·정보 활용 역량, 의사소통 역량, 공동체·대인관계 역량, 문화 향유 역량, 자기 성찰·계발 역량을 기를 수 있다.'

위에서 언급한 '공동체 의식, 비판적·창의적 사고 역량, 의사소통, 공동체·대인관계 역량' 등은 흔히 민주시민교육에서 추구하는 가치 역량이기도 하다. 교육기본법에 나와 있는 '민주시민의 자질'과 연결하지는 않았지만, 국어과에서는 이미 이런 방향의 교육을 진행하고 있었다. 앞에서 잠깐 얘기했던 국어교과 수업에서 활용하고 있는 다양한 독서교육 방법이나 토의토론 수업, 미디어 리터러시 수업, 연극 수업 등은 민주시민교육 수업의 활용 범주 안에 넣을 수 있는 수업 방식들이다.

우리는 이런 수업의 효과는 인지하고, 어떻게 매끄럽게 수업으로 구현할 것인지에 관해서는 많은 고민을 해왔다. 하지만 정작 이러한 수업을 통해 어떤 인간상을 만들려고 하는가 하는 성찰은 간과한 건 아닌지 되물어볼 시점이다. 우리가 학생들에게 책을 많이 읽도록 하고, 질문을 만들게 하고, 토론을 하도록 하는 이유는 주체적인 판단을 할 수 있는 사람, 공동체의 역사나 관계를 인지하고 사회적 역할을 하며 삶을 향유하는 사람을 기르기 위함이 목적이지 않을까?

아무것도 없던 것에서 민주시민교육이라는 새로운 집을 짓는 것이 아니라, 지금까지 하고 있던 국어 수업이라는 구슬을 민주시민교육이라는 가치의 실로 꿰는 작업이 현재 우리에게 필요하다고 본다. 이런 수업을 하기 위해 교사에게 필요한 세 가지 용기를 나름 정리해보았다.

가르치지 않을 용기

내가 학생이었던 몇십 년 전 국어 수업에서도 그렇고, 오늘날 국어 수업에서도 읽기 자료를 제대로 이해했는지 질문을 하곤 한다. 예를 들어 『심청전』을 읽고 심청이가 빠진 곳은 어디인가 묻는다든지 하는 내용 확인 학습 질문들이다. 다음으로는 이런 학습도 진행한다. 『심청전』은 고전소설이고, 고전소설은 현대소설과 달리 이런 특징이 있다고 교사가 설명하거나 학생들에게 질문한다. 그리고 교과서에 수록된 부분은 전체 소설 구성단계 중 어느 부분이고, 이 소설의 주제는 무엇이다, 하고 요약정리해서 필기하게 한다. 우리가 흔히 봐 오던 국어 수업 방식이다.

책을 제대로 읽었는지 확인하는 내용 확인 질문이나 소설의 특징을 아는 지식적인 공부, 소설의 구성단계를 분석할 수 있는 기능적인 수업도 분명 필요하다. 하지만 민주시민교육이라는 필터를 갖다 댄다면, 여기서 조금 더 나아가는 수업을 진행할 수 있다. 『심청전』을 읽고 스스로 질문을 만드는 문제제기식 수업을 할 수도 있고, 교사가 이 작품의 주제가 무엇이라고 제시하기 전에 학생들이 작품을 어떻게 받아들였는지 들어보거나, 감상평을 쓰고 발표하게 할 수도 있다. 소설을 오늘날 현실로 가져왔을 때, 아버지를 위해 어린 심청이가 자신의 몸을 바치지 않고도 심봉사의 눈을 뜨게 할 수 있는 사회적 방법은 없었을까 고민해보고 모둠발표식 수업을 진행할 수도 있다. 학생이 수업의 객체가 되지 않고 자신의 목소리를 낼 수 있는 여건을 만들어주는, 가르치지 않을 용기가 민주시민교육에서는 필요하다. 이때 교사는 교과 지식 전달자나 주연의 역할이 아니라 조력자의 역할을 하며, 작품을 매개로 학생들의 생각과 말을 끌어내는 역할을 해야 한다.

세상을 논할 용기

청록파 시인으로 유명한 박목월의 서정적인 아름다움이 묻어나는 「나그네」라는 시가 있다. 이 시를 교사주도 수업으로 진행한다면 시의 주제, 구조적 특징, 표현법, 작가의 문학세계 등을 이야기할 수 있다. 그런데 예전 국어자습서 한 귀퉁이에 작은 글씨로 '이 작품은 일제의 수탈이 극악으로 치닫던 1940년대에 쓰인 작품으로, 엄연히 보릿고개가 존재하던 당시 시대 상황을 전혀 반영하지 못한 작품이라는 비판을 받기도 한다'라는 내용이 쓰여 있던 기억이 난다. 하지만 이런 비판 내용을 수업에서 다루며 작품 감상을 새롭게 한 기억은 없다. 다행스럽게도 이것은 과거의 이야기이고, 요즘은 독서 교과서에 비판적 읽기 단원이 있을 정도로, 자습서의 요약정리 수준을 넘어서는 교육활동이 국어 수업에서 가능하다.

우리가 수업 텍스트로 활용하는 문학 작품들은 진공 상태에서 탄생한 게 아니다. 분명 시대 배경이 있고, 인물의 아픔이 시작되는 관계 갈등을 담고 있다. 그래서 문학 작품을 제대로 감상하자고 한다면 등장인물의 아픔의 근원을 찬찬히 살펴볼 수 있는 시간과 여유가 필요하다. 마찬가지로 등장인물의 기쁨과 환희에 공감하면서 그것의 근원도 살펴보는 것이 제대로 된 작품 감상의 길이 될 수 있다.

따라서 「나그네」라는 시의 아름다움을 감상하고 분석하는 단계를 넘어서서 작품의 시대 배경을 다루며 숨어 있던 사회의 아픔, 작가의 세계관 등을 수업의 소재로 가져오는 것은 작품을 다방면으로 감상하는 방법이 될 수 있다. 민주시민교육은 사적인 개인에 머물던 인간에게, 공적 존재로서의 의미를 부여해 끊임없이 질문하고 비판적으로 성찰할 수 있도록 기회를 주는 교육이다. 그렇기 때문에 국어교과 수업 중에 다루는 다양한 텍스트를 통해 세상을 논할 용기가 교사에게 필요하다.

관계의 민주성을 끌어낼 용기

2019년 한 민주시민교육포럼에서 만난 어떤 선생님은 한탄하듯 같은 분과 모둠원들에게 질문하셨다. "민주라는 말 참 좋고, 민주시민교육도 바람직하긴 한데 학생들 말 다 들어주고, 권리 찾으라고 얘기하면 교사들이 피곤해서 학교생활 하겠냐"라는 내용이었다. 그 자리에서 어떤 답변이 나왔는지는 기억이 나지 않지만, 이후 나도 이 선생님의 우려와 유사한 사례를 학교에서 직접 겪으면서 과연 올바른 교육 방향이 뭘까 곱씹게 되었다.

기존 지식 전달 중심의 교육을 하는 교실 상황을 가정하고 교실의 관계를 들여다본다면 교사는 갑이고, 학생은 을이다. 교사의 지시를 따르지 않는 학생은 체벌을 당하거나, 벌점을 받거나 교실 밖으로 쫓겨나기도 했다. 학생이 수업과 상관없는 세상 얘기를 질문해 수업 진행을 방해하면 꾸중을 듣기도 했다. 이런 위계적이고 권위적인 관계에서는 온전한 민주시민교육이 어렵다. 우선 교사가 학생을 가르침을 받는 존재가 아니라, 나와 함께 세상을 공부하고 여행하는 동지와 같은 존재라고 받아들여야 교실에서 민주시민교육이 가능하다.

학생자치를 이야기하면서도 교사나 학부모들이 결정한 프로그램에 이름만 올려놓는 허수아비 역할에 학생들을 한정시켜온 것은 아닐까. 학생자치와 민주주의를 가르치기 전에, 교사와 학생의 관계부터 상호 민주적이 되어야 한다. 학생자치와 민주주의를 가르치려고만 하고, 실제 현실에서는 학생들을 존중하지 않는 모습을 보이곤 했다. 수업에서 학생들이 자유롭게 질문하고 대화할 수 있는 관계 형성이 필요하다.

민주주의는 배우는 것이 아니라 경험해야만 제대로 체득할 수 있다. 학교에서 차별받고 체벌당했던 학생들에게 너희는 커서 민주주의를 실천하는 깨어 있는 시민이 되라고 얘기할 수는 없지 않은가? 이전까지 미성숙한 존재로 대상화하던 학생들의 말에 귀를 기울이고, 그들의 거친 언어도 들어줄 포용적인 용기, 지지하고 기다려주는 여유가 민주시민교육을 실천할 교사들에게는 필요하다. 그렇지만 결코 쉽지 않은 실천이고, 많은 난항도 예상된다.

3. 민주시민교육 모색기

앞에서도 얘기했지만, 국어 수업에 적용할 수 있는 민주시민교육은 아무것도 없는 벌판에 피어난 꽃송이가 아니다. 기존 우리가 국어 수업에서 적용하던 수업 방식과 사례들도 민주시민교육이라는 가치를 염두에 두고 본다면 그 나름의 의미를 갖는 활동이라 할 수 있다. 가치를 설정해두고, 이름표를 붙이기 나름이라는 생각도 든다. 이번에는 내가 실천한, 민주시민교육 이름표를 붙일 수 있는 몇 가지 수업 사례를 소개하려 한다.

국어과는 한 주간 수업시수가 보통 4~5시간이기 때문에, 일반적 도시학교의 경우 동학년의 동교과 교사가 2~3명이 된다. 이럴 경우

내가 민주시민교육에 관심이 많고, 그 방향성이 옳다고 생각하더라도 동교과 선생님들을 설득해서 교과 수업에 적용하고 평가까지 반영하기란 쉬운 일이 아니다. 단, 창의적 체험활동에서 적용한다면 평가의 압박이 없기에 그나마 쉽게 적용할 수 있다. 내가 근무하고 있는 고등학교는 4시간의 2학년 국어(문학, 독서) 교과 수업을 2시간씩 나눠 한 교사가 학년 전체 반을 맡도록 협의했기 때문에 이런 고민과 갈등에서 벗어날 수 있었다.

또한 2015 개정 교육과정에서는 학생 활동 중심 수업을 장려하고, 이전 교육과정보다 상대적으로 교사가 주체적으로 교육과정을 재구성할 여지를 많이 주고 있다. 덕택에 민주시민교육을 수업에 실천할 수 있는 좋은 환경이 조성되었다. 대입수시전형도 일반계 고등학교 수업에 이런 긍정적 전환을 가능하게 하는 큰 힘이 되었다. 그리고 우리 학교가 반당 학생 인원이 21~23명 정도여서 수업 진행의 부담도 크지 않았기에 좀 더 쉽게 원하는 수업을 진행할 수 있었다.

'내가 꾸민 책방' 프로젝트

민주시민은 주체적인 삶을 지향하며 타인의 시선과 욕망에 갇히지 않고 자신의 삶을 디자인한다. 또한 자신의 의사를 예의를 갖추어 명확하게 전달할 수 있고, 타인의 말도 경청하는 의사소통능력도 갖춰야 한다. 그래서 우선 걸음마 단계로 독서교육과 의사소통능력을 결합하는 수업을 진행해보았다.

학생들은 자신이 책방 주인이 된다고 가정하고, 어떤 분야의 책을 파는 책방을 열 것인지, 책방 인테리어는 어떻게 할 것인지, 그리고

내가 꾸민 책방으로 시민 경험하기

손님이 찾아왔을 때 추천할 3권의 책을 선정해 소개하였다. 학생들이 선정한 책방의 주제는 역사, 과학, 우주, 경제, 문학 등 다양했고, 남자고등학생이어서 그런지 피시방과 유사하게 먹거리를 함께 파는 영업 방식도 많이 언급하였다.

이 수업의 일차적인 목표는 책에 대한 관심을 갖도록 하는 것이다. 아울러 스스로 가게를 기획해 책방 인테리어나 영업방식 등을 정하고 책방 운영의 여러 난관을 생각해보는 기회가 되도록 했다. 자신의 기획을 효과적으로 전달하고 다른 이들의 기획도 경청하는 의사소통능력 향상도 염두에 두었다. 모두 한 명의 시민으로 서는 연습이라 하겠다.

이미지 속 차별과 반인권 문제 말하기

TV, 인터넷 같은 매체나 학생들 대화에서 최근 들어 눈에 띄게 혐오 표현이 많아지고 있다. 이런 표현들은 은연중에 학생들의 뇌리에 남아 사회적 약자를 차별, 혐오하게 만들고 공동체를 분열하게 만든다.

작가초청 강연회.
'혐오'를 다시 생각하기

　이런 염려를 안고 구술평가에서 '이미지 속 차별과 반인권 문제 말하기'를 시도해보았다. 우리가 잘 아는 명화나 언론기사 속 사진 속에도 차별을 받는 대상과 상황이 흔하게 등장한다. 백인들을 시중들고 있는 흑인 노예를 담은 서양화, 제대로 된 식사 공간도 없이 공중에 설치된 철제빔에서 도시락을 먹는 노동자들 사진, 좁은 고시원 방 안에서 지내는 취업준비생 사진 등이 그 예이다. 학생들은 이미지를 매개로 했을 경우 더 쉽게 자신의 생각을 드러낼 수 있기에, 이미지에서 끌어낼 수 있는 사회의 문제점과 대안을 자신의 목소리로 스토리텔링하게 했다.

　이 수행평가 수업 후 『카메라, 편견을 부탁해』의 저자이자 경향신문 사진기자인 강윤중 작가를 학교로 초대해 '찰칵, 편견-차별-혐오에 말 거는 사진'이라는 강연회를 열었다. 이미지에 드러난 차별과 편견을 따뜻한 연대로 해결할 방안에 관해 작가와 얘기를 나누며 교과 수업과도 연결하는 시간을 가졌다.

논쟁토론 수업으로 민주주의를 익히다

구술평가로 학생 개개인이 중요하다고 생각하는 사회 문제 한 가지씩을 정해 그 내용을 발표하고 친구들로부터 질문을 세 가지 받은 후 답변하는 청문회식 수업을 진행했더니, 학생들이 자발적으로 논쟁토론 수업을 해보자고 제안하였다.

1차시에 학급회의를 통해 두 가지 토론 주제를 선정하고, 2차시에는 자료조사 및 토론 내용 작성하기, 3~4차시에 토론 수업, 5차시에는 토론 수업에 대한 평가로 진행하였다.

학생들은 찬성, 반대 측 두 가지 모두에 대한 의견과 근거를 조사하여 학습지를 작성했는데, 이유는 나와 다른 생각을 하는 사람들의 생각도 한번 헤아려보자는 의미에서였다. 수업 당일 제비표를 뽑게 하여 인위적으로 양측을 나누고, 미리 정한 찬성, 반대 측 입론자들의 발표를 듣고 본격적인 토론을 벌였다.

민주주의의 기본은 대화이기에 자신의 생각을 논리정연하게 말할 수 있는 능력과 대화 매너를 익히는 수업은 꼭 필요하다. 교실에는 20~40명 되는 아이들이 있고 이들은 말이 없거나, 말이 넘친다. 논

민주주의의 기본은 대화, 논쟁토론 수업은 필수

쟁토론 수업을 통해 논리력을 향상시키는 목적 외에 말 없는 학생들은 말을 할 수 있도록, 평소 말이 넘치는 학생들은 절제하며 다른 이의 말을 경청하는 미덕을 익히도록 하는 것도 이 수업의 목표였다.

문학 작품으로 세상을 읽다

문학에는 삶의 아름다움이 담겨 있고, 통찰도 담겨 있다. 또한 이런 저런 삶의 갈등을 포함하지 않을 수 없다. 어느 시대이건 계급, 세대, 성별, 자본의 유무로 인한 갈등은 벌어지고 이것은 문학 작품에 오롯이 반영된다. 문학 자체를 논할 수도 있지만, 문학 작품을 매개로 배경이 되는 사회와 그 속의 사람들에 관해 논할 수도 있다. 그래서 문학 작품은 좋은 민주시민교육 자료가 된다.

2학년 문학 수업에서 고전문학 작품 『장끼전』과 현대문학 작품 『난장이가 쏘아올린 작은 공』을 함께 읽고, 작품 속 차별과 인권 문제, 사회적 갈등과 원인 찾기 등의 활동을 해보았다.

『장끼전』을 읽고 장끼와 까투리 사이의 관계를 통해 조선시대 남녀 간 삶의 질이 어떻게 달랐을지, 여성은 사회적으로 어떤 위치에 있었을지 이야기를 나누었고, 현재 벌어지고 있는 젠더 갈등의 역사적 측면도 함께 생각해보았다. 하지만 젠더 갈등은 민감한 문제여서, 남자고등학교 교실에서 혼자 여성이었던 나로서는 진행하며 가끔 어려움에 부딪히기도 했다. 극단적이거나 감정적인 발언에 나도 감정이 올라와 학생들을 훈계하는 '꼰대'의 모습을 보이기도 했기 때문이다.

『난장이가 쏘아올린 작은 공』을 함께 읽고 1970년대 도시빈민이 처한 현실과 그 원인, 사회적 약자를 대하는 사회의 태도 등에 관해서도 함께 이야기를 나누었다. 오늘날 '낙원구 행복동'의 또 다른 난쟁이 가족은 누구인가, 있다면 이런 가족이 생겨나지 않게 사회가 어떻게 바뀌어야 할까 등 대안에 관해서도 의견을 말하였다. 문학 작품을 통해 우리는 문학적 감수성, 공감능력도 향상시킬 수 있지만, 사회의 문제점과 해결 방향성, 시민으로서의 책무 등에 관해서도 넓게 얘기를 나눌 수 있다.

비문학 작품으로 세상을 보다

독서 교과서 내용 중 예술 지문 '시각 상과 개념 상', 사회 지문 '누리소통망(SNS)이 사회적 신뢰 형성에 기여하였는가', '어느 흑인여성의 용기' 등의 지문에 민주시민교육을 접목해보았다. 요즘 교과서는 지문 수준도 높고 학습활동도 다양하게 제시하고 있어, 교사가 굳이 민주시민교육을 위해 별도 지문을 준비하지 않아도 이 방향의 수업이 가능하다.

'시각 상과 개념 상' 지문은 이집트 벽화 등에서 원근법에 입각해 사물을 보이는 그대로 그리는 '시각 상'과 알고 있거나 믿고 있는 사실의 특징을 드러내는 '개념 상'이 대상에 따라 달리 표현되는 사례를 보여주며 미술의 본질에 관해 설명하는 글이다. 다른 독서 수업과 마찬가지로 본문 읽기와 내용 파악은 기존과 마찬가지로 1차시에 하였다. 2차시부터는 주로 학습지를 통해 질문에 답하면서 이에 대한 발표와 글 속 내용을 바탕으로 논쟁 수업이 되도록 이끌었다. 학생들은 이집트 벽화 속 신분이 낮은 인물은 시각 상으로, 높은 인물은 개념 상으로 달리 그린 이유와 그 당시 사회를 현재의 시선으로 바라보았을 때 어떤 문제점이 있는지 다양한 의견을 내놓으며 논쟁했다. 또한 사회를 바라보는 관점에 따라 예술의 표현 양상도 달라진다는 사실을 오늘날 예술의 표현 양상과 연결 지으며 설명하였다.

사회 관련 지문 '누리 소통망(SNS)이 사회적 신뢰 형성에 기여하였는가'에서는 SNS의 긍·부정적 역할에 대한 글쓰기와 말하기 활동을 병행해 진행했다. 사회자본을 강화하는 반면 자신과 생각이 다른 개인이나 집단에 대해 혐오와 반감을 갖게 하는, SNS의 긍·부정적 역할에 대해서도 의견을 나누었다. '어느 흑인여성의 용기' 지문을 통해서는 미국 흑인민권운동 투쟁에 헌신했던 로자 파크스와 마틴 루터 킹 같은 인물을 평가해보고, 우리나라에서도 이런 역할을 한 사람을 조사해 발표하는 시간을 가졌다.

문학 작품과 마찬가지로 비문학 텍스트는 세상과 관련한 다양한 이야기를 끌어낼 수 있는 좋은 매개체가 될 수 있다.

창의적 체험활동과 연계하기

몇 년의 시간이 흘렀지만 4월은 여전히 잔인한 달로 기억된다. 세월호 사건이 일어났을 때 안전 문제도 많이 거론되었지만 "가만히 있으라"라고 해서 가만히 있던 선생님과 학생들의 행동에 "우리 교육은 도대체 무엇을 가르쳤는가?" 하며 반성하는 담론이 쏟아져나왔다. 4.16 세월호 참사 기일을 앞둔 국어 수업시간에 국어과 선생님들과 협의를 거쳐 세월호 사건을 통해 우리가 무엇을 돌아보아야 할지에 대해 토론하는 수업과 희생자를 추모하는 삼행시 쓰기를 진행했다. 학생들이 쓴 삼행시 종이는 학교 현관 앞에 조형물로 만들어 1주일간 전시했다. 4.16일 당일 점심시간에는 전교생이 강당에 모여 추모 노래를 함께 불렀다.

학교의 빡빡한 일정상 계기교육을 제대로 하기란 쉽지 않다. 창체 활동 수업과 교과 수업을 연계한 계기교육은 그나마 시간과 노력을 절약할 수 있고, 교육적 효과 또한 높일 수 있는 방법이다. 또한 학교 교사들 간의 연대의식이 있다면 더 수월하게 진행할 수 있다.

4. 학교라는 광장의 다양한 목소리

풍경 하나.

'차별과 인권'을 주제로 한 말하기 수업에서 평소 역사에 대한 해박한 지식과 말발이 있던 한 학생이 나와서 '일베의 인권도 보장해야 한다'라는 주제로 발표를 하였다. 일베도 말할 권리를 당연히 줘야 하고, 그 말들도 존중받아야 한다는 내용이었다. 듣고 있던 학생들은 갸우뚱하면서도 그 학생의 말에 동의하는 분위기였다.

풍경 둘.

홍대용의 『을병연행록』을 함께 읽고 글 내용에 대한 질문을 던졌다.
- 교사: 글 속에 등장한 '문시종'이라는 물건은 무엇이지?
- 학생들: 시계요.
- 교사: 어떤 시계지?
- 일부 학생들: (킥킥대며) 논두렁 시계요.

풍경 셋.

1년 수업을 정리하는 시간에 국어 수업 평가를 해달라고 평가지를 학생들에게 나눠주었다. 활동 수업 때는 엎드려 자거나 수업을 방해하지만, 수행평가나 필기시험 때는 무척 적극적이고 성적도 좋았던 학생 한 명이 나 들으라는 듯 큰 목소리로 "배운 게 있어야지"라고 말했다.

위의 세 장면은 짧지만 많은 생각을 하게 했던 교실에서의 경험의 일부이다. 처음에는 당황스럽고 아픔으로 다가왔지만 곱씹으며 교사의 역할이 무엇일지, 학생들을 어떤 마음으로 내가 받아들여야 할지 고민하게 해준 고마운 경험이었다. 학생들에게는 사유하라고 하면서도 정작 나 자신은 성찰하고 사유하는 데 두려움을 갖고 있었다는 것을 알게 해주었기 때문이다.

앞에서 민주시민교육을 하려는 교사들이 가져야 할 용기에 관해서 언급을 했지만, 막상 교실에서 벌어지는 다양한 돌발상황은 이런 용기를 꺾기 일쑤다. 내가 옳다고 생각하는 일에 반대 의견을 얘기하는 학생, 정치적 성향이 다른 학생, 무례한 학생, 지식전달형이나 수능 문제풀이형 수업을 원하는 학생 등으로 인해 마음이 부대끼는 일들이 자주 발생한다.

이런 부대낌 또한 넘어야 할 산이라고 생각한다. 교사의 시각으로 세상을 보도록 지시하지 않겠다, 학생들이 세상을 향해 열린 시야를 가져야 한다며 민주시민교육의 중요성을 강조해왔다. 하지만 정작 나는 편협한 생각과 꼰대 기질로 학생들을 바라보지 않았나 반성하게 되는 지점이기도 하기 때문이다.

5. 그래도 가야 할 민주시민교육의 길

우리나라의 민주시민교육은 이제 집을 짓는 과정에 비유하자면 기초공사를 하는 단계인 것 같다. 아직 학교는 온전한 민주주의가 실현되는 장이라고 보기 힘들고, 이를 수행할 교사들의 인식도 이에 도달하지 못했다고 보기 때문이다. 교사가 학생 때 경험해보지 못했거나 실천하지 못했던 민주주의 문화를 수업에서 실천하고, 가르침의 대상으로만 여겼던 학생들을 주체적인 동료 시민, 미래의 시민으로 받아들이는 것은 단기간에 이룰 수 있는 일은 아니기에 꽤 긴 시간이 필요하리라 본다.

민주주의가 일찍 발달한 영국도 민주시민교육이 공교육에 도입된 지 이제 20년이 되었을 뿐이다. 보수당이 정권을 잡고나서는 그마저도 제대로 운영되지 못하고 있다는 말을 영국에 다녀온 선생님에게서 들었다. 유시민 작가가 얘기한 "우리 사회는 후불제 민주주의 사회이다"라는 말처럼, 지금 우리는 민주주의를 도입은 했지만 온전한 민주주의를 누리지 못한 채 차별, 갈등, 혐오 속에서 많은 사회적 비용을 치르고 있다. 이를 나 몰라라 내버려둔다면 사회갈등은 더욱 증폭될 것이다.

이 글을 쓰는 현재, 세계는 코로나19로 큰 어려움을 겪고 있고, 새로운 세계관과 교육관이 정립되어야 하는 시점에 서 있다. 낯선 것을 혐오하고 경계하는 마음은 더 깊어질 것이고, 자국이기주의는 더 강해질 것으로 보인다. 동시에 다 같이 힘을 모으면 파멸을 막을 수 있다는 연대의 힘을 직접 경험하고 있는 시기이기도 하다. 나 혼자 잘살고, 우리 가족이 편하면 세상 행복을 다 누릴 수 있는 시대가 아님을 온 세계가 절실히 절감하고 있기에 민주시민교육의 필요성은 더욱 부각될 것이다.

우리는 온·오프라인에서 자신을 희생하면서도 타인을 보살피고, 공동체의 안녕을 지키는 사람들을 볼 수 있었고, 연대의 힘으로 위기를 극복하는 성과를 얻는 소중한 경험을 했다. 이런 사회적 자본의 시너지를 원동력으로 삼아 뒤뚱거리더라도 공교육이 제 역할을 하는 긍정적인 학교의 미래를 그려본다. 이런 노력의 결과, 조만간 대한민국은 학생시민, 동료 시민, 선배 시민 등 다양한 민주시민 주체들이 각자의 자리에서 주인된 삶을 살아가고 있을 것이다.

✏ 추천하는 책

■ 『민주학교란 무엇인가』(이대성 외, 교육과실천, 2020)
민주학교의 정의, 교육과정, 학교문화 등을 소개한 책이다. 단위 학교에서
실천할 수 있는 민주시민교육의 방향과 교육주체의 역할, 교육환경 등
바람직한 민주학교의 모습을 보여준다.

■ 『학교, 민주시민교육을 만나다!』(김성천 외, 맘에드림, 2019)
민주주의는 배우는 것이 아니라 경험하는 것이 되도록, 학교에서 민주주의를
실천할 수 있는 교육과정, 학교문화, 지역 연계 등의 맥락을 짚어준다.

■ 『아빠의 아빠가 됐다』(조기현, 이매진, 2019)
효자가 아니라 '시민'으로 살겠다고 선언한 착한 청년 조기현의 치매 아버지
돌봄기이다. 각자의 운명에 맡기던 돌봄의 문제를 사회적 돌봄으로 끌어내려는
용기 있는 시민이 된 한 청년의 목소리를 들을 수 있다.

7장
과학이 민주사회의 파수꾼을 키운다

김찬 인천석남중학교 교사

1. 민주시민을 키우는 과학

민주시민교육 교사아카데미에 참여하면서 민주시민교육의 중요성에 관해 다시금 생각해보는 시간을 갖게 됐다. 가짜뉴스가 성행하는 요즘, 누가 그런 뉴스를 믿을까 싶지만 굳건한 신념을 가지고 폭력도 불사하는 많은 사람을 보게 된다. 주로 노년층이지만, 아무 의심 없이 받아들이는 젊은 사람들도 의외로 많다.

과학 시간에 "근거를 가지고 이야기해보세요"라는 말을 가장 많이 한다. 과학교과는 실험같이 검증된 방법으로 자연계에 관한 지식을 체계적으로 구조화한 것이다. 따라서 학생의 배움은 과학적 원리나 법칙이 어떻게 탐구되고 검증되었는지 그 방법을 배우고 이해하는 것이다. 그리고 교사는 학생의 지적 발달단계에 맞게 과학의 핵심개념에 관한 이해와 탐구활동을 통해 개인과 사회의 문제를 해결하는 기본적 소양을 기르도록 돕는 것이다. 그렇기 때문에 과학 시간에는 다른 교과에 비해 주관적 감정이나 느낌보다는 근거를 가진 말이 오고 가는 공간이 된다. 이러한 지점이 학생들이 과학을 어려워하는 이유이기도 하다. 그러나 이렇게 배운 아이들은 민주시민으로서 꼭 필요한 합리적이고 비판적인 사고와 의사소통 역량을 갖추게 될 것이다. 따라서 과학은 인문학적 접근과 사회과학적 접근을 시도하는 다른 교과와 함께 민주시민교육에 매우 중요한 과목이다.

그런데 오늘날 과학을 대하는 아이들의 태도는 어떠한가? 아이들이 가장 힘들어하는 과목은 수학과 사회 과목이다. 아이들 말로는 과학은 수학같이 계산도 많은 편인 데다 외울 것도 사회처럼 상당히 많아서 점점 힘들다고 한다. "나는 과학자가 될 것도 아닌데 과학을 왜 배우는지 모르겠다"라는 이야기를 하는 학생이 점점 늘고 있다. 과학을 배우는 과정에서 민주시민으로서의 역량을 길러가는 수업이라는 것은 더더구나 상상하기조차 힘든 현실이다.

그렇다면 민주시민교육의 장으로서의 과학 수업을 구체적으로 어떻게 만들어가야 할까? 기존의 효율성 위주의 주입식 교육으로 가능한 일일까? 이제는 과학교육의 목적을 민주사회를 지키는 파수꾼인 민주시민 육성 관점에서 새롭게 바라보아야 할 시점이다.

2. 과학과 민주시민교육?

교사아카데미에 참여하면서 '과학에서 민주시민교육은 어떤 것일까? 사회 과목에서만 할 수 있는 것은 아닐까?' 하는 의문이 들었다. 2015 개정 교육과정에서는 과학을 어떤 과목이라고 하고 있나 찾아보았다.

2015 개정 교육과정 해설서에 따르면, '과학 과목은 모든 학생이 과학의 개념을 이해하고, 과학적 탐구능력과 태도를 함양하여 개인과 사회의 문제를 과학적이고 창의적으로 해결할 수 있는 과학적 소양을 기르기 위한 교과이다. 과학에서는 일상의 경험과 관련이 있는 상황을 통해 과학 지식과 탐구 방법을 즐겁게 학습하고 과학적 소양을 함양하여 과학과 사회의 올바른 상호관계를 인식하며 바람직한 민주시민으로 성장할 수 있도록 한다'라고 명시되어 있다.

과학이 생각보다 민주시민의 자질을 기르는 데 필요할 뿐만 아니라 민주시민으로서의 기본 역량을 자라나게 하기에도 적합한 과목임을 알 수 있었다. 과학적 주장과 증거와의 관계를 탐색하는 과정에서 필요한 과학적 사고력과 문제해결을 위해 실험, 조사, 토론으로 증거를 수집하고 해석·평가하여 새로운 과학지식을 얻는 탐구능력은 현대사회를 사는 민주시민에게 필수적인 역량이다. 과학적 지식과 사고를 활용하여 개인과 공적 영역의 사안을 해결하는 과학적 문제해결능력, 사회에서 공동체 일원으로서 합리적이고 책임 있게 행동하기 위해 과학기술의 사회적 문제에 관심을 가지고 의사결정 과정에 참여하는 과학적 참여는 민주시민교육의 핵심을 이룬다.

나를 둘러싼 세상으로의 과학 여행

과학적 탐구란 실험과 조사, 토론 등으로 증거를 수집하고 해석하며 의미를 구성해가는 과학적 방법에 기반한다. 과학 탐구와 사회 탐구(연역적 방법, 귀납적 방법을 주로 쓴다)의 공통점은 관찰과 다른 사람들과의 대화를 통해 현상을 해석해내려는 과정이다. 수업 속에서 아이들은 스스로 질문을 찾고 표현하고 탐구하는 과정을 통해 여러 가지 문제를 해결하면서 답을 찾아간다. 세상에 나가보면 학교의 오지선다형처럼 정답이란 게 존재하지 않는다. '그때는 맞고 지금은 틀리다'라는 어느 영화의 제목처럼, 상황에 맞는 해답이 있을 뿐이다. 아이들이 주변의 다양한 사물을 만나고, 구체적인 물건을 만져보고, 체험하는 수업은 무언가를 탐구해보고 싶다는 동기를 만들어낸다.

올해 3월 『학교 민주시민교육의 세계적 동향과 과제』라는 책에서 핀란드의 자연교과 내용을 소개한 글을 보고 깜짝 놀란 일이 있다. 우리나라의 초등학교에 해당하는 종합학교의 저학년 환경(자연) 교과서는 아이들의 삶과 가장 가까운 학교 앞마당의 작은 생태계에서부터 시작하여 마을, 지방, 국가, 지구, 태양계, 우주까지 다룬다. 환경을 핀란드어로 '윔빠리스뙤(ympäristö)'라고 하는데, 나를 둘러싼 환경과 관련된 세상을 탐구한다는 의미가 담겨 있다. 따라서 환경교과서를 배우다보면 핀란드의 정치 체계나 대통령들의 이름에서부터 인간의 감정과 심리, 섹슈얼리티까지도 접할 수 있다. 우리가 생각하는 협소한 의미의 환경과는 많이 달랐다. 이처럼 아이들의 흥미와 호기심으로부터 배움이 출발하려면 아이들의 삶에서부터 출발하는 여행 같은 교육과정 구성이 필수적이다.

2019년 뉴욕타임스는 올해의 인물로 16세 스웨덴 소녀 그레타 툰베리를 선정하였다. 그녀는 유엔기후행동 정상회의 연설에서 "여러분은 헛된 말로 제 꿈과 어린 시절을 빼앗았습니다. 사람들이 고통받고 있습니다. 생태계 전체가 무너져내리고 있습니다. 우린 대멸종의 시작점에 서 있다. 우리가 책임질 수 있는 나이가 될 때까지 기다릴 충분한 시간이 없습니다"라고 호소하며 많은 사람들의 공감을 얻어냈다.

반면 세상 관심사를 멀리할수록 입시에 유리하다고 생각하는 어른들 때문에, 우리 아이들은 자신을 둘러싼 문제를 내 일로 생각하지 못하고 있다. 교실에서 문제풀이를 반복하며 단순 지식만 축적해온 아이들은 모든 분야에서 인공지능이 도입되는 미래사회에서 정작 필요한 세상 문제풀이에서는 어려움을 겪지 않을까 우려된다. 사고하는 능력과 관찰하는 능력, 창의력은 어느 때보다 중요해지고 있고, 민주시민교육의 필요성도 점점 높아지고 있다.

민주시민교육 방법론이 요구되는 과학 시간

과학과는 특히나 민주시민교육 방법론이 필요한 과목이다.

첫째, 수업시간에 졸고 재미없어 하는 학생들도 과학을 알 권리가 있다.

요즘 학생중심 수업이 강조되면서 토의토론 수업이나 모둠활동이 늘고 있지만, 여전히 많은 교사들이 강의식 수업에 의존하고 있다. 교사가 경험하고 배운 것이 교사중심 교수법이었고, 아이들도 학원이나 인터넷 강의를 통해 단방향 수업에 익숙해져 있다. 무기력한 아이들은 그저 자신을 방해만 하지 않으면 하고 바라는 경우도 많다. 이처럼 학습의욕이 없는 아이들을 돕고 상호작용이 있는 수업을 만들고자 하는 교사들이 자주 하는 실수가 있다. "잘 아는 친구가 주변 친구를 가르쳐주세요"라고 말하는 경우가 많은데, 자칫 아이들 사이에 권력관계가 형성되는 문제가 발생할 수 있다. 교사-학생 관계에서 학생-학생 관계로 바뀌었을 뿐, 가르치고 배우는 관계는 그대로 유지되는 것이다. 근대 공교육 시스템에서는 1년이 지나면 학업성취 여부와 상관없이 정해진 학교와 학년으로 자동적으로 올라간다. 그 속에는 빠르게 배우는 아이도 있지만 느리게 배우는 아이도 있다. 학생들 사이에서 권력관계가 고착되면 어떤 학생들은 이에 반항하여 폭력적인 모습으로, 어떤 학생들은 계속 수용만 하다가 무기력한 존재로 전락하게 된다.

그러나 '세상의 모든 것을 아는 사람도 없고, 아무것도 모르는 사람도 없다'라고 한 프레이리의 가르침을 기억해야 한다. 아무것도 안 하고 있는 것처럼 보이지만, 그 속에는 겨우내 움츠린 새 눈처럼 배움으로 향해 나아가려는 의지가 분명 내재되어 있다. 내가 잘 모른다는 사실을 말한다는 것은 사실 매우 수치스러운 일이다. 이를 무릅쓰고 새 눈을 틔우기 위해 커다란 용기를 내어 물어볼 때가 숨죽이고 섬세하게 대응해야 할 때다. 그래서 교사들은 마음이 답답해도 "친구가 물어볼 때까지 기다렸다가 친절하게 대답해주세요"라고 이야기해야 한다.

아이들이 주춤거리는 과정은 실은 그 아이가 배움으로 도약하는 매우 중요한 순간일지도 모른다. 일본 도쿄대학교 명예교수인 사토 마나부는 『수업이 바뀌면 학교가 바뀐다』에서 "명석한 사고와 표현이 유형적인 사고와 감정을 반복하는 경향이 있는 것에 비해 더듬거리는 사고와 표현은 오히려 창조적인 사고와 표현에서 충분한 위력을 발휘한다고 해도 좋을 것이다"라고 이야기했다.

아이들이 주춤거리는 순간이 왔을 때 겨우내 숨죽여왔던 새순처럼 기다려주면 잎이 되고 꽃이 되고 열매가 된다. 이것이 호혜적인 배움이다. 다시 말해 흥미와 호기심을 가지고 친구를 의존하기도 하면서 배움으로 한 걸음씩 내디딘다.

둘째, 상식에서 출발하고 대화를 통해 쉽게 배움의 길을 만들어야 한다. 일단 교사가 잘 설명하면 아이들이 잘 배운다는 생각부터 내려놓아야 한다. 교사의 언어는 이성의 언어이지만 아이들의 언어는 정서의 언어다. 아이들은 자세히 여러 번 설명해주는 교사의 언어보다 친구의 말 한마디에 더욱 쉽게 잘 배운다. 교사의 말을 줄이고 학생들이 서로 대화와 교류를 하도록 할 방법을 고민해야 한다. 아이들이 교사나 다른 아이들을 발판 삼아 도약하도록 조력자 역할을 해야 한다.

이때 학생들의 삶과 밀접한 소재로부터 시작하여 학생들이 알고

과제를 함께 풀어나가는
즐거운 모둠활동

싶다는 마음이 들도록 해야 한다. 특히 4인 내외 모둠활동에서 더욱 빛을 발휘하는데, 혼자서는 해결하기 힘든 과제를 주면 자연스럽게 협력이 이루어진다. 그리고 친구들에게 묻고 설명하다보면 내가 무엇을 알고 무엇을 모르는지 확인할 수 있고 그러면서 배움이 깊어진다. 그제서야 아이들 입에서 감탄사가 튀어나온다. "벌써 끝날 시간이 되었네?", "과학이 이렇게 재미있고 쉬운 거였어?", "선생님 덕분에 과학이 재미있는 과목이 되었어요" 이런 이야기가 서서히 나오기 시작한다.

셋째, 슬로러너(Slow learner, 배움이 느린 아이들)를 인정해라. 다른 수업시간에는 산만하다고 지적을 많이 받는 학생 중에 과학 시간에는 정말 기발하고 재미있는 발언을 하는 학생들이 있는데, 가만히 보면 슬로러너인 경우가 많다. 나 또한 빠르게 배우는 사람이 아닌지라 누군가가 빠르게 이야기하면 금방 놓치고, 그러다보면 혼자만의 몽상에 빠지는 경우가 많다. 아이들은 오죽하랴 싶다. 자기 딴에는 어려운 문제를 가지고 혼자 해결하려다 친구를 찾는 순간이 줄탁동시(啐啄同時)의 기회가 된다. 즉, 서로 도와야 완성된다. 이를 통해 친구와 함께 배우는 순간이 행복한 순간이고, 알아가는 것이 얼마나 즐거운지 느끼게 된다. 교사가 이때 주의 깊게 보다가 느리게 배우는 아이를 끌어주면, 이 작은 성공의 경험을 통해서 아이는 한 걸음 더 내디딜 힘을 얻는다. 그래서 교사는 답답해도 기다릴 줄 알아야 하고 끊임없이 학생과 학생, 학생과 교재를 이어주는 노력을 게을리하지 않아야 한다.

넷째. 경청해라. 학생 간에 권력관계가 아닌 호혜적 관계를 만들려면 수업에서 경청을 충분히 강조해야 한다. 미국의 교육학자 존 듀이는 "민주주의는 귀다"라고 말했다. 시끄럽게 많은 말을 하는 교실에서 활발한 배움이 일어난다고 생각하기 쉽지만, 오히려 아이들은 자신의 말만 하고 있을 뿐임을 쉽게 관찰할 수 있다. 대화를 통해 배움을 끌어내기 위해서는 먼저 상대방을 존중하고 주의 깊게 듣는 것에서부터 시작해야 한다. 다른 사람의 생각을 듣고 내 생각과 비교하여 깨달음을 얻는 성찰적 배움이야말로 진정한 배움이 될 수 있기 때문이다.

아이들이 서로 듣는 관계를 만들기 위해서는 교사의 경청이 선행되어야 한다. 아이들의 말에서 그 마음 상태까지 들어야 '송유관 교사'가 아닌, 안내자로서의 교사 역할을 수행할 수 있다.

3. 미지의 세계를 찾아서 떠나는 여행 같은 수업

라면을 맛있게 끓이는 방법

비열(물질마다 같은 열을 가해도 온도 변화가 다른 물질의 특성) 수업을 준비할 때, 아이들에게 조금 어려운 개념이고 계산도 있는 내용이라 어떻게 수업을 시작하면 좋을까 고민했다. 여러 교과서를 찾아보니, '라면을 끓일 때 양은냄비로 끓여야 맛있다'라는 내용이 있었다. 당시 방송에서도 화제였고, 무엇보다도 아이들이 제일 좋아하는 음식이라서 수업의 시작으로 좋은 소재가 되었다.

나도 뚝배기에 라면을 끓이면 어떻게 될지 궁금해서 실제로 끓여보았다. 결과는 면이 불어서 식감에서 큰 차이가 발생하였다. 그래서 '라면을 조리할 때 양은냄비와 뚝배기 중에서 어느 것을 사용해야

꼬들꼬들한 라면을 먹을 수 있을까? 그 이유는?'이라는 시작 질문을 사용하니, 아이들도 궁금해하면서 수업 속으로 쏙 들어오게 되었다. 근거를 가지고 이야기하라고 하니, 모둠에서 "양은냄비로 끓일 때가 더 맛이 있다", "아니야, 뚝배기로 끓였더니 더 깊은 맛이 났어"라며 옥신각신하는 모습이 제법 진지했다. 그래서 두 냄비의 특성을 비교하여 이야기해보라고 했다. 더 빨리 끓는 것은 양은냄비의 특성이고, 오랫동안 뜨거움을 유지하는 것은 뚝배기의 특성이라는 이야기가 오고 갔다. 이내 똑같은 열을 가했을 때 먼저 끓는 것이 양은냄비라는 결론을 끌어낸 모둠이 나타났다. 논의가 이쯤에 이르자, 면발이 꼬들꼬들한 라면을 먹으려면 빨리 온도가 올라가는 양은냄비가 유리하다는 쪽으로 기울기 시작했다. 그러면서 아이들은 자연스럽게 같은 열을 가하더라도 물질에 따라서 온도가 올라가는 속도에 차이가 있다는 비열의 개념과 특성을 이해하게 되었다.

또한 도전과제에서 튀김을 할 때 하나씩 넣어야 맛있는가, 한꺼번에 넣어야 좋은가도 아이들이 수업에 몰입하는 과제가 되었다. 통닭집에서 닭을 한꺼번에 튀기는 것을 본 학생들은 "한꺼번에 넣어야 한다"라고 주장하고, 집에서 엄마가 하나씩 튀김을 넣어서 요리하던 모습을 본 아이들은 "하나씩 넣어야 한다"라며 옥신각신 하였다. 아이들은 배웠던 비열의 특징을 근거로 이야기하면서, 하나씩 넣어야 온도가 떨어지지 않고 높은 온도에서 조리되어 맛있다는 원리를 깨닫게 되었다. 이처럼 과학적 원리가 숨어 있는 일상생활 속 과제를 친구들과 함께 수행하며 서로의 이야기를 주의 깊게 듣고 배움의 기쁨도 알아갔다.

우리 학교 벽은 어떤 암석으로?

중학교 1학년 '지권의 변화' 단원에서 암석에 관해서 배울 때는 보통 실험실에서 암석을 부수어보고, 실체현미경으로 관찰한 후에 어떤 암석인지 추론해보는 수업이 일반적이다. 그런데 아이들은 교과서에서 배우는 암석은 어딘가 멀리에 존재하고 나오는 거리가 멀다고 생각한다. 하지만 학교나 동네의 자그마한 공원, 아파트를 둘러보면 우리 곁에 교과서 속 암석이 깊숙이 들어와 있음을 알 수 있다. 그래서 이번에는 교실을 벗어나 우리 학교 암석과 만남부터 진행하기로 하였다. 매일같이 학교를 오고 가면서 그냥 지나쳤던 학교 벽을 자세히 관찰하고, 특징을 잡아서 그려보는 가운데 생각지도 못했던 패턴과 아름다움을 발견하게 된다. 이 벽을 이루고 있는 암석의 이름은 무엇일까? 관찰한 특징을 근거로 자신의 주장을 펼치는 활동 속에서 합리적인 판단을 하는 훈련이다.

수업 이후 건물을 지나가면서, 연못가를 돌면서 "이건 화강암이

학교 벽 암석 탐구

야", "저것은 편마암이야", "이게 현무암인가?" 하는 아이들의 소리를 듣는데, 이처럼 우리 주변 세상을 자세히 들여다보고 흥미와 호기심을 가지고 여행을 떠나는 수업은 아이들이 세상과 타자에 대한 무관심을 점차 극복하게 한다.

설탕의 역사

창의적 체험활동 시간에는 맛있는 과학 동아리활동을 하면서 팝콘, 솜사탕, 나만의 초콜릿 만들기, 마스코바도 시럽, 분자요리 등을 소재로 음식 속에서 친근하게 과학을 만날 수 있는 시간을 가졌다. 우리가 흔하게 먹는 설탕이 옛날에는 은과 무게를 같이 달아서 사던 아주 값비싼 기호품이자 약으로 쓰였다는 사실에 아이들은 아주 흥미로워했다. 그러면 이렇게 귀중한 설탕을 어떻게 많은 사람들이 접하게 되었고, 요즘에는 아주 싼값에 살 수 있는지 알아보았다.

설탕이 이렇게 흔한 음식이 된 이면에는 서양의 자본력과 아프리카에서 강제로 끌고온 노예들의 노동력 그리고 사탕수수가 잘 자라는 따뜻한 중남미 지역의 토지 등이 있다는 사실에 놀라워 했다. 특히 노예를 아프리카에서 끌고오는 과정에서 사용된 노예선의 구조가 아이들에겐 충격적이었던 듯하다. 별생각 없이 섭취해온 설탕의 역사와 이를 둘러싼 사회적 구조를 깨닫게 되었다. 재작년부터 흑당음료가 인기를 끌면서 마스코바도 설탕시럽도 자연스럽게 알게 되었다. 필리핀에서 마스코바도 설탕이 만들어지는 다큐멘터리를 보면서, 자신이 먹는 흑당밀크티가 어떤 힘든 과정을 통해서 만들어지는지 알게 되니, 이제는 먹을 때도 그냥 넘어가지는 않는다고 아이들은 말한다.

맛있는 과학을 통해 즐겁게 배우기도 했지만, 이 세상이 보이지 않는 무수한 연결고리 속에 있음을 배우는 시간이었다.

나만의 레몬나무

몇 년 전 기술·가정 선생님과 요즘 무슨 수업을 하는지 이야기를 나누다가 '광합성'이라는 공통 주제를 발견하고 함께 프로젝트 수업을 진행했다. 일명 '레몬나무 수업'이었다. 기술·가정과에서 먼저 친환경 식물이 환경에 미치는 영향을 학습하고, 과학에서는 광합성 과정을 진행하기로 하였다. 가격은 많이 비싸지만, 제주산 친환경 레몬에서 씨앗을 추출해서 레몬나무를 키우고 배우는 수업을 함께 디자인했다.

씨앗만 필요한 것이라서 나머지 레몬이 버려지는 것이 너무 아까워서 어떻게 하면 좋을지 고민하다가 친환경 레몬청을 만들기로 하였다. 레몬 자르는 일은 학생들에게 조금 어렵기도 하고 위험한 일이라서 교사 혼자서 7개 모둠을 돌보기는 쉽지 않았다. 그래서 평소 학부모활동에 적극적인 학부모님께 함께해주길 부탁드렸고, 네 분의 학부모님이 흔쾌히 참여했다. 우리 학교의 첫 '학부모 학습참가'라는 의미 있는 일의 시작이었다. 학생들은 학부모 지도로 칼을 쥐는 법과 레몬을 자르는 법과 자세를 익히면서 레몬을 썰어나가기 시작했다. 설탕을 뿌리고 병에 담는 과정까지 아주 즐겁게 참여하면서, 힘들었지만 보람 있었다는 이야기를 남겼다. 학생들은 평소에 먹고 그냥 버렸던 씨앗에서 새싹이 돋아나고 조금씩 자라나는 과정을

가사실에서 레몬청을 만드는 모습

통해서 식물에 필요한 것이 물뿐만이 아니라 햇빛과 이산화탄소 등 여러 조건이 맞아야 제대로 성장한다는 것을 관찰일기를 쓰면서 알게 되었다. 자신만의 레몬나무를 키우면서 생명의 소중함과 책임감도 키우는 시간이었다.

4. 미룰 수 없는 고민들

레몬청은 덕분에 아주 맛있게 잘 만들어졌는데 이것을 어떻게 할 것인지가 또 고민이었다. 그래서 학생들이 만든 것이니 학생자치회에서 결정하도록 하였다. 그때 마침 4.16 세월호 추모행사를 기획 중이어서, 학생자치회에서 다양한 논의 끝에 레몬차를 판 수익금으로 세월호 유가족을 위해 쓰기로 의견을 모았다.

점심시간마다 학생회 임원과 봉사단은 식사도 제대로 못하면서 정말 열심히 카페를 운영했다. 이들 중에는 수업 때 무기력했던 아이들도 있었는데, 스스로 결정할 수 있는 권한을 부여하니 자발적으로 준비하고 열정적으로 참여하는 모습에 다른 선생님들도 감동을 받았다. 자기결정권이 자율적으로 행동하는 인간으로 성장하는 계기가 된다는 것을 확인한 셈이다. 이런 과정을 통해 모금된 금액을 가지고 학생회 임원들과 함께 광화문광장에 가서 세월호 유족을 방문하였다. 조그마한 씨앗에서 비롯된 활동이 사회적 연대의 몸짓으로까지 확장된 것이다.

과학교과에는 생물다양성, 과학과 나의 미래, 수권과 해수의 순환, 재해 재난과 안전, 기권과 날씨, 에너지 전환과 보존, 과학기술과 인류 문명 등의 단원 내에 사회의 문제와 만나는 다양한 주제와 수업 소재가 산재해 있다. 교과서 내용 재구성과 민주시민 역량 중심 수업 디자인을 통해 얼마든지 민주시민교육이 가능하다는 것을 발견한다.

과학과 사회의 올바른 관계를 이해하기 위해서는 현재 과학과 사회에 걸쳐서 논쟁이 되는 주제를 교실로 가져와서 깊이 있게 이야기하는 것이 필요하다. 그래서 우리 학교에서는 2017년부터 교과협의를 통해 3학년 주 4회 수업 중 1시간, 즉 연간 34시간을 독서토론 수업으로 운영하고 있다. 교재는 『정답을 넘어서는 토론학교: 과학』을 활용하기로 하였다.

이 책의 주제는 바이러스, 지구온난화, 원자력 에너지, 유전자 조작 식품 등 인류가 직면한 중요한 내용을 다룬다. 학생들은 입론 시간에 찬성 측과 반대 측의 내용을 함께 읽고, 각 주장에 대한 근거를 통해서 자신의 입장을 정리한다. 토론시간에는 상대방의 이야기를 주의 깊게 듣고, 자신의 주장을 설득하거나 다른 사람의 의견을 수용하는 가운데 과학적 의사소통능력을 키운다. 마지막으로 글쓰기 활동을 통해 자신의 생각을 정리해보고 과학 속에 숨은 사회정치적 의미를 깊이 들여다보는 시간을 만들고 있다.

2020년 2월에는 교육과정 워크숍을 진행하면서 3학년 통합 학습 주제로 '바이러스'를 선정하였다. 먼저 보건교과에서는 바이러스에 관한 기초적인 지식과 예방법을 구글 클래스룸을 통해 학습하였다. 이어서 국어과에서는 혐오 차별 문제를 다루면서 민주주의가 어떠한 약한 고리를 통해 무너질 수 있는지를 고민하는 시간으로 3차시 수업을 디자인했다. 동시에 체육과에서는 면역력 증강을 위한 홈트레이닝 수업을 진행하면서 육체적, 정신적 건강관리에 대해 함께 공부했다. 역사과에서는 바이러스의 역사적 의미를 다루기로 하였고, 사회과에서는 마스크를 둘러싼 수요공급의 법칙을, 수학과에서는 바이러스 통계를, 기술·가정에서는 코로나19앱 만들기를 통해 사회 문제를 해결하는 프로젝트로 진행하고 있다.

과학에서는 토론 수업을 했다. 과학기술과 의료기술을 통하여 백신과 치료제를 개발하여 바이러스를 퇴치할 수 있다는 입장과 의료기술이 발달해도 혜택이 인류 전체에 돌아가지 않는 사회 불평등을 중시하는 입장, 가축의 집단사육 문제와 인간의 야생동물 서식처 파괴 등 근본원인을 개선해야 한다는 입장 등을 가지고 토론 수업을 진행하였다.

『2050년 거주불능 지구』라는 책이 2020년 4월 22일 지구의 날 50주년을 맞이하여 출간되었다. 그 목차만 보아도 거의 숨이 막힐 지경이다. 온 지구를 마비시킨 코로나19로 인한 팬데믹은 그중 작은 한 부분일 뿐이다. 2050년 기후난민의 수가 10억 명에 달하고, 50억 명이 물 부족 위기에 직면할 것이라고 한다. 라틴아메리카 커피농장의 최대 90%가 소멸한다고도 한다. 이 세상의 모든 것들이 다 연결되어 있다고 볼 때, 그 연결고리를 깨뜨린 인류가 직면한 여섯 번째 대멸종의 시기가 그 어느 때보다도 빠르게 진행되고 있다고 한다.

자신이 앞으로 살아가야 할 미래의 지구생태계에 관해서 고민하고 행동하는 것은 결코 사소한 일이 아니며, 나중으로 미뤄야 할 문제도 아니다. 우리나라에도 많은 아이들이 이러한 문제를 고민한다. 일부는 매주 금요일 등교를 거부하는 기후파업에 동참하면서 "우리에게 미래가 없는데 왜 미래를 위해서 공부해야 하나요?"라는 질문을 던지고 있다.

학생들은 자신 앞에 놓인 이러한 거대한 문제들에 관해 과학적 탐구와 증거를 가지고 토론하는 수업 속에서, 민주주의의 파수꾼이자 행동하는 시민으로 거듭난다. 또한 교사가 이들과 토론하는 동료로서, 코치이자 안내자로서 역할을 잘 수행할 때 민주시민이 자라나는 굳건한 토대가 완성될 것이다.

✏ 추천하는 책과 영화

■ 『정답을 넘어서는 토론학교: 과학』(가치를꿈꾸는과학교사모임, 우리학교, 2019)
과학교육의 목표대로 학생들을 '과학과 사회의 올바른 상호관계를 인식하여
바람직한 민주시민으로 성장'하도록 이끄는 데 매우 유용한 책이다. 근거
자료와 논제들이 잘 정리되어 있어 토론 수업에 두려움을 느끼는 과학교사들도
쉽게 진행할 수 있게 도움을 준다.

■ 『2050 거주불능 지구』(데이비드 월러스 웰즈, 추수밭, 2020)
인류에게 22세기는 없을 것이라는 경고를 더 이상 외면할 수 없음이
코로나19로 인해 명확해졌다. 기후위기는 우리 청소년들이 당면한 가장 큰
어려움이 될 전망이다. 학생들이 이 문제에 주도적으로 참여하고 실천하게
하는 것은 선배 시민들의 가장 중요한 책무이다.

■ 〈옥토버 스카이〉(조 존스톤 감독, 1999)
특별히 좋아하는 것도, 잘하는 것도 없는 '보통' 아이들이 있다. 우리 아이들을
닮았다. 한 어른이 그들을 무조건 믿어줄 때, 아이들에게 어떤 일이 일어날까.
흥미와 호기심이 과학발전의 원동력임을 잊곤 하는 나와 같은 교사라면 1년에
한 번씩이라도 아이들과 함께 이 영화를 보면서 스스로를 일깨울 필요가 있다.

■ 〈투모로우〉(롤랜드 에머리히 감독, 2004)
기후변화로 인한 충격적인 내용이 교과서를 넘어서서 생생하게 다가온다.
"우리에게 미래가 없는데 미래를 준비하는 공부가 무슨 필요가 있느냐"라고
이야기하는 아이들에게 우리는 지금 무엇을 해야 하는지 깊이 생각하게 만드는
영화이다.

엄라미 백석고등학교 교사

1. "고전수학이군요"

민주시민교육의 맥락에서 수학교사로서 가장 고민한 것은 '내가 가르치는 교과인 수학과 민주시민교육은 어떻게 만날 수 있는가?'라는 문제였다. 고민은 특성화고등학교로 옮기면서 깊어졌다. 수학과 민주시민교육의 접목은커녕 수학 수업도 거의 불가능한 상황이었기 때문이다.

당시 우리 학교 학생들은 국영수로 대표되는 교과 공부에 거의 관심이 없었으며, 수학에 대한 무관심은 더욱 심해 소위 '수포자'가 대부분이었다. 수학 기호를 낯설어하고 기초연산도 잘 안 되는 학생이 적잖았다. 수학 수업이 거의 힘든 수준이었다. 이전 학교에서 주요 교과 교사로서 "수학이 너희 인생을 빛내줄 거야"라는 말도 서슴지 않았던 나는 어느새 "수학이 없어도 너희 인생에 큰 문제는 없을 거야. 너희도 알겠지만"이라고 말하고 있었다. 수학교사로서의 정체성이 뿌리째 흔들리는 느낌이었다.

한국 수학교육의 특징은 무엇일까? 성적이 최우선이기 때문에 문제풀이 위주의 교사주도 교수법이 주를 이룬다. 대부분 문제풀이가 수학의 전부라고 생각한다. 교사가 새로운 것을 시도하려고 해도, 수능 위주가 아니라는 이유로 싫어하는 학부모도 있다. 이처럼 수학교육은 그 자체가 주입식이고 비민주적이다.

대한민국에서 영어와 수학은 사교육 시장을 확산하고 지탱해주는 주요 과목이다. 영어는 조기교육의 환상 속에 온 나라를 조급하게 하고, 수학은 때를 놓치면 영원한 수포자가 될 수 있다는 두려움과 특목고 진학의 환상으로 초등학생 이전부터 선행학습을 받고 있다. 특목고에 진학하는 데 수학 성적은 필수이며 선행학습을 하지 않고 입학하면 고등학교에서의 성적은 이미 뒤처지게 되는 것이 현실이기도 하다. 영어가 수능에서 절대평가가 되면서 수학은 우리 사회에서 성공적 입시와 경제적 성공을 보장하는 절대강자가 되고 있다. 왜 이런 일이 일어날까?

중등수학만 보면 35년 전과 비교해서 그 내용과 형식이 크게 변화되지 않고 있다. 『수학의 정석』이 아직도 그 옛날의 모습 그대로 꾸준히 출판되는 것만 봐도 알 수 있다. 수많은 노력에도 불구하고 우리의 수학은 학생들을 줄 세우기 가장 좋은 도구로 전락하여 교육적 불평등, 더 나아가 사회적 불평등을 유지 심화시키는 데 앞장서고 있다는 생각이 든다. 수학교육에 대한 문제의식을 느끼고 있지 않은 사람은 없을 것이다. 하지만 동시에 우리는 수학보다 더 객관적인 학습능력 측정도구는 없다고 생각하며 학생들을 줄 세우는 교육을 멈추지 못하고 있다.

2020년 1월 EBS에서 방영한 교육대기획 〈다시, 학교: 7부 수학이 불안한 아이들〉을 보면, 우리의 수학교육은 학생들에게 논리적인 사고와 합리적인 문제해결능력은 '어쩌다' 배우게 하는 수준이다. 모든 수학 시간을 지배하는 것은 불안감이었다. 문제 풀 시간이 부족할까봐 그리고 실수할까봐 학생들은 내내 불안해했다. 서로 연관되지 않는 30개 문항을 100분에 풀어야 하는 대학입시 수학시험은 우리의 수학교육을 잠식하여 회복하지 못하게 하고 있다. 시청하며 가장 충격을 받았던 부분 중 하나는 덴마크의 수학교사가 한국의 대학수학능력평가 수학 시험지를 보고 심각한 얼굴로 "고전수학이군요" 말하는 부분이었다.

우리는 수학이 4차산업혁명 신기술개발의 핵심이라며 수학교육의 필요성을 강조하고, 높은 성취기준을 마련한다. 또 수학이 사유방식의 동력이기에 수학을 통하여 상상력과 창조적 능력을 함양할 수 있다고도 말한다. 그런데 우리 학생들이 배우는 수학은 자신의 삶과 동떨어진 채 추상적이고 공리적인 고전수학의 모습으로 모든 학생들에게 군림하며 한순간의 방심도 허용하지 않는다. 도대체 왜 그럴까? 그에 대한 대답 역시 학생들을 줄 세우기 하는 입시에 있다고 박형주 아주대 석좌교수는 말한다. "평가 방식이 바뀌지 않으면 교육방식이 바뀌기 힘듭니다. 우리나라 전국의 학생들을 일렬로 줄 세우는 입시 방식에는 변별력이 중요할 수밖에 없고 지금같이 기형적인 입시가 생기는 것인데요. 평가에서 변별력이 가장 중요한 목적인가에 대해 의심해봐야 할 것 같고, 큰 틀을 바꾸기는 힘들어도 작은 변화에서 시작하면 좋겠습니다." 박형주 교수가 말하는 작은 변화는 학생들이 수학을 하면서 실수를 할 수 있도록 하자, 주관식을 과감하게 도입하자는 소박한 것인데, 수학을 잘하는 자녀가 있거나 사교육에 어마어마한 지출을 하는 학부모에게는 어림없는 소리로 들릴 것이다.

여기서 또 수학의 비민주성이 확장된다. 변별력은 입시의 핵심이며 수학보다 더 표준화하기 좋은 과목은 없다고 생각한다. 심지어 가장 공정하다고 여기기에 수학의 절대평가를 인정하지 않는다. 누가? 수학교육에 돈을 쏟아부을 수 있는 사람들이. 그러다보니 수학의 사교육 시장은 점점 견고해진다. 학년이 거듭될수록 수포자의 비율이 높아짐에도 수학의 사교육비는 증가하고 있다. 2018년 교육부 보도자료를 보자. 일반교과 과목별 1인당 월평균 사교육비를 살펴보면, 수능 영어 절대평가의 영향으로 영어 과목의 증가폭은 변화가 적은 반면, 수학과 국어가 크게 증가했다. 특히, 고등학교는 학교급 중 가장 큰 폭으로 증가(6,000원)했는데, 그중에서 수학 사교육비가 4,000원 증가한 것으로 나타났다.

그런데 여기에 만족하지 못하고 한술 더 떠 새로운 것을 요구하기도 한다. 우리의 수학 교육과정이 탄력적이지 못하다보니 새로운 수학을 받아들일 여지는 없는데 세계적 유행도 따라가고 싶어 코딩의 열풍까지 수학에 얹는다. 코딩을 배워야 하는 본질 따위는 필요 없다. 스펙에 도움이 되면 된다. 어차피 사교육이 해결해줄 테니까.

좋은 직업을 갖기 위해 좋은 대학을 가야 하고, 좋은 대학을 가기 위해 좋은 고등학교에 가야 하고, 좋은 고등학교에 가기 위해 어려서부터 수학에 많은 시간과 돈을 투자해야 한다. 그렇지 않으면 수학을 배울 필요가 없는 학교에 가게 되거나, 수학을 배울 수 없는 학교에 가게 된다. 수학에 관한 한 학생들의 선택권은 없으며, 수학이 주도하는 불평등의 구조는 확산일로에 있다는 느낌이다.

사교육에 잠식된 수업 환경에 수학교사로서 자유롭지 못했던 기억이 아프게 떠오른다. 다양한 수업을 시도하고 수학의 가치를 강조해도 시험 외에는 관심이 없는 아이들. 학원에서 배운 것과 다른 유형의 시험문제를 문제 삼는 학부모들. 그래서 더 어려운 시험문제를 고집하는 동료 교사. 계속 수포자가 만들어지고 다시 교육 불평등의 구조는 심화되어간다.

다시 학교에서 학생들을 본다.

"선생님, 우리도 수학을 배워야 하나요?", "수학 때문에 제가 이렇게 된 건가요?"

이제 그에 대해 대답을 해야 한다. 민주시민교육을 통해 그 대답을 찾으려 한다. 이는 동시에 수학교사로서의 내 정체성을 되찾는 여정이기도 했다.

2. "수학도 민주시민 교과목이라고요?"

민주시민교육으로 본 수학

민주시민교육이 추구하는 시민적 역량은 자기관리 역량, 의사소통 역량, 문제해결 역량, 다양성 존중 역량, 협력 역량으로 이러한 역량을 통해 조화로운 자율성, 공공성, 협력성을 함양한 민주시민이 육성

된다.

 2015 개정 수학 교육과정을 보면, '수학 학습을 통해 학생들은 수학의 규칙성과 구조의 아름다움을 음미할 수 있고, 수학의 지식과 기능을 활용하여 수학 문제뿐만 아니라 실생활과 다른 교과의 문제를 창의적으로 해결할 수 있으며, 나아가 세계공동체의 시민으로서 갖추어야 할 합리적 의사결정 능력과 민주적 소통 능력을 함양할 수 있다'라고 되어 있다.

 수학교육만으로 충분히 민주시민교육이 어느 정도 가능한 것처럼 보인다. 교육과정을 그럴듯하게 보여주기 위해 표현한 글은 아닐 것이다. 오히려 수학교육의 진정성은 수학을 '무엇이 사실일까?'보다 '왜 사실일까?'를 고민하는 사색의 자료이자 도구로 여기며, 합리적이고 논리적인 세계시민을 기르는 데 있는 것이 분명하다.

 하지만 수학교육의 본질을 놓치고 있는 곳이 우리나라만은 아닌 것 같다. 미국 역시 수학을 '커먼 코어(common core, 공통핵심기준)'라는 엄격한 표준화로 이루어진 전국 일제고사 체계로 기획하여 입시 지향 또는 경력 지향의 도구로 사용하고 있다. 그로 인해 수많은 수포자와 낙제자가 생겨나고 있으며, 소위 '과외선생'이라 부르는 고소득 직업군도 생겨나고 있다고 한다. 고소득 가구의 수학과외 지출 비용이 점차 증가하고 있으며, 수학이라는 장벽으로 사회 불평등이 심화되고 있다고 한다. 이러한 문제점을 인식한 수학교사들이 그 대안을 찾는 여러 노력을 하고 있다. 그중 하나가 민주시민교육의 관점에서 수학교육을 바라보고 사회변화를 꾀하는 '비판적 수학교육' 또는 '사회정의를 위한 수학교육'이다. 간단히 설명하면 사회정의를 위한 수학교육이란, 학생들이 세상을 비판적으로 읽고 자신의 방식으로 다시 쓰는 데 유용한 방식으로 수학을 가르쳐야 한다는 신념을 강조하는 교육이다. 수학을 사용하여 비판적이고 논란이 되는 사회 이슈를 탐구하는 수업을 의미한다.

사회정의를 위한 수학교육을 가르치는 오하이오대학교 코트니 쾨슬러는 5가지 교수원리로 그 의미를 확장한다.

첫 번째, 수학을 하는 것은 의미구성활동이다. 수학을 외우고 따라야 할 규칙과 과정의 집합으로 여겨서는 안 되며, 이해가 수반된 학습이라고 생각한다.

두 번째, 모든 사람은 수학에 참여한다. 일부 사람만이 수학을 잘하고 일부 사람은 그렇지 못하다는 생각에 도전한다. 모든 사람에게 이해가 수반되는 수학을 할 기회가 주어진다면 모두가 수학학습을 성공적으로 이룰 수 있다.

세 번째, 학생들은 가치 있는 지식을 학교로 가져온다. 학생들은 백지상태가 아닌 다양한 활동에 참여했던 학습자로서, 교사는 그들이 경험한 활동을 학교 교육과정과 연결하고 새로운 개념화를 통하여 학생들의 학습을 도와주어야 한다.

네 번째, 수학은 중립이 아니다. 수학을 가르치는 것은 정치적인 일이다. 교사의 일은 학생들이 학교교육을 경험하는 방법을 형성하는 문화적, 사회적, 정치적 맥락에 포함된다. 교사는 이러한 맥락들을 비판적으로 점검해야 하며 수학 교수학습에서 공정 또는 사회정의를 증진시킬 방법에 대해서 고려해야 한다.

다섯 번째, 배우고 가르치면서 지속적이고 비판적으로 반성하는 것이 중요하다.

이렇듯 사회정의를 위한 수학교육 또는 비판적 수학교육의 관점은 학교수학이 사회적 계층화의 도구가 되는 것을 거부한다. 대신 의미 있는 학습법만 개발한다면, 수학이 학생과 교사의 권리를 신장하고 나아가 사회의 비정의를 해소할 수 있다고 주장한다. 그래서 사회정의를 위한 수학교육은 모든 학생에게 수학교육이 필요함을 강조한다. 사회정의를 위한 수학교육은 민주시민교육의 모든 가치를 어떻게 수학교육 속에 담을지를 고민한다.

수학, 정답이 없는 철학교육

수학은 답이 있어 좋다는 사람들이 있다. 우리가 배우는 수학이 언제나 답을 가지고 있어야 할까? '답이 없다'라는 답마저도 답이 되어야 하는 수학은 정말 답이 없으면 안 되는 걸까? 답이 없는 수학은 없는 걸까? 답이 있다면 언제나 구할 수는 있는 걸까?

수를 기호와 문자로 나타낸 이유는 일반화를 통해 구조와 형식을 다루기 위한 것이었다. 대수학은 특정한 방정식을 풀려는 시도보다 풀이과정 자체의 심오한 구조를 파헤치며 생겨난 분야인데, 우리의 방정식은 오로지 답을 찾는 데만 집중한다. 답이 없어도 수학이고 답을 찾을 수 없어도 수학이다. 답을 구하는 것이 수학이라는 편견에서 벗어나야 진정한 수학을 만날 수 있다.

또 수학을 단순히 숫자나 수식을 다루는 학문이라고 생각하기도 한다. 물론 현재의 교과서에는 그것만 남아 있기도 한 것 같다. 하지만 진정한 수학은 논리적 사고를 표현하는 학문이다. 수학은 끊임없는 생각과 논리적인 사고과정을 거쳐 이루어낸 철학의 한 영역이었고, 지금도 그렇다. 플라톤은 철학을 공부하기 위한 아카데미를 세운

후, 정문에 '기하학을 모르는 자는 들어오지 말라'고 붙였다. '기하'는 '조화'와 '진리'를 의미하므로 그것을 사랑하지 않는 사람은 학문을 할 자격이 없다고 단언한 것이다. 또, 라파엘로가 그린 철학을 상징하는 16세기 그림 〈아테네학당〉에 나오는 주요 인물 중 유클리드, 피타고라스, 제논, 프톨레마이오스, 그리고 유일한 여성 히파티아까지를 우리는 철학자이기보다 수학자로 알고 있다. 이렇게 수학은 철학과 같은 사유로 이 세상이 어떻게 움직이는지 이해하는 데 중요한 역할을 해온 학문이다. 특히 수학은 복잡한 철학적 언어를 가장 간결한 방식으로 표현해내며 발전해왔다. 이런 수학을 포기하겠다는 것은 생각하기를 멈추겠다는 것과 같으며, 더 이상 세상보기를 포기하겠다는 것과 같은 의미인 셈이다. 유클리드의 『기하학원론』의 논리적이고 수학적인 형식은 모든 철학적 체계 형식의 모범이 된다. 논리적 엄밀성을 가진 수학적 사고는 자신의 올바른 가치를 세우고 간결하고 논리적인 방식으로 주장하도록 끌어주는 것이다. 그렇기에 수학은 민주시민교육의 기본 학문이며, 이런 수학이야말로 우리가 회복해야 할 수학의 본질이다.

수학, 가치를 배우는 사회정의교육

민주시민교육과 수학을 연결 짓기 위한 공부를 할수록 수학을 배우는 이유는 '수학이 가지고 있는 아름다운 가치들 때문이 아닐까?'라는 생각을 하게 된다. 수학은 문자 발명 이전에 생겨난 개념으로 예술과 함께 발현되었다. 생존을 위해 하늘의 해와 달을 관찰하며 생각을 거듭한 끝에 만들어낸 패턴이 바로 수학이다. 영국의 수학자

고드프리 하디는 "수학자는 화가나 시인처럼 패턴을 만드는 사람이다. 화가나 시인보다 수학자가 만드는 패턴이 더 영속적인데, 그 이유는 생각으로 만들기 때문이다"라고 말했다. 그래서 수학은 느리고 사색적인 과정이다.

그런데 그러한 사유의 과정을 세밀하게 들여다보지 않고 결과만을 강요하는 수학은 학생들에게 고통이 될 수밖에 없다. 수에 대한 감각은 생존과 소유의 본능과 더불어 발달하였을 것이다. 5개월 아기도 덧셈과 뺄셈의 타고난 본능이 있다고 한다. 나눗셈은 함께 사는 공동체가 형성되면서 더 공정한 분배를 위해 끊임없이 생각하여 얻어낸 사유의 결과물이다. 하지만 우리는 나눗셈이 왜 필요한지에 대한 사유 없이 나눗셈을 분수로 나타낸 후 더하고 빼고 곱하며 나누는 계산만을 가르친다.

삼각형의 넓이가 밑변과 높이의 곱을 2로 나누면 된다는 것은 누구나 안다. 그런데 왜 그런지 아느냐고 묻는다면 대답을 할 수 있는 사람은 얼마나 될까? 우리는 삼각형의 넓이를 계산시키느라 삼각형의 넓이를 구하는 과정의 맥락을 포기한다. 학생들의 생각을 자라게 하지 않고 한정된 시간 내에 더 많은 문제를 풀도록 채찍질만 한다. 그래서 수학교사는 먼저 스스로 "왜?"라는 질문을 멈추지 말아야 한다. 왜 우리가 방정식을 풀어야 하는지, 왜 우리가 함수의 그래프를 그려야 하는지, 왜 미적분학을 배워야 하는지 고민하는 수업을 디자인해야 한다. 수학의 아름다운 가치를 민주시민을 키워내는 밑거름으로 사용해야 한다.

3. 민주시민교육으로 만나는 수학

사회정의를 함께 생각하는 수학교육

통계학은 영어로 'statistics'이다. 글자 그대로 풀이하면 '국가(state)'+ '학(-ics)'이다. 즉, 통계학은 통치과학이다. 따라서 사회적 관점과 의도를 많이 포함하고 있다. 우리의 통계 단원도 학생들이 경험하는 사회적 현상을 비판적으로 읽고 분석하는 수업을 구상하기 좋은 단원으로, 사회정의를 위한 수학교육과 연결시켜 볼 수 있다(자료1 참조).

미국의 메이저리그 선수들의 연봉 평균은 어마어마하다. 그런 야구선수들이 돈 때문에 파업한다고 하니, 야구에 미쳐 있는 미국인들이 받아들이기 힘들었을 것이다. 하지만 파업이 있던 1994년 당시, 미국 메이저리그의 연봉을 나타내는 그래프를 보면 이해가 가는 부분이 생긴다. 대다수 선수의 연봉이 평균에서 멀리 밑돌고 있기 때문이다. 이렇듯 통계에서 사용하는 대푯값은 최빈값, 중앙값, 평균으로, 모든 장단점을 가진 대푯값을 의도적으로 사용하기 때문에 사람들에게 잘못된 정보를 제공할 수도 있다.

우리가 통계를 배워야 하는 이유가 바로 여기에 있다. 이런 평균의 문제를 네덜란드의 경제학자 얀 펜은『Income Distribution: Facts, Theories and Policies(소득분배)』에서, 자신의 평균소득을 키로 나타낸 채 1시간 동안 가장행렬을 하는 모습으로 묘사하며 지적한다. 파산한 사업가나 빚진 사람들은 머리를 땅속에 파묻고 물구나무를 선 채 나타나고, 신문배달 소년과 시간제로 일하는 주부 등 소득이 아주 적은 사람들이 개미처럼 바닥에 붙어 등장한다. 이런 사람들이

자료 1. 통계 단원 수업안 사례 ①: 대푯값은 대표가 될 수 있을까?

교과 단원	Ⅲ.자료 2. 자료의 해석
핵심교과역량	정보처리능력, 문제해결능력, 추론능력, 태도 및 실천 능력
성취기준	[12실수03-03] 다양한 자료를 분석하여 결과를 해석할 수 있다.
학습주제	대푯값은 대표가 될 수 있을까?
학습목표	• 통계에서 대푯값으로 사용되는 평균, 중앙값, 최빈값의 개념을 이해할 수 있다. • 각 대푯값의 장단점을 파악하고 유용하게 사용되는 사례와 악용되고 있는 실생활의 사례를 파악할 수 있다. • 잘못된 통계를 알아내는 세 가지 방법을 이해할 수 있다.
주요학습형태	배움의 공동체를 기반으로 한 협동학습모형
수업성찰	• 통계자료를 제시하고 평균값, 중앙값, 최빈값을 구한 후 어떤 값을 대푯값으로 선정할지에 대한 토론으로 각 대푯값의 문제점을 스스로 알아내도록 수업을 디자인한다. • 모든 장단점을 가진 대푯값을 의도적으로 사용하여 가짜뉴스를 퍼트리거나 잘못된 이론적 근거를 만들어 여러 정책 등에 반영하는 예를 찾을 수 있도록 도와준다. • 대푯값뿐 아니라 통계의 논리적 함정이 생기는 원인을 알아보는 수업으로 확대할 수 있다.

의미 있는 수업자료의 구성

• 고액연봉을 받는 야구선수들이 왜 파업을 했을까?

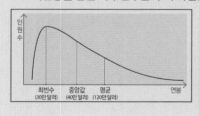

야구선수들의
연봉 분포
(동아비지니스리뷰
2015 4월호)

지나가고 난 한참 뒤에 키가 1m 채 안 되는 난쟁이들이 등장한다. 정부가 주는 보조금으로 살아가는 노약자와 실업자, 노점상과 예술가 등이다. 이런 난쟁이들은 30분이 넘어가도 계속 나타난다. 펜이 이 가장행렬을 '난쟁이 행렬'이라 부르는 이유다. 가장행렬이 시작된 후 48분이 되어야 드디어 평균 키 170cm인 사람이 등장한다. 48분은 전체 시간의 80%인 지점이다. 이것은 평균소득에 미치지 못하는 사람이 80%나 된다는 것을 의미한다. 48분 이후에 등장하는 사람들은 키가 급속히 커진다. 54분이 되면 2m가 되고 그다음은 5m, 59분이 되면 8~12m의 대학교수와 대기업 중역, 그다음 수입 좋은 회계사, 의사, 변호사인 20m 거인들, 마지막 몇 초를 남기고는 수십 미터의 초거인들이 등장하고 맨 마지막에 등장하는 거인의 키는 너무 커서 측정이 불가능해진다. 중앙값과 최빈값을 무시한 평균은 대푯값이 될 수 없는 이유를 잘 설명하고 있다. 펜의 소득분배를 EBS 지식

채널e에서 〈48분의 함정: 평균에 들어가기가 쉽지 않은 이유〉로 영상화하여 실감 나게 표현했다.

보다 우리 학생들에게 현실적인 내용인 2015년 9월 7일 JTBC 8시 뉴스의 팩트체크 코너에서 다룬 〈직장인의 평균월급 265만 원, 평균치 맞나?〉도 좋은 자료가 된다. '내 월급이 평균은 되는 줄 알았는데……' 저소득 노동자들에게는 상대적 박탈감을 느끼게 하는 뉴스이다. 하지만 평균소득보다 의미 있는 경제용어는 중위소득으로, 전체 노동자를 한 줄로 세웠을 때 정확하게 가운데 있는 소득으로 191만 원 정도이다. 이런 자료에서 평균이 얼마냐보다 더 중요하게 봐야 하는 게 평균소득과 중위소득의 격차가 어느 정도냐이다. 지난 10년간 통계청 자료를 통해 평균소득은 상당 수준 올라간 반면, 중위소득은 그만큼 오르지 못해 둘 사이의 격차가 커지고 있는 모습을 확인하며 사회 불평등이 확산되는 현실을 읽어낼 수 있어야 한다.

통계의 논리적 함정을 배우는 수업은 다른 교과와 함께 융합해볼 수도 있다. TED 강연 〈모나 찰라비의 잘못된 통계를 알아보는 세 가지 방법〉은 통계의 이면을 보는 방법을 안내한다. 통계의 논리적 함정에 빠지게 되는 원인을 작위적인 표본, 잘못된 인과관계의 추론, 시각화 도해를 통한 왜곡으로 설명하는데, 영어, 사회, 미술 교과와의 융합 수업을 구성하기에도 좋은 자료이다.

좀 더 사회의 불편한 현실이 보이는 수업도 사회정의를 위한 수학교육의 차원에서 구성할 수 있다. 선거권 연령이 만 18세로 조정되면서 청소년도 정치에 주권자로 참여하게 되었다. 선거에 더욱 관심을 가질 수 있도록 선거와 관련된 수업을 디자인하는 것도 좋다(자료2 참조).

　요즘 빅데이터가 수학적으로 중요시되고 있는데, 그 문제점을 살펴보는 수업도 구상해보았다. 빅데이터와 수학이 만나 사회 불평등을 심화시키는 무기가 되는 과정을 잘 설명한 TED 강연 〈캐시 오닐의 빅데이터에 대한 맹신의 시기는 끝나야만 한다〉와 강연자의 저서 『대량살상수학무기』를 살펴보며 2019 중앙일보 대학평가자료를 분석하는 수업은 빅데이터를 다시 보고 알고리즘의 폐해를 꿰뚫어 보는 다양한 시각을 갖게 할 것이다.

　'빅데이터 업계의 내부고발자'라 불리는 데이터 과학자 캐시 오닐은 강연과 책에서 수학이 소외계층을 억압하고 불평등을 확대하는 데 이용되는 과정을 설득력 있게 설명한다. 특히 책의 '군비경쟁—데이터의 포로가 된 학교와 학생들' 장에서는 미국의 시사주간지 〈유에스뉴스&월드리포트〉가 미국 1,800개 대학교 전체를 평가하여 순위를 매긴 후 대학과 학생들의 경쟁이 어떻게 심화되어가는지 분석하였는데, 우리의 상황을 그대로 비추는 것 같아 시사하는 바가 크다. 교육의 우수성과 상관이 있는 것처럼 보이는 대리데이터 (시험점수, 입학경쟁률, 졸업률, 교사 1인당 학생 수, 동문 기부금 등)가 현실을 대체한다. 그로 인하여 명문사립대에 유리한 대리데이터 선정이나 대리데이터 조작 등 부작용이 끊임없이 일어나게 된다. 책은 결국, 모두가 피해자가 되는 현실을 아프게 보여주고 있다. 해마다 중앙일보도 우리나라의 대학을 같은 방법으로 순위를 매기고 평가하고 있으며 그 영향력 또한 무시할 수 없다. 보수의 가치를 대변하는 일간지의 의도를 고민해보아야 한다.

자료2. 통계 단원 수업안 사례 ②: 빅데이터는 언제나 대표성을 갖는가?

교과 단원	III.통계 2. 통계적 추정
핵심교과역량	정보처리능력, 문제해결능력, 추론능력, 태도 및 실천 능력
성취기준	[12확통03-05] 모집단과 표본의 뜻을 알고 표본추출의 원리를 이해한다. [12확통03-07] 모평균을 추정하고 그 결과를 추정할 수 있다.
학습주제	• 표본평균으로 모평균을 추정하고 그 결과를 해석할 수 있을까? • 무작위 표본추출이 필요 없는 빅데이터는 모집단의 대표성을 획득할까? • 데이터 분석의 수학적 알고리즘은 완벽할까?
학습목표	• 표본의 뜻을 알고 표본추출의 원리를 이해할 수 있다. • 실생활에서 얻은 표본의 정보를 바탕으로 모평균을 추정하고 그 결과를 해석할 수 있다. • 일상에서 데이터 분석의 필요성을 이해할 수 있다.
주요학습형태	배움의 공동체를 기반으로 한 협동학습모형
수업성찰	• 선거권 연령이 만 18세로 조정되면서 청소년도 주권자로 참여하게 되었다. 선거에 관심을 가질 수 있도록 선거와 관련된 수업을 뉴스 중심으로 구성할 수 있다. • 미국대학순위를 책정하는 데이터의 문제점을 분석한 글을 살펴보고, 우리나라의 전국대학평가종합순위는 어떻게 이루어지며 평가지표의 표본은 타당한지와 대표성을 갖는지 살펴보고 문제점을 인식할 수 있다. • 빅데이터는 언제나 대표성을 갖는가? 빅데이터의 의미 있는 활용을 위한 전제조건은 무엇인지 알아보고 데이터의 맹신이 가져오는 부작용을 고찰해본다.

민주적 가치를 배우는 수학 수업

수학의 영역별 대표 단원과 민주시민교육이 추구하는 가치를 연결해보았다(자료3 참조).

수학과 민주시민교육의 요소를 연결시키기 위해서는 다양한 고민이 필요하다. 하지만 조금만 관심을 가지고 수학의 각 영역의 의미를 되새겨본다면 다소 어렵고 꽉 막힌 수학 교육과정 속에서도 민주시민의 역량을 함양할 많은 가치를 찾아낼 수 있을 것이다.

자료3. 민주시민교육의 가치를 배우는 수학 수업안 사례: 민주적 가치와 수학 단원

영역	가치	어떻게 접근할 수 있을까?
수와 연산 (수 체계)	성장	**수학의 역사를 통하여** • 자연수는 자연스럽게 받아들여진 수의 개념이지만 0과 음수는 인간의 오랜 고민 끝에 사용한 수다. 분수는 자연수와 더불어 오랜 역사를 가진 수지만 지금처럼 소수와의 관계로 표현되기까지는 많은 생각과 치열한 논쟁이 있었다. • 자연수 〈 정수 〈 유리수 〈 실수 〈 복소수의 수 체계는 인간의 끊임없는 질문과 대답이 거듭되며 확장되어 이루어진 것으로, 지금의 체계가 끝은 아닐 것이다. 우리가 질문과 대답을 찾는 과정에 생각과 몸이 자라나는 것처럼 수도 성장한다.
문자와 식 (방정식)	편견	**문제를 통하여** • 방정식을 통하여 편견을 깨우치는 문제들을 제시할 수 있다. 예) 야구방망이와 공 세트가 11,000원이다. 야구방망이는 공보다 10,000원 비싸다. 공은 얼마겠는가? (1,000원? 아님 500원?) 예) 어떤 파티에 남자 99명과 여자 1명이 참석해 남자의 비율이 99%였다. 그런데 파티 중 몇 명이 떠나 남자의 비율이 98%가 되었다. 몇 명이 떠났을까? (1명? 아님 2명?) • 편견에 대한 수업은 착시나 펜로즈의 삼각형처럼 불가능한 도형의 제시로도 가능하다. 수학을 사랑한 화가 에셔의 그림을 통하여 수학이 예술이 되는 과정 또한 편견 없이 받아들일 수 있다.
함수 (규칙성)	관계 / 상호 관련성	**용어의 의미와 정의를 통하여** • 함수(函數)는 수를 담아놓는 것이 아니라 함(函)을 통과한 수다. 무언가의 영향을 받는다면 분명 변화가 있다는 것을 표현하는 용어다. 이러한 용어를 만들기 위한 사고의 과정도 살펴보는 수업이 이루어지면 좋겠다. • 함수(function)는 기능이다. 달리 말해, 기능으로 인하여 변하는 현상을 함수라 한다면, 원인이 변할 때마다 다르게 결정되는 결과의 대응관계를 보여주는 것이다.

함수 (규칙성)	관계 / 상호 관련성	• 함수는 여러 가지 변수들이 어떤 방식으로 관계를 맺는지를 다룬다. 함수는 우리 생활의 여러 얽히고설킨 현상과 관계의 규칙을 밝히는 역할을 한다. • 함수는 과학, 경제학, 사회학, 심리학 등에서 유용하게 사용된다. 우리가 사는 사회에서 관계와 상호 관련성을 배제하고 이루어지는 일은 하나도 없다. 이차함수의 그래프를 그리고 최대, 최소를 구하는 일이 어떻게 나와 관계가 있는지를 밝히면 수학이 학생들에게 더 의미 있게 다가올 것이다.
기하 (측정)	포용 / 평등	**수학의 발전과 예시를 통하여** • 유클리드는 당대 모든 기하학적 지식을 설명할 수 있는 공리(公理)를 내세우고 입증해나갔다. 하지만 이렇게 몇백 년을 지배한 논리도 증명에 실패하니 폐기되고, 진리의 존재 자체를 회의하는 시각이 나타난다. 이는 새로운 기하학의 세계를 여는 우주적 발상의 시초가 된다. 이 과정은 결코 순조롭지 않았으며 명예나 목숨까지 건 도전의 연속이었다. • 이처럼 집단의 권위와 신념을 거스르는 것은 결코 쉽지 않다. 권위를 가진 사람들이 열려 있어야 하며, 나만 옳다는 생각을 버려야 진정한 옳음에 도달할 수 있다. • 측정과 기하는 평등한 나눔을 전제로 발전한 수학 분야이다. 기하가 다른 의도로 사용된 예를 닉 루틀리의 글 'The Problem with Our Maps'(우리가 사용하는 지도의 문제점)에서 살펴볼 수 있다. 메르카토르 도법으로 제작된 지도가 국가별 대륙의 크기를 왜곡하여 식민주의적 우월감을 강화시킨다는 점을 이 글은 밝힌다.

4. 수학으로 만나는 민주시민

교사아카데미에서 민주시민교육을 배우면서 '어떻게 우리 학생들에게 수학으로 민주시민교육을 만나게 할까?'라는 고민의 답은 결국 하나였다. 민주시민교육은 특별한 것이 아니라는 것이다. 현재 우리 수학교육이 개선되어야 하는 것은 큰 사회적 명제 속에서 풀어가야만 할 숙제이다. 그것을 핑계 삼아 아무것도 못하는 것은 비겁한 변경이다. 민주적 가치를 배울 수 있는 소재와 내용을 찾아 수업을 구성하며 누구나 자신의 의견을 말할 수 있고 참여할 수 있는 수업의 형식을 고민한다면 민주시민교육은 가능하다. 수학이어서 안 될 이유가 없다. 수학이기에 더 많이 만날 수 있는 부분도 있다. 수학은 민주시민이 될 우리 학생들에게 꼭 필요하기 때문에 더 이상의 수포자가 만들어지는 수업은 멈춰져야 한다.

프레이리는 "당신은 읽고 쓰는 능력(literacy)처럼 수학에서도 문해능력(mathemacy)이 있다고 생각합니까?"라는 질문에 "초창기의 나는 이런 질문에 관해 생각해본 적이 없지만, 지금은 이 문제를 이해합니다. 모든 노력의 중요성에 대해서는 의심의 여지가 없지만, 그 노력은 모든 수학자들과 수학교수들에게 국한하는 것이 아니라 성별과 직업을 불문하고 모든 사람이 수학을 지각하는 존재로 인식하게 하려는 노력이 있어야 합니다"라고 답변하였다.

수학교육은 이제 누구나 배울 수 있고 보다 나은 사회정의를 담은 내용과 방법으로 변화해야 한다. 민주시민교육에 대한 고민을 시작하는 순간, 모든 교육활동은 민주시민교육이 된다.

하지만 변화된 고민이 계속 이어지고 있는 지금, 코로나19로 인하여 온라인에서만 학생들과 만나다보니 고민했던 것에 대한 실천이 주춤해진다. 숨 돌릴 틈도 없이 교육의 지형이 바뀔 수 있다는 가능성에 두려움마저 든다. 코로나 이후 교육의 격변은 불가피해 보인다. 그 안에서 교사가 갖는 의미도 크게 변화할 것이다.

민주시민교육을 만나기 전, 나는 교육과정과 입시제도만을 탓하며 일방적인 가르침을 최선으로 여겼다. 교사가 학생과 함께 대화를 통해 스스로 배우는 사람임을 자각하지 못한 채 많은 시간을 보냈다. 그래서 지금 학생들과의 소통이 너무나 아쉽고 그립다. 변화된 나는 새로운 변화 속에서 학생들과 함께할 것이다.

수업을 준비하며, 종례를 준비하며, 학생들과 함께하는 모든 순간에 함께 시민으로 성장하려고 노력하는 내가 있다. 그렇기에 나의 모든 교육활동은 언제나 민주시민교육이다.

■『수학이 필요한 순간』(김민형, 인플루엔셜, 2018)

미소가 아름다운 김민형 교수의 수학책은 읽을수록 마음이 따뜻해진다. 이 책은 '인간은 얼마나 깊게 생각할 수 있는가'라는 부제가 설정되어 있는데, 이에 대한 대답을 주고자 노력한다. 수학이 결코 정답을 찾아가는 일이 아니라, 우리가 무엇을 모르는지 정확히 질문을 던지고 앞으로 어떤 질문을 원하는지 찾아가는 사고의 과정이기에 깊이 있는 생각의 연습이 필요함을 이야기한다. 교사로서 수학이 뭔지도 잊은 채 가르칠 때가 많다. 나에게 '수학이 필요한 순간'은 바로 그때이다. 학기초 수업을 준비하기 전에 읽는다면 1년 준비를 단단히 할 수 있다. 내용 중 '확률론의 선과 악' 장은 윤리적 관점에서 시사하는 바가 있어 논쟁수업 자료로 활용할 수 있다.

■『배우고 생각하고 연결하고』(박형주, 북하우스, 2018)

김민형 교수와 함께 수학대중화에 앞장서고 있는 박형주 교수의 책은 우리 수학교육의 현실을 가장 마음 아프게 생각하고 변화를 꿈꾸는 간절함이 느껴진다. '어떻게 생각의 힘을 키울 것인가'라는 부제를 가진 이 책은, 처음 보는 문제를 풀어야 하는 미래세대에 필요한 것은 지식이 아니라 생각의 힘임을 강조하며 우리 수학교육이 나아가야 할 방향을 설득력 있게 제시한다. 많은 수학교사가 읽고 공감한다면, 수학 교육과정도 내용을 늘이고 줄이는 것에서 벗어나 새로운 것을 찾는 일로 방향과 방법을 바꿀 수 있을 것이다.

■『내가 사랑한 수학자들』(박형주, 푸른들녘, 2017)

이 책은 민주시민교육과 연결하기 좋은 수많은 수학자를 소개한다. 협력연구의 대가인 폴 에르되시는 나이, 인종, 성별에 상관없이 세계의 누구하고도 친구가 되어 수학을 연구한 수학자이다. 여성이라는 이유만으로 자신의 연구조차 발표할 수 없었던 에미 뇌터, 전쟁에 반대하며 세상의 문제에 관심을 놓지 않았던 필즈상 수상자인 스티븐 스메일, 자신의 업적이 아니라 수학의 발전만을 꿈꾸며 현대수학의 이단아인 라마누잔을 품은 고드프리 하디와 이름 없이 수학 연구에만 몰두한 단체 부르바키 소속 여러 수학자들은 올바른 가치를 실천하는 세계시민의 참다운 모델들이다. 책을 읽으면서 교사나 학생들 모두 새로운 멘토를 만나는 경험을 할 수 있다.

9장
책 읽는 도덕시간 이야기

김성희 명현중학교 교사

국어교사도 아닌데 책읽기 수업을 한 지 10년이 넘었다. 지난 10년 동안 한 학기에 한 권을 정해 아이들과 함께 읽고 많은 시간을 할애해 책 수업을 했다. 처음에는 아이들과 읽을 책이 필요해서 독서동아리 공모에 지원하여 수십 권을 마련했다. 또 매월 토요일마다 동아리 아이들을 데리고 국립도서관에 가서 저자 강의를 들었다. 독서 연수를 여러 군데 찾아다녔고 독서 수업과 관련된 책도 많이 읽었다. 독서교육에 대한 역량이 있는 건 아니었지만 나도 배우면서 책 읽는 수업을 시작했다.

도덕교사인 내가 왜 그렇게 책읽기 수업에 관심이 많았을까? 지금 생각해보면 그건 도덕교사로서 살기 위한 몸부림 같은 거였다. 추상적인 도덕을 구체적인 일상의 이야기로 아이들과 나누고 싶었다. "과연 교과서가 맞을까"라는 의문을 갖고 교과서에 대드는 수업을 하고 싶었다. 책 읽는 도덕시간 이야기는 이렇게 몸부림으로 시작된 책읽기가 아이들의 말하기와 어떻게 연결되고, 시민이란 개념과 왜 만나게 되었는가를 소개하려고 한다. 시행착오를 겪으며 오랜 시간 동안 천천히 깨닫게 된 것들로, 평범한 일상 속 수업 이야기이다.

1. 진짜 똑똑한 사람은 어떤 사람일까?

평소 수업시간에 나는 아이들에게 진짜 똑똑한 사람은 도덕적인 사람이라며, 도덕적인 것이 착하기만 하거나 현실과 동떨어진 추상적인 개념이 아니라는 것을 '똑똑함'이라는 다소 모호한 개념으로 표현한다. 아이들이 쉽게 관심을 가질 만한 똑똑해진다는 말로 내 교과의 중요성을 강조해온 셈이다. 그런데 진짜 똑똑한 사람은 어떤 사람일까.

개인과 공동체에 관한 담론은 도덕시간 학습 내용의 핵심이다. 도덕시간에는 개인생활에 필요한 윤리와 공동체생활에 필요한 윤리를 세부적인 학습주제로 나누어 가르치게 된다. 개인과 공동체는 기본적으로는 갈등관계에 있지만 불가분의 관계이다. 따라서 개인과 공동체 사이에서 고민하며 자기 의견을 갖고 타인과 소통할 줄 아는 사람이 진짜 똑똑한 게 아닐까? 그리고 그런 고민을 하는 개인과 공동체를 아우르는 개념은 시민이 아닐까? 개인을 위해 공동체에 무관심한 것이 아니고 공동체를 위해 개인을 희생하는 것도 아닌, 그 둘의 조화를 이루려고 노력하는 사람이 도덕적인 사람이다. 내가 아이들에게 똑똑함이라는 표현으로 기대하는 모습이 바로 도덕적인 사람이고 시민이다. 그래서 아이들이 자신과 공동체에 관해 많이 고민하게 되는 수업을 하고 싶었다. 내가 만나는 아이들이 개인과 공동체에 관한 고민을 하는 것, 책을 통해 자신이 시민이라는 것을 자각하고 시민으로서 성장하는 것, 이것이 내 책읽기 수업의 출발점이다.

개인과 공동체가 도덕 교과의 핵심주제이지만 교과서만으로 이 문제를 고민하기엔 내용과 자료가 부족하다. 예를 들면 2009 개정 교과서 도덕2 '사회 정의와 도덕' 단원에는 '사회 정의란 무엇인가?'라는 학습 주제가 나오는데 그 내용은 네 쪽밖에 되지 않는다. 게다가 사회 정의의 의미는 두 쪽으로, 롤스의 정의론이 짧게 소개되어 있을 뿐이다. 그래서 신문, 동영상, 영화 등을 수업자료로 활용하다가 책읽기에 관심을 갖게 되었다. 책은 교과서 내용과 연결된 질문과 토론거리를 많이 담고 있어 아이들이 개인이나 공동체에 관해 고심할 수 있다. 이제 정답을 곧바로 제시하는 수업이 아니라 질문과 생각할 거리를 던지는 것이 책읽기 수업으로 가능해졌다.

2019년까지 2009 개정 교육과정의 도덕 교과서로 수업을 했기 때문에 나의 수업 사례는 그것에 준한다. 2009 개정 교육과정 도덕 교과서의 구성은 도덕적 주체로서의 나, 우리·타인과의 관계, 사회·국가·지구 공동체와의 관계, 자연·초월적 존재와의 관계로 되어 있다. 이것이 2015 개정 교육과정에서는 자신과의 관계, 타인과의 관계, 사회·공동체와의 관계, 자연·초월과의 관계로 수정되었다. 교과서 구성은 나에게서 출발하여 타인, 공동체, 초월적 존재가 어떻게 관계를 맺고 내게 의미 있는 존재가 되는지 파악하도록 되어 있다. 그래서 1학기에는 개인에 초점을 두고, 2학기에는 공동체를 주제로 책을 선정하였다. 자아정체성 확립에서 나아가 모두 다른 존재라는 다양성에 관해 생각하고 발견하도록 수업을 구성했다. 3학년 1학기는 『꽃들에게 희망을』, 2학기는『힐더월드』를 아이들과 함께 읽었다.

2. 도덕시간에 책 읽는 방법

질문으로 책읽기

3학년 첫 시간은 '인간이란 어떤 존재인가, 인간답게 산다는 것은 무엇인가' 등 인간존재에 대한 고민으로 수업을 시작한다. 그리고 '인간의 타율과 자율' 단원을 학습하면 그다음에 나오는 단원이 '도덕적 자아상'이다. 인간이란 포괄적 존재의 고민에서 출발하여 자아란 구체적 존재에 대한 고민으로 넘어간다. 이 단원을 공부할 때 책읽기 수업을 6차시로 했다(자료1 참조). '나는 누구인가?, 나의 인생관은 무엇인가?, 나는 어떤 사람이 되고자 하는가?'가 교과서에 제시된 학습주제이다. 학습목표는 '나의 존재에 대한 도덕적 인식을 통해 정체성을 형성하고, 자기 이해와 가치에 대한 올바른 관점을 바탕으로 건전하고 도덕적인 인생관과 도덕적인 자아상을 설계하도록 한다'이다. 이 주제를 아이들에게 어떻게 가르쳐야 할지 막막했다. 그러다가 『꽃들에게 희망을』을 찾아내어 같이 읽기로 했다. 내용이 많지 않으면서 깊이 있고 무엇보다 남과 다른 나 자신에 대한 이해와 인생관 설계에 적합하다고 생각했기 때문이다.

 2018년에는 『꽃들에게 희망을』을 읽고 자신의 진로와 관련해 '나비되기 보고서'를 썼다. 꼭대기에 무엇이 있는지, 왜 오르는지를 생각하지 않은 채 애벌레 기둥에 무조건 오르는 것이 아니라, 고치를

자료 1. 도덕 수업안: 책 읽는 도덕시간 ① – 남과 다른 나 자신에 대한 이해

차시	개요	수업의 세부 내용 및 방법	수업자료
1-2	책읽기	• 『꽃들에게 희망을』 읽기	책
3	질문 생성하기	• 책을 읽고 생긴 질문 2가지 만들기	개별 학습지
4	모둠활동 -질문 해결하기	• 각자 만든 질문을 모둠에서 공유하기 (시간 순서로 재배치, 중요한 질문에 별표) • 모둠토론을 통해 질문 해결하기 • 모둠활동지에 질문과 답 쓰기 • 가장 의미 있거나 해결 안 된 질문 뽑기	모둠 학습지
5	학급 전체 토론 -질문 해결하기	• 모둠에서 뽑은 질문을 전체와 공유하기 • 모둠토론 발표와 전체토론으로 질문 　해결하기	학습지
6	질문에 대한 자기 생각 쓰기	• 핵심질문 또는 해결되지 못한 질문 중 　하나를 택하고 이에 대한 자기 생각 쓰기	학습지

모둠에서 뽑은 질문들(5차시)

1모둠 애벌레들은 모두 꼭대기에 올라가겠다는 목표가 있었다. 그럼
　　　그 꼭대기는 누가 만들어낸 것인가?

2모둠 늙은 애벌레의 마지막 말의 의미는?

3모둠 호랑애벌레의 말을 믿지 않은 이유는 무엇일까?

4모둠 호랑애벌레가 나비가 되어 날아가야 한다고 했을 때 밑에 있던 다른
　　　애벌레들은 어떤 생각을 했을까?

5모둠 이 책의 주인공은 애벌레인데 왜 제목은 '꽃들에게 희망을'일까?

6모둠 이 책을 읽고도 절망밖에 안 남은 사람은 어떻게 할까?

*하고운, 「질문으로 깊이 읽기」 참고

만들어 나비가 되어야 한다는 것을 강조했다. 그래서 아이들이 쓰는 보고서 이름도 '나비되기 보고서'였다. 기둥에서 내려와 자신의 고치를 만들라는 의미였고 그래야 진정한 자아를 발견하는 것임을 깨닫게 하고 싶었다.

2019년에는 같은 책으로 조금 다르게 수업했다. 책을 읽고 생긴 질문을 토론하도록 수업을 구성했다. 말하자면 2018년에는 책을 읽었다면, 2019년에는 질문으로 책을 읽은 것이다. 2년간의 수업을 비교해보면 질문을 가지고 책을 읽었을 때 아이들의 토론 내용이 훨씬 풍요로웠다. 어떤 아이는 "애벌레 기둥은 맨 처음에 누가 만든 것일까?"란 질문을 던졌는데, 그 질문으로 모둠토론과 전체토론까지 했다. 사회현상을 근본적으로 비판하게 하는 질문이었다. 아마도 최초의 기둥을 의심하게 된 아이는 경쟁의 구조 속에 있더라도 자신을 잃어버리지는 않을 것이다. 책을 그냥 읽지 않고 질문을 가지고 책을 읽었기 때문이다.

답을 찾아가는 책읽기

2학기 '사회·국가·지구 공동체와의 관계' 단원에서 '세계화 시대의 우리의 과제'를 가르칠 때 『힐더월드』를 읽고 10차시 수업을 했다(자료2 참조). 이 책은 독서동아리를 운영할 때 연수에서 소개받은 책으로, 힐링(이해할 수 없지만 치유할 수 있는 일), 리커버링(돌이킬 수 없지만 회복할 수 있는 일), 조이닝(강요할 수 없지만 함께할 수 있는 일) 세 부분으로 나뉘어 있으며, 지구가 당면한 22개 문제가 쓰여 있다. 22개 주제가 쉽고 간결하게 정리되어 있어 아이들이 잘 읽을 뿐만 아니라

자료2. 도덕 수업안: 책 읽는 도덕시간 ② - 지구공동체를 위해 나는 무엇을 할 수 있을까?

차시	개요	수업의 세부 내용 및 방법	수업자료
1-4	책읽기	• 『힐더월드』 읽기	책
5	퀴즈대회	• 책 내용 확인하기	
6	모둠활동 -자료 조사하기	• 22개 주제 중 관심 있는 것 선택하기 • 관심이 같은 사람들끼리 모둠 구성하기 • 주제와 관련된 자료조사하기	모둠 학습지
7	모둠활동 -자료 공유하기	• 자신의 자료를 바탕으로 주제 토론하기 • 자료 공유하기 • 보고서 구상하기	자료
8-9	보고서 쓰기	• 자료를 바탕으로 보고서 쓰기	
10-11	발표하기	• 서클로 앉아 자기 보고서 발표하기 (모두 발표) • 프레젠테이션 하기(원하는 사람 발표)	

그동안 미처 생각하지 못한 문제들을 폭넓게 공부할 수 있다.

'오늘날 지구 공동체가 처한 상황을 어떻게 개선할 것인가' 단원은 지구 공동체가 처한 문제를 경제 정의와 사회 정의 훼손, 환경파괴, 문화적 다양성 파괴, 평화의 위협으로 본다. 그리고 문제해결을 위해 개인적 차원과 국가적 차원, 국제적 차원의 노력이 다섯 쪽 분량으로 쓰여 있다. 방대한 단원 주제에 비해 교과서의 내용만으로는 지구 공동체 문제를 생각하고 고민할 자료가 부족했다. 그래서 『힐더월드』에 나온 22개 주제를 교과서의 학습주제와 연결해 책을 읽었다. 아이들에게 처음부터 읽지 않아도 되니 호기심이 생기는 주제부터 읽으라고 했다. 그렇게 하면 더 잘 읽게 된다고 독서연수에서 배웠고 실제로 아이들도 집중을 잘했다. 주제 22개를 체크해가며 읽어

내용을 빠트리지 않게 했다.

네 시간 동안 책 읽는 것을 힘들어 하는 아이들도 많았다. 그래서 퀴즈대회를 예고하며 책읽기를 독려했다. 내가 낸 문제와 아이들 것을 합해 총 20문제를 냈다. 어떤 반에서는 책읽기를 매우 싫어하는 아이가 문제를 내겠다고 자원했는데, 그 아이는 문제를 내기 위해 책을 읽으려고 애쓰는 모습을 보였다. 6차시에는 칠판에 22개 주제를 쓰고 책을 읽고 관심이 생긴 곳에 자기 이름을 쓰게 했다. 아이들이 많이 선택한 주제는 우키뮈 우키뮈(에이즈), SPF96(오존층 파괴), 0.6도씨(지구온난화), 멸종, 진흙쿠키였다. 특히 아이들은 멸종과 진흙쿠키에 관심이 많았다. 반면에 호텔 르완다(내전), 자원전쟁(자원), 그라민은행(빈곤) 등은 관심을 보인 아이들이 적었다. 복잡한 아프리카 역사와 어려운 용어 때문에 관심을 끌지 못한 것 같다.

7차시에는 같은 주제에 관심을 보인 사람들끼리 모둠을 구성해 더 알고 싶은 것을 조사한다. 보고서는 개별로 작성하지만, 자료를 공유할 수 있기 때문에 각자 조사할 내용을 나눈 모둠도 있었다. 두 시간 동안 보고서를 작성하는데 이때는 휴대폰으로 자료를 검색할 수 있게 했다. 10차시는 발표하는 시간으로, 서클로 앉아 돌아가며 책을 읽고 새롭게 알게 된 점, 자료를 찾아보고 더 알게 된 점, 소감 등을 이야기했다. 10차시에는 전체가 모두 돌아가며 발표했고, 11차시에는 원하는 사람만 앞에 나와 동영상자료 등을 활용해 좀 더 자세하게 발표했다.

네 시간 동안 책 읽는 일이 힘들고 괴로운 아이들도 있었다. 『꽃들에게 희망을』은 책이 얇고 그림도 많고 글씨도 커서 잘 읽었지만, 『힐더월드』는 달랐다. 멍하니 책을 붙들고만 있는 아이들을 책을 읽게 하는 게 쉽지 않았다. 책을 읽고난 후 관심 있는 주제를 자유롭게 선택할 수 있게 하자, 보고서 발표할 때 겹치는 내용도 많았다. 주제를 골고루 생각할 수 있는 기회가 없어져서 아쉬웠다. 아이들의 발표 중 인상적인 것 중 하나는 국제사회에서 활동하고 싶다는 꿈을 가진 아이가 국경없는의사회에 관해 읽고 구체적으로 자신의 진로를 계획하게 되었다고 말한 것이다. 또 '내 생애 가장 친환경적인 1주일'을 발표한 아이는 1주일간 휴지와 물을 아껴 쓰고 일회용 물건도 쓰지 않고 엘리베이터를 타지 않고 계단을 이용했다고 해서 모두에게 감동을 주었다.

함께 읽은 책들

수업시간에 아이들과 함께 읽은 첫 번째 책은 『엄마를 부탁해』였다. 그동안 '가정의 화목함, 부모와 자식 간의 도리' 단원을 가르칠 때 아이들의 가정상황도 모르면서 뻔한 정답을 이야기하는 것 같아 수업하는 게 괴로웠다. 그래서 내 설명은 줄이고 아이들이 가정에 대해 생각할 시간을 주고 싶어 책읽기를 했는데 너무 어려운 책을 골랐다. 중학교 2학년 남학생들에게 장편소설을 읽게 했다니 지금 생각해도 아찔하고 미안하다. 이제는 청년이 되었을 그 아이들이 도덕시간을 어떻게 회상할지 생각하면 부끄러워진다.

책읽기 수업을 하다보니 글쓰기에도 관심이 생겨 언론사 문화센터에서 글쓰기 강의를 들으며 '발췌 독서'라는 것을 배우게 되었다. 발췌 독서는 책을 읽으며 자기에게 다가오는 부분이나 생각해보고 싶은 부분을 발췌해 글을 쓰는 것이다. 몇 년 동안 『엄마를 부탁해』

로 발췌 독서를 했다. 책을 읽은 후 이 책의 첫 줄처럼 엄마를 잃어버린다고 가정하고 글을 쓰기도 했다.

두 번째로 수업시간에 읽은 책은 『두 친구 이야기』이다. '타인 존중'과 '자기 존중' 단원을 가르칠 때 이 책을 읽었다. 두 번째 책까지도 민주시민교육과 책읽기를 연결하지는 못했다. 교과서의 추상적인 내용을 책읽기로 구체화하는 데 목적을 갖고 수업했을 뿐이다.

세 번째 책이 『힐더월드』인데 이 책을 아이들과 함께 읽으며 비로소 민주시민교육이 구체화되었다. 공동체의 구성원으로서 자기 목소리를 낼 줄 알며 동시에 다른 목소리에도 귀 기울일 줄 아는 시민 되기에 초점을 맞춰 책읽기에 더욱 집중했다.

네 번째 책은 앞서 사례로 이야기한 『꽃들에게 희망을』이다. 이렇게 책읽기 수업을 한 지 어느새 10년이 되었다. 책을 선정하는 데 시행착오도 있었지만 "도덕시간에 왜 책을 읽느냐, 책 읽는 게 수업이냐"와 같은 일부 선생님들의 반응을 몇 년 전까지 경험했다. 그런데 지금 우리 학교에서는 책을 읽고 여러 교과에서 주제 융합 수업을 하니 먼 옛날이야기 같다.

다섯 번째 책도 지금 구상하고 있다. 2015 개정 교육과정에는 도덕적 시민 단원에서 '어떤 국가가 정의로운 국가일까?, 시민이 갖추어야 할 자질은 무엇인가?, 법을 지키면 공익을 증진할 수 있을까?'라는 주제가 나온다. 사회 정의 단원은 '왜 정의로운 사회를 추구하는가?'라는 주제도 있다. 그래서 아이들과 함께 읽고 싶은 책은 시민과 사회 정의에 관련된 것이다. 아이히만의 악의 평범성과 한나 아렌트, 정의론 등에 대한 책읽기 수업을 언젠가 아이들과 해보고 싶다.

3. 모두가 말하는 도덕시간

책읽기 수업을 하다보니 점차 아이들의 말하기에도 관심이 생겼다. 교육은 인풋보다 아웃풋이 중요하다고 생각하기에, 책을 읽으면서 자기 의견을 말하는 것에 자연스레 중점을 두게 되었다. 책을 읽고 생긴 질문과 고민이 자기 의견으로 생성되는 과정을 토론이나 글쓰기로 지켜보며 타인과 말하고 듣는 과정의 중요성을 알게 되었다. 말하기의 힘은 강했다.

학급 약속 정하기

'자율과 도덕' 단원에서는 3학년 모든 반에서 '모두가 동의하는 학급 약속 정하기'를 했다(자료3 참조). 이 단원은 4월에 가르치게 되는데 서먹한 3월이 지나 서로 익숙해질 즈음이면 반마다 특성이 드러나고 서로 불편한 점도 나타나서 학급 약속을 정하기에 시기적으로 적절하였다. 수업 방식은 우리 반이 좋은 반이 되기 위해 꼭 필요한 약속 한 가지를 정하는 서클로 하였다. 수업이 시작되면 아이들은 둥글게 둘러앉아 간단한 몸풀기 게임을 한 후에 우리 반이 지금보다 더 좋은 반이 되기 위해 필요한 것이 무엇인지 1분 정도 눈을 감고 생각한 후 포스트잇에 쓴다. 왜 그렇게 생각하는지 이유도 간단히 적는다. 모두 다 적었으면 서클을 시작한다. 자기 순서가 되면 포스트잇에 적은 의견을 말하고 중앙으로 나가 그것을 교실 바닥에 놓여 있는 모둠활동 칠판에 붙였다. 돌아가며 다 붙인 후 모두 나와서 포스트잇 내용을 읽고, 가장 공감 가는 내용에 스티커 투표를 한다. 스

3학년 각 반 도덕시간에 모두가 의견을 내고 동의한 학급 약속을 정했습니다.
약속을 만든 이유는 자신과 다른 사람에게 기대하는 행동을 기억하기
위해서입니다.
약속은 다른 사람이 정해준 것이 아니라 우리 모두 함께 정한 것입니다.
우리 모두 이 약속을 존중하고 서로 약속을 지킬 수 있도록 격려합시다.

반	학급 약속
1반	수업시간에 떠들지 말고 모둠활동에 적극적으로 참여하자.
2반	먼저 인사하고 말 걸어도 손절하지 말자.
3반	친구 마음이 상하지 않게 고운 말을 사용하자.
4반	빠꾸 없이 친하게 지내자.
5반	3초 역지사지(易地思之).
6반	서로 도움이 되는 친구가 되자.
7반	친구끼리 예의를 지키고 무시하지 말자.
8반	쓰레기를 버리지 말자.
9반	남녀구분 없이 소외감 느끼지 않도록 함께 놀자.

티커가 가장 많은 의견을 하나 골라서 약속으로 정한다.

학급 약속 만들기 서클은 3학년 각 반 도덕시간에 진행하였고 각
반마다 정한 약속을 복도에 1학기 내내 게시하여 아이들이 볼 수 있
게 했다.

공적인 물건에 대한 사적인 욕구 말하기

교실 컴퓨터는 수업용이다. 이 때문에 점심시간이나 쉬는 시간에는

사용할 수가 없다. 그런데 어느 날 조회시간, 아이들이 점심시간에 교실 컴퓨터를 사용하고 싶다고 요청했다. 그 말을 듣자마자 나는 선생님들이 수업용으로 활용하시는 거라 안 된다고 단호하게 말했다. 그리고 한참 지난 어느 조회시간, 아이들은 다시 점심시간만이라도 컴퓨터를 사용하고 싶다며 다른 반은 다 쓰는데 우리 반만 못 쓰게 한다고 말했다. 그제서야 무조건 안 된다고 하기보다는 이 문제를 아이들과 토론해야겠다는 생각이 들었다. 컴퓨터는 공공의 목적으로 사용하는 것인데 점심시간에 사적으로 사용하는 게 옳은지 아이들 의견을 듣고 싶었다. 공적인 물건과 사적인 욕구에 대해 토의하면 우리 반 자치의 기회로도 좋을 것 같아 회의를 해보자고 했다.

회의 내내 찬성과 반대 의견이 팽팽하게 대립한 끝에, 아이들은 담당자와 시간을 정해 음악만을 듣기로 결론 내렸다. 그런데 불과 며칠 만에 약속을 지키지 않게 되었고, 도덕시간에 다시 토론했다. 컴퓨터 사용에 대해 각자 찬성, 반대의 의견을 정하고, 근거 자료를 준비해 토론했다. 찬성, 반대의 숫자는 절반으로, 의견대립은 지난번보다 더욱 팽팽했다. 그리고 그다음 시간에는 토론 내용을 바탕으로 자신의 생각을 글로 썼다. 반대 입장은 컴퓨터가 성장에 걸림돌이 되는데 학교에서 점심시간에 사용하는 것은 좋지 않다는 주장이다. 친구들과 함께 시간을 보내거나 책을 읽는 등 컴퓨터 사용을 자제해야 하며 개인의 욕구도 절제해야 한다는 것이다. 반면 찬성 입장은 음악을 들으며 휴식할 수 있고, 정보검색 등 자기 필요를 위해 잘 활용할 수 있다는 주장이다. 말하자면, 개인의 행복을 좀 더 중시하면 컴퓨터 사용 찬성, 공동체의 질서나 규칙이 중요하면 컴퓨터 사용 반대의 입장으로 나뉘었다. 그렇게 두 번의 토론을 거쳐 담당자를 다시 정하고 시간도 변경하여 점심시간 컴퓨터 사용에 대한 규칙과 약속이 정해졌다.

토론하고 함께 정했다고 해서 아이들이 저절로 약속을 잘 지키는 것은 아니다. 특히나 교실 컴퓨터에 대한 약속은 잘 지켜지지 않았다. 교실이라는 공공장소에서 사적 욕구를 약속으로 조절하고 절제하는 것은 힘들었다. 개인과 공동체에 관해 공부하고 경험할 수 있는 기회가 더욱 많아져야 한다는 것을 느꼈다.

서클회의를 통한 의사결정

5월에는 단합대회를 주제로 서클회의를 했다. 회의가 시작되자마자 마음 급한 아이들은 다음 주에 단합대회를 하자며, 날짜를 정하기 위해 각자 안 되는 날을 돌아가며 이야기했다. 그런데 반 24명 모두 만족하는 날이 없자 교실에 갑자기 긴장감이 돌았다. 짜증 내는 아이도 생겼다. 그때 누군가 안 되는 이유를 들어보자고 했다. 동생을 돌봐야 한다, 공부방 수업이 있다, 친구들과 생일파티가 있다 등의 이유를 들은 아이들은 하나둘 양보하기 시작했다. 자기는 동생을 돌보러 좀 일찍 집에 가겠다, 생일파티를 단합대회 장소와 같은 곳에서 하겠다, 공부방 수업 날짜를 바꾸겠다는 의견이 나왔다. 결국 모두가 만족스러운 날짜를 정했다. 다음은 단합대회에서 무엇을 먹을지를 정하는 순서였다. 아이들 모두 자기가 먹고 싶은 것을 말했다. 삼겹살이 가장 많이 나왔다. 삼겹살을 먹는 데 어려움이 있는지 물으니 돼지고기를 먹지 못한다는 아이들이 여럿 있었다. 그러자 소고기를 먹지 못하는 아이들도 이야기를 했다. 결국 부대찌개로 정하였다. 고기를 먹지 않거나 좋아하지 않는 아이들도 부대찌개는 모두 흔쾌히 동의하였다. 마지막으로 부대찌개를 먹고 무엇을 할지 논의 했는데 노래방에 가자는 의견이 가장 많았다. 노래방에 가는 의견에 대해 돌아가며 다시 이야기하니, 주로 조용한 아이들은 노래방에 가면 끼리끼리 놀거나 몇몇 사람이 분위기를 주도할 수 있다며 다 같이 즐기는 놀이를 하자고 했다. 이번에도 몇 번의 조율 끝에 볼링장에 가기로 했다.

아이들이 함께 결정했을 때 그 결과는 예상보다 훨씬 좋았다. 특히 단합대회가 그랬다. 친구가 없어 부적응을 보이는 아이가 회의에 참석했는데, 단합대회를 하던 날 늦게라도 학교에 왔다. 자기가 회의에서 의견을 말했기 때문에 왔다며 친구들과 어울려 볼링을 쳤다. 내가 전화하고 상담하는 것보다 회의에서 아이들과 함께 이야기한 것이 효과가 훨씬 컸다. 아이들이 공동체에서 자신이 말한 것에 책임을 지려고 했기 때문이다. 말하기의 힘을 느낀, 잊지 못할 순간이었다.

4. 시민이 진짜 똑똑한 사람이다

학교에 오면 정신없이 하루가 지난다. 그러다 문득 '이 아이들은 나중에 어떤 어른이 될까? 어떤 신념과 가치를 가지고 세상을 살까? 나는 지금 아이들에게 무엇을 가르치는 걸까?' 꼬리에 꼬리를 물고 상념에 빠질 때가 있다. 경력이 늘수록 내가 가르치는 내용에서 더 본질적인 것을 찾고 싶은 바람이 커져간다.

민주주의는 시민의 힘으로 성장한다고 믿는다. 힘이 세면 무력무

럭 성장하겠지만 힘이 약하면 위기를 맞게 될 것이다. 시민의 힘이 얼마나 크고 아름다운지 2016~17년 촛불집회를 통해 알게 되었다. 한 사람 한 사람 시민의 힘이 역사의 흐름을 어떻게 주도하는지 추운 광장에서 배웠다. 친구를 만나는 것도 즐겁지만, 광장에서 낯선 얼굴의 시민을 만나는 것도 설레는 일이었다.

내가 만나고 가르치는 아이들이 광장에 나와 누군가에게 설렘을 주는 시민이 되었으면 좋겠다. 한나 아렌트는 유대인 600만여 명을 희생시킨 학살 책임자이면서도 무죄를 주장한 아이히만의 잘못은 '생각의 무능, 말하기의 무능, 행동의 무능'이라고 했다. 평범한 사람이 생각하지 않고 말하지 않으면 성실하게 악행을 할 수 있다는 의미이다.

'생각의 무능'은 책읽기 수업으로, '말하기의 무능'은 자기 의견 말하기 수업으로 극복하고자 했다. 이 둘은 서로 영향을 주고받으며 아이들을 성장시킬 것이라고 믿는다. 책을 읽은 후 아이들이 훨씬 적극적으로 자기 의견을 만들어가는 것을 봤기 때문이다.

아이들이 공동체 문제에 관심을 갖고 고민하는 사람이 되길 바란다. 시민으로서 광장에 나가 세상과 소통하는, 진짜 똑똑한 사람이 되길 기대한다.

✏️ 추천하는 책

■『꽃들에게 희망을』(트리나 폴러스, 시공주니어, 1999)
아이들이 쉽게 읽지만 읽는 동안 깊게 생각하게 하는 책이다. 자아, 경쟁, 우정, 사랑, 진로, 인생관 등의 학습주제와 연결해 수업하기 좋으며, 토론이나 글쓰기 주제가 될 만한 내용도 책에 많다.

■『힐더월드』(국제아동돕기연합, 문학동네, 2008)
우리가 사는 세상의 문제들을 어떻게 가르쳐야 할지 막막할 때 아이들과 함께 읽으면 좋다. 어려운 주제도 쉽게 접근할 수 있으며 사진도 있어 이해를 돕는다.

■『두 친구 이야기』(안케 드브리스, 양철북, 2008)
이 책을 '미하엘 이야기'와 '유디트 이야기'로 재구성해 '자기 존중과 타인 존중의 관계'를 가르칠 때 읽었다. 존중뿐만 아니라 가정과 관련해 여러 교과와 융합 수업을 할 수도 있다.

■『나의 책읽기 수업』(송승훈, 나무연필, 2019)
책읽기와 책읽기 수업에 관심이 있다면 읽어보길 추천한다. 저자의 책읽기 수업 과정이 상세하게 안내되어 있어, 읽고나면 그대로 실천해보고 싶은 마음과 용기가 생긴다.

3부

벽을 허무는 민주시민교육 실천기

민주주의는 교육하는 것이 아니라,
같이 생각하고 연대하는 가운데 나온다.

김민정 삼산고등학교 교사

1. 입시철에 민주시민교육을 하는 이유

고등학교 3학년 2학기, 수시원서 접수철이 오면 수업을 계속 진행해야 할지 고민이 된다. 2학기 수시 풍경은 칠판에는 그날의 마감 대학 목록이 붙어 있고, 면접과 실기를 준비하는 학생들의 불안감과 초조함이 복도를 메운다. 더욱이 수시원서를 준비하지 않는 학생들은 주로 문제집만 계속 푸는 정시파이거나, 학습에는 전혀 뜻이 없어 수업만 시작하면 엎드리는 무기력파이다.

  이러한 수시 풍경을 바라보면서 '오늘은 수업을 진행할 수 있을까? 꾸역꾸역 진행한 이 수업은 학생들에게 대체 어떤 의미일까?'라는 고민이 마음속에 가득 차올랐다. 더욱이 자기소개서를 써야 한다면서 초조해하는 학생들에게 교과서 지식을 읊어봤자 의미가 없다. 실제로 당장 원서 마감을 앞둔 학생들은 노트북과 핸드폰이 손에 들려 있을 뿐, 교과서도, 교재도 책상 위에 없다. 점심시간이 지나면 예체능 실기를 준비하는 친구들은 조퇴하고 학원 가기 바빠서 오후 수업시간에는 군데군데 빈자리마저 보인다.

이 시기의 학생들에게 교사란 어떤 존재일까? 또 학교는 학생들에게 어떤 공간일까? 심지어 대학진학을 원하지 않은 학생들에게 인문계 고등학교란 어떤 의미일까? 고3 2학기 수시원서 접수철, 과연 나는 수업시간에 교실에 들어가서 무엇을 해야 하는 존재인지 혼란스러웠다.

교직에 들어온 처음에는 학생들이 좋은 대학에 가게 도와주어서 취업에서 조금이라도 유리한 고지를 차지하도록 하는 것이 교사의 사명인 줄 알았다. 그래서 억지로라도 의자에 붙어 있게 하며 "공부는 엉덩이로 하는 거야"라는 말도 했는데, 열심히 공부해서 대학에 간 제자들이 취업에 실패하고 "공무원시험 준비해요"라는 소식을 전해주는 일이 점점 늘었다.

더욱이 교사로서 겪은 세월호 참사 사건은 '대체 자리에 가만히 앉혀 놓고, 입시준비하라고 압박하는 것이 무슨 의미가 있을까?'라는 질문을 크게 던져주었다. 또 연일 뉴스에서는 위험한 업무를 수행하던 중 목숨을 잃은 비정규직 노동자의 죽음을 쏟아내고 있었다. 하필 그 노동자들의 나이가 20대 초반, 너무 어린 나이여서 혹시 우리 학생들이 곧 졸업하고 겪게 될 현실은 아닐까 걱정되었다. 그동안 역사 수업이 학생들에게 의미 있었으면 하는 바람에서 '생각하는 한국사', '평화를 생각하는 동아시아사' 등 주제중심 수업을 해왔다고 의미를 부여했지만, 이러한 수업도 당장 미래를 선택해야 하는 교실 현장에서는 메아리처럼 외따로 울릴 뿐이었다. '무조건 공부하라'라 며 입시 준비를 시키는 것도 의미 없고, '함께 수업을 만들어보자'라 고 역사교육의 의미를 되새기는 것도 힘들고, 제자들이 졸업해서 겪 게 될 노동환경은 좀처럼 안전하지 않아 보여서 걱정도 되고. 이럴 땐 어떻게 하면 좋을까 싶어서 학생들과 이런저런 대화를 나누어보 기 시작했다. 어쩌면 학생들에게 필요한 것은 자기 목소리를 낼 수 있도록 도와주는 교사가 아닐까 하는 마음으로 말이다.

한편 고3 수시철은 다양한 학생들의 면면이 여실히 드러나는 시기 이기도 하다. 네모난 교실에 똑같이 앉아 있어도 서로 다른 지향을 간직하고 있는 학생들인데, 입시라는 한 방향으로만 나아가게 만드 는 학교 설정 자체가 어쩌면 무리라는 생각이 들었다. 우리 교육의 방향을 다양화할 수 있는 정치적인 힘은 누가 가지고 있는 것일까? 각자의 방향 차이가 드러나게 되는 이 시기에 학생들과 대화하며 서 로의 생각을 말하다보면, 한나 아렌트가 이야기한 '정치 공간'을 만 들어낼 수 있을 거라는 생각이 들었다. 그리고 대화를 통해 생겨나 는 정치 공간 속에서 민주시민교육이 이루어진다면 좋겠다는 희망 이 생겼다.

시민은 동료 시민과 대화하는 가운데 좋은 의견을 형성하므로, 정치 공간 은 소통하고 참여하는 시민을 요구한다. 덕성을 갖춘 시민은 자신의 공동체 를 위해 대화의 노력을 기울이는 자이며, 이런 노력이 정치 공간을 창출해 낼 뿐만 아니라, 정치가 올바로 나아가도록 하는 토대가 된다.—김선욱, 『한 나 아렌트의 생각』

특히 내가 대화를 나눌 고3 학생들은 우리 교육의 장단점을 12년 간 몸소 체험한 학생들이면서 곧 선거에 참여할 학생들이다. 이들에게 직접 물어본다면 어떤 이야기를 들려줄까? 그리고 이야기를 나누는 공간은 민주시민교육의 장소가 될 수 있을까? 이런 고민을 안고 학생들과 대화를 시작하였다. 아래의 내용은 2019년 여러 차례에 걸쳐 이루어진 대화를 약간의 각색을 거쳐 정리한 것임을 밝혀둔다.

2. 고3 수시 풍경 속 다양한 학생들

수시철에 일반적으로 볼 수 있는 모습은 자기소개서를 열심히 쓰느라 바쁜 학생들이다. 그런데 정작 대화의 장에 참여하는 학생들은 서로 다른 모습이다. 학생들의 이야기를 실명을 언급하지 않고 봄, 여름, 가을, 겨울의 이름으로 소개한다.

진학하지 않기로 선택한 봄

제법 역사에 관심이 많아서 '역사 덕후'로 불리던 봄이었기에 관련 학과로 대학 원서를 낼 줄 알았다. 수시철이 되자 엎드려 자는 일만 더 늘어서 봄에게 물었다. 봄은 대학은 가지 않겠다고 했지만 나름의 공부 계획을 가지고 있었다.

  나 이번에 대학 원서는 안 넣었어?
  봄 올해 어차피 넣어봤자 안 될 것 같아서 안 넣었어요.
  나 2020년이 되면 뭐하고 싶은지 계획을 말해줄 수 있어?

봄 대학 갈 생각이 없어요. 지금 JLPT(일본어능력시험) 3급을 땄는데 2020
년에는 일본어를 더 공부해서 자격증 2급을 따고, 1급은 천천히 따려고
해요.

미용학과 진학을 희망하는 여름

미용학과를 희망하는 여름이는 4교시가 끝나면 가방을 싸서 조퇴한
다. 매번 조퇴하는 여름이에게 조퇴 이후 일과와 미용학과 진학 이
유를 물어보았다. 대학을 졸업하면 임금이 더 높아질 것으로 기대하
고 있다는 말, 대학 역시 미용기술을 익힌 특성화 학생보다 성실하
게 졸업할 수 있는 인문계 학생을 선호한다는 말을 듣게 되었다. 학
생들은 내 생각 이상으로 자신이 처한 현실을 냉철하게 바라보고 있
었다.

나 조퇴한 이후에 어디로 가?

여름 학원 가요. 미용학원이요.

나 바로 취업하는 경우도 많은데 취업과 진학 중에 진학을 선택한 이유가
뭐야? 그리고 특성화고 미용 관련 학과에 진학하면 미용기술을 학교에서
배울 수 있는데 일반고를 선택해서 온 이유는 뭐야?

여름 특성화고에 갔으면 파마 종류는 더 배우는데, 대학 나오면 페이가 다
르다고 해요. 그리고 대학에서는 특성화고보다 대학 졸업을 더 많이 하
는 인문계 학생들을 선호한대요. 실기도 실습이 아니라, 미술 실기도 있
어요. 저는 미용숍이 하도 많아서 MD 일도 생각하고 있어요. 대학교수들
이 숍 원장 출신들이라 관련 학원 출신 인맥을 뽑기도 한대요.

위탁학교를 그만두고 돌아온 가을

올해 처음 얼굴을 보는 학생이 교실에 앉아 있어서 '너는 누구니?' 하는 마음으로 말을 걸었다. 말을 거는 내가 반가운 듯 뜻밖의 이야기들을 아이는 쏟아냈다. 위탁학교에 갔다가 안 간다고 통보하고 학교로 돌아온 가을이는 퇴학당할까봐 걱정이라며 이런저런 자기 이야기를 털어놨다. 운동하다가 부상으로 그만두면서 오게 된 인문계 고등학교에서 방황한 이야기가 너무 담담해서 도리어 마음이 더 아팠다. 가을이는 그럼에도 일단 졸업은 해야겠다는 굳은 의지를 갖고 있었다.

> **나** 퇴학당할까봐 걱정되는 이유가 뭐야?
>
> **가을** 징계를 다섯 번 정도 받았어요. 학교에 안 나와서요. 이번에도 위탁학교를 그만두면서 통보하고 왔는데 학교에 2주 정도 안 나와서 지금 좀 상황이 그래요.
>
> **나** 그럼 학교 안 나오는 2주 정도 뭐했어?
>
> **가을** 놀았어요. 그냥 피시방, 볼링, 게임만 했어요.
>
> **나** 위탁학교 가게 된 계기는 뭐였어?
>
> **가을** 실은 중학교 때 럭비 했어요. 운동을 하게 된 계기는요, 어떤 덩치 좋은 사람이 갑자기 내가 축구하고 있는데 와서 너, 럭비 해보자, 했어요. 특성화고등학교에 특기자로 갔는데, 부상당해서 그만두고 여기 왔어요. 그 전까지는 공부를 좀 했는데, 운동 시작해서는 연필을 잡은 적이 없어요.

등만 보여주는 겨울

겨울이는 교실에 들어가면 그림처럼 등판만 보이는 학생이다. 반짝 반짝 빛나는 겨울이의 10대 시절이 잠으로 채워지는 것이 아까워서 말을 걸어보니, 그동안 자느라 못다 한 이야기를 꺼내놓았다. 자신이 공부를 못한다는 것을 깨닫고 태권도 관련 진로를 정한 후에 학교에서 엎드려 자기 시작했다는 이야기를 들으며, 씁쓸한 마음이 들었다. 일찌감치 공부 아닌 쪽으로 진로를 정했음에도 묵묵히 학교에 다니고 있는 겨울이의 등판이 문득 예뻐 보이기까지 했다.

나 겨울아. 이번에 원서 어디 넣었어?

겨울 저는 수시원서는 안 넣었고, 체육관 관장님이 추천서 써주시면 그걸로 가요.

나 태권도 관련 진로는 언제 정한 거야?

겨울 초등학교 때 이미 공부가 아니라는 생각이 들었어요.

나 그럼 잠은 언제부터 이렇게 잘 잤어?

겨울 중학교 때부터요.

3. 진정한 대화를 시작하다

우리 모두에게 학교는 어떤 의미일까?

봄, 여름, 가을, 겨울의 이야기를 듣다보니, 학교 자체보다는 학교 '졸업'이 이들에게 중요한 의미를 지닌다는 것을 느꼈다. 대학진학을 원하지 않는 봄이도 그렇고, 미용학과로 진학하기 위해 일찍 조퇴하고 있는 여름이에게도, 졸업만 하면 되는데 퇴학당할까봐 걱정하는 가을이에게도, 태권도로 진로를 정한 겨울이에게도 학교는 '졸업장을 주는 곳'이었다. 나중에 가을이와 겨울이에게 한국에서 학교 졸업장이 없어도 괜찮다면 계속 학교에 다닐 것인지 물어보자, 아니라고 대답했다. 졸업장, 꼬박꼬박 학교에 다녔다는 증표. 이 증표는 다음 단계의 학교로 진학하기 위한 도구이기도 하고, 한국사회에서 무난하게 생활한 구성원이라고 인정받는 신분증 같다는 느낌이 들었다.

졸업장을 받기만 할 수 있다면 굳이 수업을 듣지 않아도 괜찮을 테니까 수업시간에 엎드려 있는 것이 이해도 되었다. 하지만 이렇게 좋은 10대 시절을 잠으로 보내는 것은 너무 아깝지 않은가. 지식이 필요하지 않은 아이들에게 지식 외에 줄 것이 없는 수업은, 또 학교는 어떤 의미가 있을까? 입시를 향해서 달려가자고, 취업에서 좀 더 유리한 고지를 차지하자고 무언의 압박감을 주는 학교는 이들에게는 졸업장 이외의 아무것도 아닐까?

그렇다면 공부 잘하고, 대학진학을 희망하며 수시원서를 열심히 쓰고 있는 학생들에게는 학교가 어떤 의미를 지니고 있을까? 어정쩡한 성적이지만 연필을 놓지 않고 있는, 진로는 불분명하지만 대학이라도 일단 가고보겠다는 대다수의 학생들에게는 그나마 의미가 있을까?

그래서 교실에 들어가면 늘 다소곳하게 수업준비를 하던 몇 안 되는 학생들에게 질문을 던져보았다. 그래도 명문대를 준비하며 입시열차에 올라타서 쾌속질주하고 있는 학생들에게 학교는 과연 어떤 의미일지 궁금했기 때문이다. 이들의 이름을 수성, 금성이라고 붙여보았다. 뜻밖에 아이들은 지식전달 수업보다 생각할 수 있도록 도와준 수업이 더 의미 있었다고 이야기했다. 학교에 다니면서 진정한 공부의 의미에 관해서 생각해볼 수 있어 의미가 있었다고. 그리고 심지어 나로서는 어떤 역할을 해야 할지 고민스러웠던 고3 2학기가 제일 좋은 시간이었다고 아이들은 이야기했다.

나 고3이 되어 돌아보니 학교는 어떤 의미로 다가오니?

수성 사실 수업시간에 배운 것을 잘 암기해서 시험 치르고, 좋은 성적을 얻어서 대학 간다고 생각했어요. 학교에서 공부를 잘하면서도, 이게 시험 잘 치러서 등급 따는 것 외에 어떤 의미가 있나 고민할 때도 있었구요. 그런데 한 수업에서 "어떻게 생각해?"라는 질문을 받고 머리를 한 대 띵 얻어맞은 것 같았어요. 나는 지식을 암기하고 반복학습하면서 공부한다고 생각하고 있었는데, 진짜 공부는 '지식을 바탕으로 생각하는 데 있는 것이구나'라는 생각이 처음 들었어요. 그래서 그 수업이 학교생활 전체를 통틀어서 가장 의미 있었어요.

금성 저는 고3 2학기의 학교가 제일 자유롭고 좋은 것 같아요. 이전까지의 학교보다도 지금의 학교가 뭐랄까, 제일 의미 있게 느껴져요.

나 이유가 무얼까?

금성 선생님들도 학생 진로에 따라 공부할 수 있도록 배려도 많이 해주시고, 원서 넣는 친구들이나 면접준비 필요한 친구들에게 지식 수업을 강요하지 않아서요.

무엇이 가장 기억에 남을까?

이렇게 다양한 학생들이 모여 있는 교실, 그렇다면 초1부터 고3까지 12년의 학교생활 중에서 무엇이 가장 기억에 남는지도 물어보았다. 학생들이 기억하는 학교의 모습 속에서 학교가 나아가야 할 방향을 찾을 수 있지 않을까 하는 약간의 희망과 함께. 그래서 나는 이 질문을 반가워하며 말문을 틔우는 학생들 앞에서 귀를 쫑긋 열었다. 말문을 틔운 이 학생들을 봄꽃에 비유하여 개나리, 진달래라고 하자. 그중 개나리는 전과목 내신 1등급대의, 이른바 서울대 지역균형선발(지균) 전형을 넣는 우리 학교 엘리트답게 논리정연하게 이야기를 풀어나갔다. 학교생활 하면서 좋았던 일과 안 좋았던 일들을 떠올리면서 교사에 대한 자신의 생각도 표현하는 모습이었다. 더불어 진달래 역시 학교생활 이야기를 툭 꺼내놓았는데, 교사로 인해 좋지 않은 학교생활을 한 경우라 마음이 쓰리기도 하였다.

나 12년의 학교생활 중에 가장 좋았던 것이 있다면 무엇이 있을까?

개나리 학교에서 했던 활동 중에 중학교 동아리활동이 참 좋았어요.

나 동아리활동이 의미 있었구나. 그럼 안 좋았던 일도 있었어?

개나리 제가 좋아했던 선생님이 있었어요. 근데 그 선생님이 권위의식이 있었어요. 따귀도 잘 때리고요. 그때 반에 좀 산만한 친구가 있었는데 다른 아이들에게 "쟤, 이상하지 않냐?"라고 분위기를 주도하셔서 그 친구를 인정하고 돕기보다 꺼리고 어울리지 못하게 하는 분위기를 형성했어요. 저도 따귀를 맞았고요. 그런데도 좋아했는데, 지나고나서 생각해보니 심각한 비인권적 권위의식에 굴종하는 느낌이었던 것 같아요.

진달래 나도 초등학교 때 교사가 주도하는 왕따를 당했어요. 촌지를 원한다고 대놓고 말씀하셨는데, 우리 집이 어려워서 내가 집에 전달을 안 했거든요. 그 뒤로 계속 괴롭히시는 거예요. 그래서 결국 전학갔지요.

한 교실에서는 수시원서를 낸 후인 데다 수능최저학력기준이 필요하지 않은 전형에 지원한 경우가 대부분이어서, 심심해하는 학생들이 유난히 많았다. 이때다 싶어서 학교생활을 주제로 인생수다를 함께 떨기로 작정하고 귀를 기울였다. "학교생활 하면서 좋았던 것과 안 좋았던 것이 있다면 무엇이 있을까?" 하는 질문으로 시작했는데, "남은 학교생활 동안 하고 싶은 일이 뭐야?"라는 질문까지 하며 대화를 마쳤다. 이 아이들을 태양계 행성인 화성, 목성, 토성, 천왕성이라고 이름 붙여보았다.

나 12년 학교생활에서 좋았던 것이 있다면 무엇이 있을까?

화성 점심시간이요. 급식이 공짜잖아요. 도서관에 책 신청하는 것도 공짜여서 좋았어요.

목성 같은 나이인 친구들과 한데 모여 생활하는 거요. 방학 때 집에 있으면 외로운데 학교에 다 같이 모이니 좋았어요.

토성 여러 명이 같이 의견을 내서 무언가를 하는 게 좋았어요. 체육대회 같은 경우요.

나 그럼 안 좋았던 것이 있다면 뭐가 있어?

목성 담임샘 잘못 만났을 경우요.

토성 나 초1 때, 충격이었어요. 화장실 가는 법을 알려주시는 데 직접 지퍼를 내려서 선생님이 알려주셨어요. 여자 선생님이었는데. 그리고 "자진납세"라고 자기 머리 알밤 때리는 법을 강조했어요. 샘이 "자진납세"를 외치면 주먹으로 자기 머리를 쳐야 해요.

목성 나는 초2 때 반에 조금 산만한 남학생이 있었는데 그 아이 가방을 싸서 창밖으로 선생님이 던져버리셨어요. 그리고 나는 음식물을 남겨서 몰래 쓰레기통에 버렸는데 그거 주워서 다시 먹으라고 해서 먹었어요. 그리고 한 번은 수학 선생님이 "너, 밑으로 내려가라" 하셔서 "어디 가야 하나요"라고 물었더니, '○○○반(특수학급) 가라'는 뜻이었어요.

나 천왕성은 뭐 없었어?

천왕성 저는 쭈구리처럼 살아서 다이나믹하지 않았어요. 혼나기 싫어서 조용히 있었어요.

토성 나는 조금 남자아이 같다는 말을 많이 들었는데, 어렸을 때 선생님이 "여자애가 어떻게 이럴 수가 있어?" 하면서 남자애 같다고 깜지 쓰게 하셨어요.

화성 나는 초3~4학년 때 중국에서 2년 동안 학교에 다녔는데 중국애들이 한국애라고 놀렸을 때가 안 좋았어요. 그런데 한국에 와서는 중국에서 왔다고 놀림당했어요. 지금 생각하면 싹 다 잡아버릴 애들이야.

나 고3 입시 끝자락에 있는데, 아직 다 끝나진 않았지만 소감을 이야기해줄 수 있어?

토성 시간이 빠르고 허무해요. 아무것도 안 한 거 같아서요.

목성 미용학원을 다니는데, 엄마가 다니게 해줘서 하는데, 나중에 이 일 안 하게 되면 어떡하지 하는 걱정이 들어요. 원래 꿈은 제과제빵인데 너무 많이 와버려서. 불안한데 생각하기 싫어요.

화성 작가가 되려고 노력해왔는데 막상 이런 생각이 들어요. '글 썼는데 책 안 팔리면 어떡하지?' 하는 생각요. 고3 들어 확 들었어요. 도서관에 단 한 번도 대출이 안 된 책 목록이 있는데, 그 목록에 내가 쓴 책이 들어가면 어떡하나 하는 생각이요.

나 남은 2학기 때 친구들과 함께하고 싶은 것이 있다면?

목성 고기 구워 먹기. 데코 하고 전등 켜놓고 미러볼 두고 놀기.

토성 캠프파이어 하면서 "대학 못 가도 괜찮아." 말하는 거? 아…… 말하다 울 것 같아요.

화성 졸업하기 싫어요. 무서워요. 사회에 나가기 전 장비 없이 내던져지는 느낌이에요.

나 세상 나갈 때 필요한 것이 있을까?

화성 책임감.

천왕성 책임감을 덜어주는 내 옆의 한 사람.

토성 돈. 건물주이고 싶다.

목성 옆에서 얘기해주는 사람, 선생님, 멘토.

태양계 행성들과의 대화는 앞서 제시한 것 외에도 여러 차례에 걸쳐 지속되었는데, 이 귀한 대화를 통해 내가 배운 것 몇 가지를 추릴 수 있었다.

첫 번째로 수업보다는 교사와의 관계, 교사가 지니는 태도가 더 중요하다는 것을 배웠다. 학교에서 교사와의 관계에서 겪은 일은 학생들에게 생각보다 더 지속적이고 크게 영향을 미치고 있었다. 초1이나 초2 때 담임 선생님이 했던 말들도 다 기억하고 있고, 교사가 했던 말 중 상처가 되는 말이 아이들 마음에 아로새겨져 있는 경우가 많았다. 또 교사주도의 핀잔 분위기 형성은 교실 구성원 모두에게 심각하게 영향을 미치고 있었다.

두 번째로 학생들에게 학교는 수업보다도 또래와 함께 다양한 경험을 하는 공간이라는 인식이 있었다. 그 추억은 힘이 되기도 하고, 때로는 아프기도 하다. 또래와 함께 있으면서 느끼게 되는 불안감, '나만 이러면 어떡하지?'라는 걱정 때문이었다.

세 번째로 학생들은 졸업하기 전에 학교가 사회생활을 위한 준비를 도와주고, 멘토 역할을 해주었으면 하는 바람을 가지고 있었다. 교사가 진행했던 수업에 관한 이야기보다는 정신적인 영향에 관한 이야기가 많았던 것도 같은 맥락일 것이다.

내가 바라는 학교

학교라는 틀 안에서 겪은 저마다의 고민이 있었기에, "학교가 어떻게 변했으면 좋겠어?"라는 마지막 질문에 아이들은 너나 할 것 없이 자기 목소리를 내기 시작하였다. 두세 번 대화가 지속될수록 학생들은 자신의 입장도 정리하고, 친구들 의견에 공감도 하며 좋은 방향을 모색하기 시작했다. '입시'라는 한 방향만을 향해 달려가는 학교의 틀이 다양한 방향으로 나아갈 학생들을 품어줄 수 없는 문제점은 과연 어떻게 극복할 것인가? 이에 대한 답도 학생들은 나름 막연하지만 스스로 찾기 시작했다. 또 학교의 등급제가 미치는 영향에 관해서는 이야기가 길게 이어졌다. 이들의 이름은 언제나 우리에게 필요한 곡물로 정했다. 쌀, 콩, 보리, 밀, 옥수수와의 대화 내용이다.

쌀 저는 자율학습 신청을 미리 안 한 요일에는 하고 싶어도 할 수 없는 경직된 운영 아래 자율학습을 했거든요. 공립도서관 개념처럼 학생들이 자유롭게 공부할 수 있도록 그때그때 공부할 수 있는 공간으로 운영해주었으면 좋겠어요.

보리 성적에 따라 등급이 계속 찍혔던 게 학교생활 하면서 정말이지 힘들었어요.

나 등급제나 등수가 너희들 삶에 미친 영향이 있다면 어떤 것이 있어?

밀 중학교 때는 처음에 성적표 가정통신문에 등수가 찍혀서 나왔는데, 나중에는 알고 싶은 사람 오라고 하셔서 알려주셨어요. 중학교 때부터 등수가 중요해지고, 평균으로 서로 성적을 비교해요.

보리 그런 게 없었으면 좋겠어요. 등수 때문에 하고 싶은 것 못하고 제한이 커요. 나는 국어를 좋아하는데 좋아하는 것과 별개로 성적이 안 나오면 그 분야 진로를 갈 수가 없어요. 등급제가 없으면 하루하루가 즐거워질 것 같아요.

밀 그리고 자꾸 등급에 연연하게 되어요. 등급 올려야 할 것 같아서. 대학도 등급별로 가니까 성적 압박이 큰 것 같아요.

콩 고3 때는 공부를 많이 했어요. 그래서 성적이 많이 올랐어요. 모의고사 점수가 특히 많이 올랐고, 등급제가 있어서 동기부여는 되었어요. 그런데 전 과목을 다 잘해야 하는 부담감이 커요. 내가 관심 있는 분야를 찾아나가고 집중할 수 있게 도와주면 좋겠어요.

나 등급제가 있어서 교우관계에 미친 영향은?

콩 아는 선에서는 잘 알려주려는 마음이 든다는 것. 같이 살아야죠.

옥수수·밀 비슷한 등급인 친구에게는 경쟁의식이 들어서 안 알려주고, 등급 차이가 나야 좀 알려주고 했어요.

나 학교생활 하면서 좋았던 것이 있다면 뭐야? 아니면 더 나은 학교를 위해서 바뀌어야 할 점이 있다면?

콩 현장체험학습 경험이 좋았어요.

옥수수 학교 오면 뭐가 있을 줄 알았는데, 없어요. 학교 다닌다고 해서 삶이 달라지지도 않고. 저는 어디서든 잠잘 수 있다는 걸 배웠지요. 엘리베이터는 두 대씩 있으면 좋겠고, 학생들이 수업하는 교실로 이동하면 좋겠어요. 또 교과교실이 갖춰진 상태에서 수업을 선택할 수 있으면 좋겠어요.

보리 저는 체육 시간이 좋았어요. 친해질 수 있어서. 축구 한 번 하면 진짜 친해져요.

밀 학교가 변해야 할 것 같아요.

쌀 한국에서는 수학이 다른 과목에 비해 성취도가 일찍부터 갈리기 시작하는 과목인 것 같아요. 성취도가 낮은 아이들을 계속 낮은 등급으로 유지시키는 과목.

학생들이 저마다 좋아하는 과목이 있더라도, 그 과목에서 성적이나 등급이 나오지 않으면 관련 분야 진로로 갈 수 없다는 말의 여운이 오래 마음에 남았다. 성적, 등급에 따라 꿈도 꿀 수 없어서 교우 관계에서도 민감해지게 되는 현실을 학생들 자신의 입으로 쏟아내고 있었다. 등급을 가르기 위해 더 어렵게 출제해야만 했던 나 역시도 등급제가 꼭 필요한 것인지 생각해보게 되었다. 솔직히 문제점이 있는 줄 알면서도 나 자신은 얼마나 문제제기를 해왔는지, 목소리를 내었는지 돌아보게 되었다.

학생들은 문제를 인식하고 있었다. 하지만 어디에다 말해야 하는 지도 모른 채 이런 교육 체제에 순응하며 살아왔다. 그러면서도 막연하게나마 바라던 것을 대화의 장에서 구체적으로 모색해보기 시작했다. 자신이 관심 있는 분야를 찾을 수 있게 도와주는 학교, 성적으로 평가하고 가르는 것이 아니라 정말 공부를 잘할 수 있도록 때에 따라 도와주는 학교를 꿈꾸고 있었다. 원하는 것이 무엇인지 자각하는 것만으로도 의미 있는 대화의 시간이 아니었을까.

4. 같이 생각하고, 연대하는 학교

수업이 이루어지기 힘든 고3 2학기, 수시철에 자신의 색깔을 드러내는 학생들과 대화하며 학교의 방향성에 대해 더욱 모색할 수 있었다. 모든 고3 학생을 위해서는 입시를 위한 학교에서 벗어나, 다양한 삶을 모색할 수 있는 학교를 고민해야 한다는 것이 결론이다. 이를 위해 학교가 학교정책과 관련한 일련의 의견을 스스럼없이 밝히고, 조율할 수 있는 대화의 장을 마련한다면 어떨까?

나아가 학교를 넘어 사회현상에 대한 정치적 의견도 고민하고 생각할 시간을 주는 곳이 된다면 진정 의미 있는 학교이지 않을까? 특히 대학진학을 하지 않는 고3 학생들이 학교에서 교사와 함께 당장 졸업하면 만나게 될 노동환경을 두고 대화한다면 어떨까? 학교가 선배 시민인 교사와 함께 사회에 나갈 준비를 할 수 있는 곳, 학생 스스로 민주시민으로 성장하도록 돕는 곳이 되었으면 좋겠다.

학생들과 대화하면서 교사 역할에 대한 내 나름의 고민도 실마리가 보이기 시작했다. 학생들은 생각보다 교사에게 영향을 많이 받고 있다. 교사인 나는, 아니 우리는 학생들과 함께하며 같이 목소리를 낼 준비가 되어 있는가?

학생들과 '대화하는 과정' 그 자체가 내게는 큰 의미였다. 지식을 전달하는 교사와 그저 떠주는 밥을 반복해서 꼭꼭 씹어먹는 학생들 관계가 아니라, 서로의 의견을 소통하고, 대화하는 그 과정 자체가 중요하게 다가왔다. 간단하게 정리했지만, 여러 차례에 걸친 이 대화가 계속될수록 학생들은 자신의 이야기를 들어주는 교사에게 하고 싶은 말이 많아졌다.

학생들과 대화하면서, 민주주의는 교육하는 것이 아니라, 같이 생각하고 연대하는 가운데 나온다는 생각이 들었다. 내가 민주주의를 외치면서 가르치려 들었다면 절반은 잠들었을 텐데, 일단 대화하기 시작하니 이런저런 이야기가 나왔기 때문이다. 그리고 학생들 스스로 변화를 외치는 목소리를 내기 시작하였다. 특히 내신등급제에 대해서는 서로의 생각을 공유하면서 동질감을 형성하자 봇물 넘치듯 이야기가 흘러나왔다. 대화 중에 나도 모르게 교사로서 1등급이 안 나올까봐 문제를 어렵게 냈다는 고백 아닌 고백을 하니, 알고 있었다는 듯 "어쩔 수 없잖아요" 하고 위로를 건네기도 했다. 등급제가 교사에게는 줄 세우기를 잘할 '킬링 문항'을 만들어야 한다는 부담 감을 주고, 학생에게는 꿈을 가로막는 좌절감과 친구들보다 잘해야 한다는 경쟁심을 주었다. 이 같은 현실에 서로 공감하자 학생들과 연대의식을 느끼게 되었다.

그리고 뜻밖의 코로나19 상황! 2020학년도에 뜻하지 않게 온라인 수업을 운영하게 되면서 오히려 학생들의 의견을 더 많이 묻게 되었다. 주제토론방을 개설하여 여러 가지 의견을 묻고 댓글로 견해를 달 수 있게 하니, 시간 제약 없이 각자 하고 싶은 이야기를 할 수 있었다. 50분 수업에 전 학생의 의견을 다 듣기에는 어려움이 많지만, 온라인 수업 상황에서는 댓글로 의견을 표현하니 시간 제약이 없다. 물론 서로의 견해에 대해 반응을 보여주거나, 원활한 대화가 이루어지긴 어려웠지만 그럼에도 대화의 끈을 놓지 않을 수 있다. 아니, 오히려 더 적극적으로 전 학생의 참여를 독려할 수 있다.

온라인 수업을 준비하면서 교사들이 영상제작 실력은 전문가를 따라잡을 수 없다. 하지만 수업을 통해 학생들과 대화하고 또 학생들이 의견을 형성할 수 있도록 독려하는 것에서 교사의 전문성을 찾을 수 있지 않을까? 어쩌면 코로나19 상황이 좀 더 빨리 학교가 어떤 역할을 해야 할지에 대한 답을 찾게 도와주고 있는지도 모르겠다. 학생들이 차이를 편안하게 드러내면서 자신의 의견을 형성하는 대화를 충분히 나눌 수 있는 곳, 그곳이 학교가 되길 마음 깊이 희망한다.

✏️ 추천하는 책과 영화

■ 『한나 아렌트의 생각』(김선욱, 한길사, 2017)
한나 아렌트는 나치에 협력했던 수많은 공무원들이 자신은 그저 성실하게
복무했을 뿐이라고 죄의식을 느끼지 않는 현상을 분석한 학자이다. '악의
평범성'이라는 표현으로 알려진 학자로 악의 평범성을 어떻게 극복할 수
있을지 답을 준다.

■ 『대한민국 10대를 인터뷰하다』(김순천, 동녘, 2009)
인터뷰에 응한 청소년들은 같은 대한민국 10대이지만 서로 다른 환경 속에서
저마다 고민하고 있다. 작가는 이들의 목소리에 귀 기울이며 대한민국의
현실을 풀어냈다. 성적 때문에, 때로는 경제적 어려움 때문에 걱정하고
불안해하는 10대의 모습 속에서 대한민국의 현 교육현실을 인식하게 된다.

■ 〈가버나움〉(나딘 라바키 감독, 2019)
출생신고도 되지 않은 아이가 재판을 받게 되면서 자기 이야기를 할 수 있게
된다. 전화로 진행된 TV 생방송 인터뷰를 통해 부모님을 고소하겠다고 말하는
순간, 아이의 존재가 주목받게 되고, 재판장이 왜 범죄를 저질렀는지 묻는 순간
아이를 둘러싼 환경이 드러난다.

■ 〈세 얼간이〉(라지쿠마르 히라니 감독, 2011)
꿈을 찾기보다 좋은 성적을 거두어 취업해야 성공하는 사회는 불행하다.
파르한은 아버지의 욕망을 위해, 라주는 가난한 식구들을 돌보기 위해 체제에
순응하며 인도의 명문대에 입학한다. 하지만 파르한, 라주가 란초를 만나
서로의 이야기에 공감하고 '연대'하며 체제의 문제점이 드러나기 시작한다.

11장
사회참여활동으로
민주시민 첫걸음을 내딛다

김위선 강화중학교 교사

1. 민주시민의 자기 진로 찾기

진로교육에 대한 문제의식

나는 중학교 진로와 직업 교사이다. 12년 동안 도덕교사로 중학교에 근무하다가 6년 전 진로와 직업 교과로 전과하였다. 현재는 학생의 흥미와 적성, 가치관, 환경에 따라 스스로 합리적 진로설계를 할 수 있도록 수업과 상담, 체험을 통해서 돕는 일을 한다.

진로상담은 먼저 개인별 맞춤형 진로설계를 위해서 직업심리검사를 한다. 객관적 자료를 통해 상대적으로 남보다 잘할 수 있는 능력과 절대적으로 자신이 관심 있는 분야를 찾아낸다. 흥미적성검사와 아울러 직업가치관검사를 통해 추천하는 관련 학과, 관련 직업의 영역을 찾는다.

이러한 심리검사 결과를 토대로 나아갈 길, 즉 직업, 학과 등을 대략이나마 정하고 필요한 능력을 키울 수 있도록 지도한다. 그런데 결국 이러한 능력은 학력과 성적으로 귀결된다. 이 정도의 학력은 되어야 원하는 직업으로 연결될 수 있고, 이 정도의 성적은 되어야 원하는 학교에 갈 수 있다. 그러니 목표를 위해서는 더 열심히 공부해야 한다고 결론 짓게 된다. 그러고나면 고등학교 내신 과목인 국어, 영어, 수학, 사회, 과학 점수가 낮은 학생들은 결국 원하는 직업을 중학교 때부터 포기하며 현재의 성적에 맞는 직업군으로 타협하게 된다. 우리 사회가 능력지상주의 사회이기 때문이다. 능력은 학력과 성적으로 측정된다.

개인의 적성과 흥미에 따라 직업을 선택해도, 자존감을 가지고 살아가기에 부족하지 않은 수입을 얻을 수 있는 사회가 아닌 것이다. 주요 교과 성적이 좋아야 수입, 노동 및 복지 환경이 좋은 직업에 종사할 수 있다. 결국 누군가는 그곳에서 일을 할 수밖에 없는 사회구조인데, 연봉 적고 노동환경도 나쁜 직종은 '나는 안 가야지' 하고 생각한다.

『시민교육이 희망이다』의 저자 장은주는 "능력지상주의(메리토크라시) 이념이 지배하는 사회에서 교육의 궁극적 목표는 가능한 높은 학력을 얻는 것이며 성적에 따라 한 줄로 세우는 것이다. 높은 학력과 좋은 성적을 얻은 학생이 사회적 생산에서 뛰어난 능력을 발휘할 것이고, 반면 저학력자들이나 좋은 성적을 보이지 못한 사람들은 허드렛일이나 단순육체노동에 종사하여 낮은 임금과 직업적 불안 그리고 낮은 평판을 받을 수밖에 없다고 믿는다"라고 지적한다.

인생의 전망은 성적과 학력에 따라 극단적으로 엇갈리는 것으로 이해되고, 또 그런 것이 정당하고 정의로운 것으로 받아들여진다. 직업에 따른 임금격차가 크지 않은 사회라면 자신이 잘하고 좋아하는 일을 선택할 것이다. '개인마다 잘하는 것이 다르다'라는 하워드 가드너의 다중지능이론에 기초한 진로심리검사가 진로설계에 유효한 자료가 되기 위해서는 노동환경이 바뀌어야 한다.

이러한 현실에서 진행하는 진로상담은 결국 성적 향상을 통해 너의 꿈을 이룰 수 있다는 조언에 그친다. "꿈을 꾸어라, 그러면 네 미래가 될 것이다"라는 말은 공허하다. 꿈이 현실이 되기 위해서는 성적을 올려야 한다. 꿈을 함부로 꾸어서도 안 되는 세상인 것이다. 게다가 아이들의 꿈 범위에는 공동체를 돌아볼 수 있는 여지가 없다. 여기서 나의 문제의식이 시작된다.

교육의 목표는 개인이 공동체 속에서 다른 구성원들과 더불어 행복하게 살아가는 능력을 키우는 것이 아닌가? 학업을 위한 스스로의 노력은 물론 공동체에도 도움이 되는 능력(공공성), 공동체에 관심을 가지고 참여하는 능력(연대성) 등 민주시민 자질의 함양도 우리의 목표가 되어야 한다.

사회참여활동을 통해 이러한 역량을 키울 수 있지 않을까? 그 속에서 자신의 잠재력 개발과 시민적 역량을 함양할 수 있으리라는 생각에서 나는 학생들과 동아리활동을 시작했다.

진로교육에서 민주시민교육이 갖는 의미

주요 교과성적이 낮은 학생은 자존감 역시 낮은 경우가 많다. 학교 안에서 자신의 목소리를 내지 못한다. 성인이 되어서도 직업과 관계없이 내가 속한 사회에서 당당한 시민으로 자신의 주장을 내세우며 관철하려는 노력을 기울여야 한다. 그런데 자신의 능력과 노력부족 때문이라는 '자기 탓'으로 돌리는 분위기 때문에 감히 사회에서 목소리 내기를 두려워한다. 사회구조적 문제라고는 생각하지 못한다. 이런 점이 아쉬웠다.

'내가 개인별 맞춤별 진로설계를 지도하는 것이 결국 학력 성적에 따라 유리한 경로를 안내하고 있는 것에 불과하구나' 하는 생각을 하게 된다. 학생이 자신만을 들여다보는 한계를 벗어나, 내가 속해 있는 공동체에 눈 돌려 문제를 찾고 해결하고자 함께 노력해가는 과정에서 자존감을 키웠으면 하는 바람이다. 그래서 민주시민교육에 관심을 갖게 되었다. 이러한 과정에서 학생들도 자신의 진로를 고민하지 않을까? 공부를 해야 하는 이유를 발견하지 않을까?

1주일에 1시간밖에 없는 진로 수업에서 이러한 과제를 풀어내기에는 수업시수가 너무 적다. 그래서 어떻게 민주시민으로 바로 서서 자신의 진로찾기를 할 것인지, 이런 문제의식을 해결하기 위해 교육부와 교육청에서 공모하는 사업을 진행하기로 했다.

2. 사회참여활동으로 시민으로 서다

사회참여활동 동아리

자기가 속한 공동체의 문제를 스스로 인식하고 해결하는 능력이 있는 사람이 진정한 민주시민이다. 학생들이 주변에서 일어나는 문제의 원인과 대안을 찾고 공공정책을 직접 제안하는 경험을 할 수 있는 사회참여활동 동아리를 만들었다. 먼저 자율동아리로 3학년 10명을 모아 시작하였다.

자율 동아리
'이상이 현실이 되는 신나는 상상'

사회활동참여동아리 모집

※ 신청일시 및 신청장소 : 3.8.(금)까지 ···장조관 2층 진로진학상담실
※ 모집인원 : 사회활동에 관심과 열정이 있는 강화중 학생 10명 내외
※ 주제: 청소년 사회참여, 학교, 지역사회에서 느끼는 다양한 문제점들을 찾아 해결 방안을 찾고 실천해보기
※ 특혜 : ·활동자금 100만원

우리의 작은 날개짓이 세상을 변화시킵니다

강화중학교 진로진학상담부

자율동아리 모집 포스터

우선 학교 주변의 문제를 찾았다. 사실 문제찾기 과정에서부터 참신한 아이디어는 없었다. 학생들이 우리 주변에 관심이 없었기에 문제찾기가 가장 어려운 과정이었다. 쓰레기 문제, 교내 매점 없음으로 인한 불법매점 이용 문제, 후문 통학의 안전 미흡 등 세 가지 문제가 나와서 토론 끝에 후문 통학 문제를 선택하였다. 우리 학교 학생은 후문으로 주로 통학하는데, 대로변에서 100여 미터 들어와야 한다. 많은 학부모가 차량으로 후문 앞까지 들어와 내려주고 유턴하면서 동네를 드나드는 차량과 겹쳐 등교 시간에 혼잡하다. 길은 좁고 인도가 따로 없어 학생들이 차량 사이를 피해 요리조리 등교하는 상황이다.

다음 순서는 '이 문제가 진짜 문제일까?' 의심하는 것이었다. 그래서 설문조사를 계획했고, '안전하지 못하다' 문항에 과반수가 응답

했다. 여러 활동 중 설문조사 과정에서 동아리원들이 가장 열심히 모이고 뛰어다녔다. 이때만 해도 설문 문항을 만들고 설문조사를 인쇄·배포하고 걷어서 손으로 통계를 내는 등 수작업으로 진행하였다. 이러한 번거로움 때문에 나중에 학생자치회에서 공간혁신 관련 설문을 할 때는 SNS를 사용하여 간편하게 바꾸었다. 가정통신문의 회신문으로 온 학부모 설문지 통계내기, 교사·학생 설문지 받아서 통계내기 등 10명의 동아리 학생들이 모두 다 열을 내었다. 우리가 뭔가를 하고 있고, 오며 가며 교사들로부터 칭찬받는 분위기가 그 이유인 듯했다. 학교공동체 모두의 안전과 관련된 활동을 하다보니, 학교 안에서 많은 주목을 받은 것이다.

다음 순서는 설문조사 결과를 가지고 슬로건을 만들고 홍보하는 일이었다. 슬로건은 '강화중, 후문 통학로가 필요합니다'였다. 홍보 플래카드를 정문과 후문 담에 붙이고, 직접 만든 홍보물을 들고 1학기 말인 7월에 1주일간 아침 등교시간에, 2학기 초 8월 말에 1주일간 캠페인활동을 하였다. 서명지를 만들어 지나가는 지역주민, 교사, 학생의 서명을 받았다. 이 과정에서 지역의 이장님이 어느 날 아침에 나타나셨다.

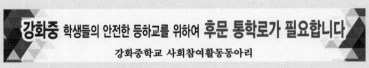

후문 담에 붙인 홍보활동 플래카드

아침마다 학교 후문 앞에서 차가 엉켜 복잡하여 지역주민이 불편했는데 학생들 활동을 보고 지지하는 마음으로 나왔다고 했다. 우리의 주장대로 후문에 인도를 만들어 찻길과 사람길이 구분되면 안전해지겠다며 동의했다. 지역주민의 서명을 받아주겠다며 서명지를 받아갔다. 생각지 못한 성과였다. 이후 100여 명도 넘는 지역주민 서명지를 가져다주셨다. 또한 학부모들도 서명지를 가져가서 주변 분들에게 받아주기도 하였다. 이 활동을 우리 동아리원들만이 아니라 교사, 학부모, 지역주민, 학생 모두가 지지하는 것을 알게 되었다. 캠페인활동은 처음에는 10명 모두 나왔으나, 날이 지날수록 하나둘 빠졌고, 끝날 무렵에는 7명 정도가 활동하였다. 그런데 2학기에는 학부모회에서도 나와주어서 함께하면서 어깨에 힘이 다시 들어갔다.

강화군청 민원란에 사회활동참여동아리의 후문 통학로 의제와 관련하여 학생대표 이름으로 글을 올렸다. 이 민원 답변은 한참 만에 홈페이지에 올라왔는데, 그리 긍정적이지는 않았다. 우리가 주장한 후문 통학로에 관한 내용은 없고, 학교의 교통지도와 학부모의 주의를 촉구하는 내용이었다. 긍정적 답변을 기대했던 우리 동아리원들은 아쉬워했다. 다음은 군청 민원란에 올린 글 중 일부 내용이다.

강화군청에 올린 '후문 통학로' 민원 자료(일부)

붙임 자료-서명지 557명(지역주민 116명, 학생·학부모·교사 441명)

……후문에서 학생들이 다치는 사건이 생기기 전에 통학로를 만드는 것이 더 현명한 일이라는 생각이 듭니다. 그래서 저희들은 강화군청에 요구합니다. "강화중 후문 통학로가 필요합니다" ……이러한 필요는 강화군청 외에 책임과 권한이 있는 기관과 어른들이 고민하시고 구체적이고 현실적인 방법을 제시해주셔야 한다고 생각합니다. 저희들의 이러한 문제의식이 현실화될 수

있도록 이후에도 군의회나 경찰서 등의 기관에도 협조를 구해보려고 합니다.
성실하고 책임 있는 답변을 기다리겠습니다. 읽어주셔서 감사드립니다.^^

2019. 9. 3. 강화중 사회참여활동동아리 대표 박** 외

동아리 홍보 캠페인활동

군청 민원란을 통한 개선이 무산된 후, 동아리원들의 실망이 컸다. 군수와의 직접면담을 통해 우리의 요구사항을 전달하려 했지만, 이 또한 무산됐다. 대안으로 군의회 의원이 학교를 방문하는 일정을 추진했다. 오○○ 군의회 의원이 먼저 군청에 들어가 담당 공무원을 만나 현실적인 가능 여부를 듣고와서 답변을 해주었다.

"통학로의 필요성은 인정하나 관련 도로에 사유지가 있어 통학로(인도) 만들기에 큰 애로가 있습니다. 이것은 군청의 일이 아니라 인천시의 일이며 복잡한 이해관계가 있습니다"라고 했다. 동아리 학생들은 쉽사리 그 말에 수긍하며 더 이상의 질문을 하지 않았고, 지난 3월부터 시작한 '후문 통학로 만들기' 의제는 멈추게 되었다.

군의회 의원과의 만남에서 좀 더 비판적인 시각에서 질문하고, 이후 이것을 위해 노력해달라고 당부했어야 했는데 학생들은 너무나도 쉽게 수긍해버렸다. '이렇게 해서는 세상을 바꾸기 어려운

데……'라는 생각이 들었고, 지도교사로서 너무도 아쉬웠다. 좀 더 철저하게 준비했어야 했다는 반성이 들었다. 도로 법규 등 관련 법규 시행령 등을 찾아 대안을 제시했어야 했는데 그러지 못했다. 그나마 문제를 발굴하고 차근차근 해결하는 과정을 밟았다는 것으로 위안을 삼아야 했다.

이후 사태가 생각지 않은 방향으로 전개되기도 했다. 사회참여활동 동아리 내용을 학교 보도자료로 올렸는데, 기사화되는 과정에서 불필요한 논란이 일었다. 이 과정을 겪으면서 청소년 사회참여를 여전히 색안경을 쓰고 보는 사람들이 있음을 실감했다.

비록 기대한 성과를 거두지 못하고 생각지 않은 잡음마저 일었지만, 학생들이 자기 목소리를 내본 소중한 경험이었다고 생각한다. 사회참여활동이야말로 청소년들이 자존감을 키우고 민주시민 역량을 키울 최적의 활동이며, 진로설계에도 동기부여 효과가 크다는 사실을 확인하게 되었다.

교육 3주체활동

학교민주주의워킹그룹의 강화도 운영주체로서 '어떻게 하면 학교민주주의의 싹을 틔울 수 있을까'를 주제로 교육 3주체(교사·학부모·학생) 활동을 주도하였다. 인문학 강연회도 수차례 개최하고, 1박 2일 워크숍을 통해 교육 3주체와 함께 자유롭게 학교민주주의와 학생자치를 주제로 토론하는 시간이었다.

특히 교육3주체협의회를 통해 한자리에서 학생대표·학부모대표·교사가 모여 학교 현안에 관해 논의하며 신뢰를 쌓았다. 이러한 경험으로 학생자치회가 학생중심의 축제, 졸업식 등을 기획하고 실행하였다. 게릴라콘서트, E스포츠대회, 우산 및 체육용품 대여 사업 등 참신한 아이디어로 학생들에게 제공되는 복지 수준을 높였다.

활발한 행사 참여를 위해 가정통신문도, 학교 내 교사 메신저도 이용했으나, 결국 주로 행사에 참여하는 대상자는 학부모회와 학생자치회 대표들과 학교민주주의워킹그룹 교사들이었다.

학교는 바빠도 너무 바쁘다. 교사는 수업과 담임으로, 또 맡은 업무로 바쁘다 보니, 학교민주주의에 관심 있는 교사들만 참여한다. 학부모들은 생업에 바쁘다. 그나마 학부모회 임원이 책임감으로 참여할 뿐이다. 학부모들은 만나기가 쉽지 않은데다 만나보면 매번 같은 분들이라 아쉬웠다. 학생들은 학생자치회 대표자들만 책임감 때문에 참여하였다. 예산을 활용해 유명강사를 여러 분 모셨는데, 학생들이 사회 문제에 대한 관심이 기본적으로 부족한데다 학원 시간과 겹쳐 많이 참여하지 못했다.

다행히도 1박 2일 민주시민워크숍에서는 모처럼 3주체가 비슷한 비율로 모여 강의를 듣고 토론할 수 있었다. 그동안 3주체활동이 뜬구름 잡기처럼 현실감이 없었다면, 금요일 저녁 오픈스페이스활동은 그간의 우려를 불식시키는 활동이었다. 이전에는 3주체협의회를 해도 학부모나 학생들은 의견 개진이 없어, 교사들이 의제를 내고 주도하는 상황이었다. 그러나 이날 밤 오픈스페이스활동은 각 주체의 다양한 시각과 의견이 서로의 관심을 끌고, 그 의견의 차이를 좁힐 수 있는 토론시간도 갖는 신선한 경험을 하였다. 이러한 식으로 3주체 활동이 계속 이루어진다면 심도 있는 내용으로 발전되리라는 희망을 가질 수 있었다. 다음은 이 워크숍에 참석했던 학생의 글이다.

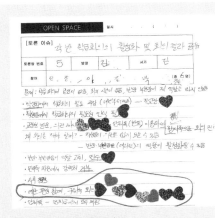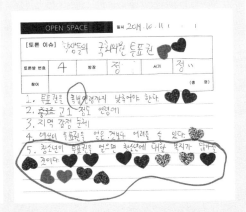

오픈스페이스 회의 활동자료

우리는 '교육 3주체의 학교활동 확대 방안'을 주제로 오픈스페이스라는 회의를 하게 되었다. 오픈스페이스는 다양한 소주제의 '방'을 자유롭게 돌아다니며 회의하는 방식이다. 통상적 회의 방식으로 진행했더라면 의견 내놓는 사람이 없어 지루한 회의가 되었을 것이다. 하지만 해당 주제에 관심 있는 사람이 자연스럽게 들어와 회의하고, 발언할 의견이 떨어진 사람은 다른 방으로 옮길 수 있어 매우 효율적인 회의가 되었다. 또한 학생, 학부모, 교사, 지역인사 등 교육 4주체가 모두 참여하다보니 새롭고 다양한 의견을 많이 들을 수 있어 좋았다. 마지막에 시간이 없다고 중단하라는 요청이 들어왔는데 그때만큼 격렬히 회의하고 싶을 때가 없을 정도였다. (학생회장 3학년 김○○)

오픈스페이스 회의는 교실에서도 효과를 발휘했다. 학교 내 민주시민 역량 강화를 목적으로 '학생들이 생각하는 민주적 학교문화', '평화를 위해 우리가 할 수 있는 일' 등을 주제로 오픈스페이스 토론회를 여러 차례 열었다. 한 학년 단위 150여 명이 참여하는 오픈스페이스활동을 통해 학교 구성원으로서 권리와 책임을 알게 하여 민주시민의 자질을 키우는 계기가 되었다고 자신한다. 이러한 활동을 통해 성장한 학생자치의 힘과 학교민주주의 역량을 가지고 2020년 학교 공간혁신 공모를 위한 추진위원회가 구성되었다.

평화리더동아리

평화교사연구회 회장을 맡으며 평화리더 학생동아리를 운영하는 경험 또한 했다. 이 동아리의 목표는 '유라시아시대를 꿈꾸는 평화리더' 양성이다. 아시아와 유럽을 하나의 대륙으로 보는 유라시아시대는 한반도 및 세계의 평화가 이루어져야 가능할 것이다. 북한과 중립수역을 경계로 면해 있는 강화도의 지역적 특성으로 학생들의 평화감수성을 키우고, 평화교육을 통해 민주시민의 자질을 키우자는 취지로 동아리활동을 진행하였다.

대표적인 사회활동 참여로 2018년 4월 27일 문재인 대통령과 김정은 국방위원장과의 판문점 회담을 기념한 4.27 평화 인간 띠 잇기 행사에 강화도 초중고 학생 200여 명이 함께 참여했다. 이 행사 준비로 강화중 1학년 자유학년제 동아리 '평화설치퍼포먼스'의 수업활동 중에 동요 두 곡을 만들었다. 이 곡의 사용을 위해서 작사가인 학생과 작곡가인 강사로부터 저작권 이용동의서도 받아두고 음반도 제작하였다.

강화중에서 창작한 〈평화의 노래〉와 〈꽃은 웃어 활짝〉은 4.27 당일 퍼포먼스에서 사용하였다. 음반제작은 처음이라 고민도 많고 할 일도 많았으나 당일 행사를 치르며 잘했구나 하는 생각이 들었다.

강화중에서 창작한 〈평화의 노래〉와 〈꽃은 웃어 활짝〉 악보

4.27 평화 인간 띠 잇기 행사 기사 자료

강화중학교와 강화여자중학교에서 대표가 각각 1명씩 나와 평화선언문을
낭독하고 본격적으로 우리의 평화 인간 띠 잇기 행사가 시작되었다. 단체마다
현수막을 가지고 각자 지정된 지점으로 걸어갔다. 걸어가면서 보이는 너머는
북한이 아니었지만, 연미정에서부터 시작되어 해안북로를 따라 쭉 뻗은
철조망의 행렬은 우리나라가 분단국가라는 사실을 보여주고 있었다. (중략)
이 활동을 하며 평화통일을 염원하는 사람들이 이렇게 많았는지 놀랐다.
어떤 사람들은 통일을 하면 안 된다고, 또 다른 사람들은 통일을 해야 한다고
주장한다. 이런 주장을 뒷받침하는 근거들이 난무하는 속에서 배경 지식이
없거나 잘 모르는 사람들은 중립적인 입장을 취하게 되는 것이 아닐까? 그렇다면
통일을 외치는 사람들은 줄어들 것이고, 평화통일을 주장하는 사람 역시 줄어들
것이다. 그러나 이런 전국 단위로 펼쳐지는 행사는 우리가 아직 평화통일을
원한다는 목소리를 내고 있다는 것을 알릴 수 있고, 사람들이 관심을 가질 수
있도록 해주는 것이다. 따라서 이 행사의 의의는 매우 크다고 할 수 있다.
– 강화중 3학년 김○○ 학생 기자

 두 노래를 지면에 싣는다. 이 노래를 들으면 평화 인간 띠 잇기 행
사 준비를 위해 만났던 강화도의 여러 지역단체와의 연대가 떠오른
다. 학교가 홀로 있는 섬이 아니라, 지역에서 중요한 역할을 할 수 있
는 곳이라는 것을 새삼 깨달았다.

평화리더동아리는 2019년 7월 27일에도 평화의 배 띄우기 활동에 평화 나들길 걷기, 평화의 섬 교동 체험 등을 하였다. 그런데 이후 평가회에서 한 학생이 한 말에 많은 생각을 하게 되었다. "평화를 주제로 많은 활동을 하였는데 이 활동의 진정한 의미가 뭔지 잘 모르겠어요."

활동 이전에 평화역사교육이 우선되어야 진정한 의미를 느낄 수 있다는 것을 놓쳤다는 반성이 든다. 뭔가를 열심히 하는데, 이 활동이 어떤 의미인지 인식하지 못한다면 원래 계획했던 민주시민 자질 키우기와는 거리가 먼 것이라는 반성이 들었다.

3. 청소년 사회참여활동을 다시 준비하며

사회참여 동아리활동은 2019년 11월 말 뚜렷한 개선 없이 끝났다. 그러나 우리가 붙인 플래카드는 정문에 지금까지 붙어 있다. 2020년 국민권익위원회에서 '학교 앞 교통안전을 위한 개선대상 학교'로 선정되었다고 연락이 왔다. 도로교통공사, 경찰서, 행정기관에서 협력하여 문제를 해결해보겠다고 구체적 내용을 보내달라고 한다.

우리 사회참여활동동아리의 성과가 아닌가 생각한다. 우리의 노력이 헛되지 않았나보다. 개인적 성장뿐 아니라 실제적 문제해결의 실마리가 된 것이다. 구체적 결실을 맺어서, 우리가 주장했던 후문 통학로가 만들어진다면 졸업한 동아리 학생들과 함께 자축하고 싶다.

"너희들의 노력으로 이렇게 만들어졌어. 앞으로 어느 곳에서든 문제의식을 가지렴. 그리고 해결을 위해 함께 노력해보렴. 시도하면 언젠가는 해결이 된단다. 너희들이 잘해줘서 후배들이 통학로로 안전하게 다닐 수 있게 된 거야. 잘했다. 애들아! 다시 한번 칭찬한다!"

2019년에는 앞서 말한 것처럼 민주시민교육이라는 명제로, 학생 동아리활동과 학교민주주의워킹그룹활동을 지속적으로 했다. 이러한 활동에서 과연 학생의 민주시민 역량이 커졌을까? 교사인 나는 긍정적인 답변을 하고 싶으나, 앞으로 학생들이 세상에서 시민으로서 역량을 발휘해나가는 과정에서 그 답을 스스로 찾게 되지 않을까 생각한다.

학생들이 사회참여활동을 통해 공동체의 한 구성원으로서 문제를 해결하고, 함께 해나가는 경험을 쌓아나간다면 분명 그들은 민주시민이 무엇을 해야 하는지 알게 되지 않을까?

학생은 학업을 위해 모든 노력을 기울이고, 사회에 나간 후에 사회참여의 목소리를 내라는 구태의연한 어른들의 발언은 청소년의 전인적 성장을 막는 일이다.

청소년의 사회참여활동은 그들이 진로를 설계하는 데 동기를 부여해준다. 또한 활동을 통해 키워진 자존감은 아이들이 사회에 나가 어느 곳에 있더라도 자신의 목소리를 낼 수 있는 소중한 잠재력이 될 것이라고 생각한다. 해가 바뀌어 다시 만나는 학생들과 함께 또 어떤 사회참여활동을 해야 할지 고민한다.

✏️ 추천하는 책과 TV 프로그램

■ 『시민교육이 희망이다』 (장은주, 피어나, 2017)
잠재력을 실현하고 삶의 주인으로 살아가는 데 필요한 역량과 태도를 갖추는
교육이 시민교육의 내용이 되어야 한다는 민주시민교육의 원칙을 제시한다.
민주시민으로 갖추어야 할 역량, 가치관, 민주적 태도가 어떤 것인지 깊이
성찰한 내용이 담겨 있다.

■ 『아름다운 참여』 (전국사회교사모임, 돌베개, 2019)
청소년이 더 이상 사회 주변인이 아니라 주권자로, 시민으로 자기주장을
펼쳐온 활동사례를 보여주고 있다. 청소년이 자신의 주장을 효과적으로 펼칠
수 있도록 집필된 사회참여 안내서다.

■ 『평화교육, 새롭게 만나기』 (전세현, 피스모모, 2019)
평화를 주제로 다양한 배움의 현장에서 적용할 수 있는 38가지의 활동 내용이
들어 있다. 3가지 주제활동(1.폭력, 권력, 갈등 2.차이, 차별, 다양성 3.감수성에
기반한 소통과 관례) 별로 적합한 활동을 제시하고 있어 실제 교육활동에
요긴하게 사용할 수 있다.

■ 〈다큐프라임 – 민주주의〉 (EBS, 2016)
인류 역사에서 민주주의가 발전해온 과정을 통해 민주주의의 본질을 잘 알 수
있도록 만든 영상이다. 불평등의 원인이 자원의 부족이 아닌, 권력이 누구에게
있느냐에 달려 있다는 것을 역사적 사실에서 명쾌하게 알 수 있다. 권력이
시민에게 있을 때 비로소 불평등의 문제가 해결될 수 있다는 것을 너무나도
자연스럽게 영상에서 설명하고 있다. 민주주의를 이해한다면 '시민의 탄생'이
왜 그렇게 중요한지를 알게 될 것이다.

12장
학교도서관,
생활 속 민주시민교육을 실천하다

김은신 만성중학교 교사

1. 학교 밖에서

나는 대안학교에서 독서치료를 하다가, 구립도서관에 몸담았다. 이후 학교도서관 사서교사로 교육현장에서 일하고 있다. 이 과정에서 내가 주목한 것은 '책과 도서관이 건강한 공동체를 형성하는 데 얼마나 기여할 수 있는가' 하는 가능성이었다. 민주시민교육이 일상적으로 이뤄지는 장으로서의 도서관에 대해 고민하고 함께 실천한 기록을 나눠보고자 한다.

지역으로 돌아온 이유

서울에 있는 한 지역아동센터에서 운영하는 대안학교에서 학교폭력

가해자와 피해자를 상담하는 과정 중 하나로 독서치료를 할 때였다. 학교폭력 주도자들은 대부분 책과 만나보지 못한 학생들이었다. 청소년들은 독서치료활동 후 느낀 점에서 '책에 몰입해서 읽어본 것이 처음'이라고 적었다.

미국 교육부(2000)에 따르면, 읽기능력이 가장 낮은 그룹으로 분류된 사람 중 43%가 빈곤층이며, 재소자의 70%가 이 그룹에 속한다. 읽기능력이 부족한 이 청소년들을 보면서 그래도 이 상황을 바꿀 수 있다는 가능성을 보았다. 책이 새로운 세상을 열어 독자의 삶을 바꾸는 힘이 있음을 청소년들을 상담하고 함께 책을 읽으면서 확인할 수 있었기 때문이다. 이 청소년들을 통해 독서가 가지는 자기 성찰의 힘과 치유력을 실감하게 되었다.

한참 독서치료의 가능성에 눈떠 열심히 일하던 중에 학교폭력 주도자 청소년 승우(가명)를 만났다. 중학교 3년 내내 학교폭력을 일삼아 대안학교 문턱이 닳도록 오가던 승우는 결국 교도소에 가기에 이르렀다. 아직 어린 승우의 교도소행을 목격하며 아무런 손을 쓸 수 없는 무력한 나 자신이 괴로웠다. 그리고 승우의 계속된 비행의 배경에는 그물망처럼 승우를 옭아매는 지역의 '선배'들이 있음을 보았다.

'지역으로 돌아가자.'

인천에서 서울로 출퇴근을 하던 나는, 청소년들이 변화하도록 도움을 주려면 마을에서 함께해야 한다는 생각을 하게 됐다. 아프리카의 속담 '한 아이를 키우려면 온 마을이 필요하다'가 절실히 와닿는 시간이었다. 인천 남구(현 미추홀구) 구립도서관에 문을 두드렸고, 석바위도서관에서 근무를 시작했다. 이후 쑥골도서관, 학나래도서관 등에서 독서문화기획 등을 맡았다. 지역에서의 출발이었다.

폐관의 위기를 넘다

나는 쑥골도서관으로 자청해 옮겼다. 당시 도화동은 재개발이 삽을 뜬 지 8년이 지나도록 제대로 진행되지 않는 상태였다. 주민들은 하나둘 동네를 떠나고 있었고 도서관 이용자도 나날이 줄어 쑥골도서관은 폐관 위기에 몰려 있었다. 이 도서관을 살릴 수 있는 일이 무엇일까 고민하면서, 도서관 이용자들과 대화부터 시작했다. 열악한 교육환경이 동네를 떠나고 싶은 가장 큰 이유였다.

쑥골도서관 이용자 가운데 인근 서화초등학교 학부모들과 동아리를 만들어, 참교육이 무엇인지 함께 고민하는 책모임부터 시작하였다. 그리고 아이들의 교육에 대해 이야기했다. 자녀들이 안심하고 공부할 수 있는 학교, 안전한 동네를 만들어 이사 가지 않고도 지속적으로 살 수 있도록 해보자는 희망을 함께 나누었다. 도서관 이용자 설문조사를 해보니 교육 프로그램이 많이 개설되었으면 좋겠다는 의견이 주를 이루고 있었다. 초등학생을 위한 독서토론, 과학교실, 지역문화예술인 지원 프로그램인 화가와의 만남 등을 개설하였다.

석바위도서관에서는 "왜 사는 것이 이렇게 힘들까요?" 묻는 한 이용자의 절박한 목소리에, 독서치유모임을 추진하기도 했다. 의외로 희망자가 많았다. 모교 대학 독서치유 교수님께 도서관과 주변 환경을 말씀드렸더니, 거의 자원봉사로 독서치유 프로그램을 운영해주셨다. 독서치유동아리는 인기가 있었다. 실제로 막막했던 삶을 변화시키는 계기와 자신의 힘듦을 토로할 공간을 동아리에서 찾았다는 이용자들이 적잖게 있어 2년 가까이 동아리가 지속되었다. '찾아가는 학산콜 강좌'로도 연결하여 동아리는 더욱 활성화되었고 비영리단체로도 성장했다. 학산콜 강좌는 미추홀구 평생학습관에서 진행하는, 5인 이상 지역주민이 모여 듣고 싶은 강좌를 신청하면 선별해서 2년에 걸쳐 연 2회씩 진행 강사를 보내주는 평생학습 프로그램이다.

도서관이 단순히 지식을 축적하는 공간을 넘어 민주적 가치를 일상화하는 역할을 할 수 있다고 생각했다. '가족과 함께하는 주말 가족텃밭' 프로그램도 운영해 가족 구성원이 합의와 협동을 배울 수 있는 교육의 장을 제공했다. 재개발 지역에 널린 것이 유휴지였다. 도시공사에 가족텃밭 가꾸기를 제안하여 50평의 땅을 무상임대 받았다. 10가족이 1년 동안 참가하였다. 이 모임은 후에 생태독서동아리로 발전하여 구립도서관의 우수 동아리가 되기도 하였다.

다양한 이용자가 많아진 쑥골도서관에 대해 폐관 이야기를 하는 사람은 더 이상 없었다. 주민들의 관심사를 적극 반영한 프로그램이 도서관을 살린 것이다. 독서동아리는 이후에도 꾸준히 만들어져 미추홀구 전 지역에 35개가량 생겼다. 미추홀구는 이제 인천에서 제일 많은 독서동아리가 운영되는 구 가운데 하나가 되었다.

독서동아리 회원에서 민주시민으로

독서동아리가 쑥골도서관 폐관을 막은 일등공신 역할을 했지만, 독서동아리 참여 회원을 어떻게 민주시민으로 성장하도록 할 수 있을까 하는 과제가 남았다. 민주란 국민이 권력을 가지고 그 권력을 스스로 행사함을 일컫는다. 시민은 국가권력에 대항하여 시민의 권리와 의무를 옹호하며, 자기 지역사회의 문제를 주민과 소통하는 가운데 스스로 찾아 해결할 수 있어야 한다. 또한 민주공화국의 주권자로서 민주주의를 작동시킬 수 있는 역량을 갖추어야 한다. 이 역량은 저절로 갖춰지는 것이 아니라 교육되어야 한다. 자신의 권리와 의무, 갖추어야 할 덕목이 무엇인지 배워야 한다. 누구든지 그러한 역량, 권리, 의무, 덕목, 한마디로 '시민성'을 갖추면 진정한 시민이 될 수 있다. 시민의 형성과 교육, 즉 민주시민교육은 여러 차원에서 그리고 생애 전 과정에서 다각적으로 이루어져야 한다.

공공도서관이나 학교도서관은 민주시민교육의 일상적인 장이 될 수 있다. 단, 앉아서 이용자들이 오기를 기다리는 소극적인 운영에 그쳐서는 안 된다. 이용자 기반을 확대하기 위해서 수동적인 독자를 전략적으로 읽고 생각하는 독자로 바꾸어야 한다. 도서관을 깊이 생각하는 독자들의 공동체로 바꾸면 단순히 이용자층을 넓히는 것 이상의 효과를 얻게 된다.

독서동아리 회원들은 저자들과의 만남을 통해 타 지역의 사례를 접하며, 사람과의 연대를 꿈꾸기 시작했다. 공동체 속에서도 자기 목소리를 내는 민주시민으로 성장해갔다. 자신의 삶과 환경이 바뀌려면 지역과 국가의 정치가 바뀌어야 함을 깨닫고 주요한 정책제안자들이 되었다. 일례로 쑥골도서관 동아리 회원들은 자신의 삶을 자각하고 마을로 들어가 변화의 주체가 되었다. 2020년 현재 '쑥골사람들'이라는 주민협의체로 발전하여 40억의 국비로 도시재생을 주도하는 사람들로 활동하고 있다.

2. 학교도서관의 이상과 현실

지역을 되살리는 구심점이 된 구립도서관을 몸소 체험한 후, 나는 학교도서관에서 도서관의 또 다른 가능성을 경험하고 있다. 학교도서관에서 온전히 청소년들과 만나는 일은 기대감과 설렘 자체였다.

앞서 소개했듯이 학교 밖 청소년들을 만나면서 경제적으로 어려운 청소년들이 폭력에 더 많이 노출된다는 것을 알게 됐다. 가정의 경제적 불안이 가정불화의 시초가 되며, 이는 아동기, 청소년기를 불안하게 보내는 요인 중 하나이기 때문이다.

학교도서관은 이런 학생들이 독서와 리터러시 역량을 강화할 수 있도록 돕는 '정보평등중심지(information equality center)'가 되어야 한다. 학교도서관은 학생들이 서가에서 자기 마음에 꽂히는 제목의 책을 뽑아 읽고, 누구에게도 간섭받지 않고 자신의 목소리를 찾을 수 있는 공간이다. 내 소리에 귀를 기울이고 대화를 할 수 있는 저자와 만날 수 있는 공간이다. 24살에 창업을 해 2030년 화성 식민지 건설이라는 꿈을 실현해가고 있는 일론 머스크를 만날 수 있고, 7년간의 임진왜란에서도 12척의 배로 승리를 이끈 우리의 영웅 이순신 장군을 만날 수 있고, 아이들이 좋아하는 『봉제인형 살인사건』의 저자 다니엘 콜도 만날 수 있고, 이제 우리 곁에 없는 '단원고 미소천사' 권지혜를 만날 수 있다. 그러나 혼자 상상나래를 펼치는 것만으로는 부족할 때가 있다. 이때 독서동아리가 도움이 된다. 동아리를 통해 민주시민의 시민성을 배운다면 도서관은 민주시민교육의 장이 될 수 있다.

송기호는 『학교도서관 운영의 실제』에서 "학교도서관은 교실로서의 역할뿐만 아니라 학습공유공간으로서 공동체를 유지하고 새로운 공동체를 만들어냄으로써 소통과 연대를 배울 수 있는 소중한 자산이다"라고 했다. 도서관은 우리 사회의 문화 그리고 교육과 밀접히 연계되어 있다. 특히 "학교도서관은 사회가 요구하는 주체적인 인간상을 갖춘 학생을 양성하는 학교교육을 지원하는 교육시설이다"라고 하였다.

학교도서관 기준 (출처: 한국도서관협회)

① 지식정보사회 및 평생학습사회에 능동적으로 대처하여 학교 교육목표의 달성에 기여하고, 교육과정을 지원함과 동시에 교육과정에 직접 참여할 수 있는 종합적인 학습환경을 조성한다.
② 교수·학습에 필요한 인쇄자료, 영상자료, 전자자료 등 모든 형태의 정보자원에 대한 지적, 물리적 접근을 보장하여 지적 자유와 정보평등의 이념을 구현한다.
③ 교육과정에 밀접한 자료를 최대한 제공하여 자료중심 교육 및 과정중심 교육을 실현함으로써 열린교육과 자기주도적 학습을 지원하고, 과제해결능력을 육성하여 평생학습 기초를 마련한다.
④ 정보자료의 활용 과정을 통하여 탐구능력 및 창의력을 신장하고, 상상력을 개발하여 책임 있는 시민으로서의 삶을 영위할 수 있도록 지원한다.

이상의 논의를 종합하면, 한마디로 학교도서관은 학생이 자기 목소리를 내는 민주시민으로 성장하도록 지원하는 곳이다. 시대의 흐름과 교육정책의 변화를 가장 먼저 읽고 선도적 역할을 담당해야 하는 곳이 학교도서관이다.

이상은 이렇게 높지만, 학교 수업이 워낙 빡빡해 생각의 자유를 찾아 도서관을 찾아오는 학생들이 그리 많지 않은 것이 학교도서관의 현실이다. 교과 시간에 교과 선생님의 인솔로 함께 와서야 독서하는 것이 전부인 경우도 많다. 학생들 대부분은 매우 수동적인 이용자이다.

　이런 현실 속에서 민주시민교육 기본원칙인 논쟁성 원칙과 강압금지 원칙, 학습자의 이해관계 인지원칙에 입각하여 학교도서관을 운영한다는 것은 어떤 것일까? 학생들이 민주시민으로 성장할 수 있도록 다양한 자기 목소리 내기에 중심을 둔 활동부터 시작해보았다. 우선 수업시수가 확보된 중1 자유학년제의 동아리활동과 전 학년 창의적 체험 동아리, 도서부활동이 중심을 이뤘다. 그 외에도 매달 도서관 행사와 외부 연계 동아리활동, 작가와의 만남 등을 통해 학생들이 학교도서관의 주인이 될 수 있도록 힘썼다.

3. 학교도서관을 통해 자기 목소리를 내고 연대하다

학교도서관 소식지 「만성의 풍경」 발간

학교도서관 소식지 「만성의 풍경」을 통해 학생들의 일상의 목소리를 한곳에 모으고, 청소년들의 감정, 관심 등을 있는 그대로 담아내고자 했다. 도서부의 참여와 편집회의를 거쳐 기사를 선별하여 출간했다. 학교도서관 소식지에 자신의 일상이나 작품이 소개되는 것이 학생들의 자존감을 높이는 계기가 되길 바랐다. 또한 일상적으로 목소리를 내다보면 민주시민으로 성장하는 데 도움이 되리라 기대했다.

　「만성의 풍경」 1호(2019년 5월 발간)에 학교도서관에서 진행한 독서활동 글쓰기대회 수상작을 실었다. 2호(2019년 6월 발간)는 더욱 다채롭게 꾸몄다. 도서관에서 진행한 문학필사대회를 전하며 다음과 같은 참여 학생들의 소감도 담았다.

- "좋은 글을 손으로 써보니 더욱 마음에 와닿았다." (1학년 임○○)
- "필사하면서 손목이 아프기도 했지만, 작가의 관점도 느껴볼 수 있었고, 그냥 눈으로 읽는 것보다 글을 쓰니 그 문장의 이해도가 더욱 높아졌다. 다음에도 이런 기회가 있다면 한 번 더 해보고 싶다." (2학년 김○○)
- "손을 움직이는 것은 힘들었지만 문장들을 손에 익힐 것을 생각하니 나름 뿌듯했다. 다양한 문법과 자연스러운 문맥을 알게 되었고, 짧게 쓰고 짧게 느꼈지만 필사를 하면 얻는 것이 많다는 것을 알게 되었다." (3학년 최○○)

또한 도서 반납 시에 '한 줄 독후감'을 쓰게 한 후 도서관 입구에 붙였고, 이를 소식지 2호에 실었다.

- 『11문자 살인사건』(히가시노 게이고, RHK, 2018) 추리소설인데 생각보다 더 재미있었다. 읽으면서 추리를 하는 재미도 있고, 범인을 찾아낼 때도 즐거웠다.
- 『쓸데없이, 머엉』(오은정, 안그라픽스, 2018) 사람들은 멍 때리는 거는 별로 좋다고 생각을 안 하는데, 이 책을 읽고나니 멍을 가끔씩은 때려도 되는구나!!
- 『오, 나의 푸드트럭』(제니퍼 토레스, 라임, 2018) 딸 학교 앞에 푸드트럭을 가지고 나타난 아빠 때문에 딸이 창피했을 것 같다.
- 『걱정을 조절하는 7가지 방법』(리드 윌슨 외, 북멘토, 2017) 내가 걱정이 다른 사람보다 많은 것 같아 읽게 되었다. 이 책을 읽고 걱정이 나쁜 것만은 아니란 걸 배웠다. 걱정이 많다고 생각하는 사람에게 추천해줄 수 있는 책이다.

또한 '만성, 책 속 길찾기 도서·진로캠프' 기획으로 작가를 초청하면서, '어떤 분야의 작가를 모시고 싶은가'를 학생들을 대상으로 스

학도넷에서 받은 '아름다운 학교도서관' 상패(왼쪽)
초청 작가를 결정하는 스티커투표에 참여하고 있는
모습(오른쪽)

티커투표를 통해 결정하였다. 「만성의 풍경」 2호에 이 설문 과정과
결과를 소개했다.

사실 이 투표를 실시할 때, 다른 교사들로부터 "당연히 학생들에
게 물으면 웹툰 작가를 모시자고 할 것인데 의견수렴을 하나 마나
아니겠냐"라는 말을 들었지만, 학생들이 결정에 참여하는 과정 자체
가 중요하다고 생각했다.

매번 소식지를 만들 때마다, 학교도서관 주최 각종 대회 수상자가
교장 선생님과 함께 찍은 사진을 실으며 학생들에게 '만성인'으로서
의 자존감을 높여주기 위해 노력했다. 학교도서관의 실질적 관장인
학교장의 식견과 능력이 학교도서관 운영의 성패를 결정한다고 해
도 과언이 아니다. 파웰(1998)과 러셀(2002)에 따르면, 학교장은 자
원기반 학습에 가치를 부여하고 학교도서관이 학교 교육과정의 중
심이라는 신념을 확산시키고 교사와 사서교사 간의 협동 단계를 설
정하는 중요한 역할을 수행한다.

꾸준히 발행해온 소식지「만성의 풍경」은 학교 안팎에서 인정을 받아, 학교도서관문화운동네트워크(이하 학도넷)가 선정하는 학교 소식지 공모 행사에서 '아름다운 학교도서관' 상패와 부상을 받기도 했다.

공공도서관과의 협력

학교도서관은 학교예산회계제도에 의해 당해연도 도서관 자료 구입 및 시설 확충 그리고 행사 운영 등에 필요한 학교 자체예산 외에, 지방자치단체 특별교부금, 학교발전기금, 기타 기부금으로 운영된다. 학교도서관 활성화를 위해서는 학교 예산만 가지고는 도서 구입이나 행사 운영에 한계가 있다. 따라서 문화체육관광부, 한국출판문화산업진흥원, 국립어린이청소년도서관, 학교도서관저널, 지방자치단체, 교육청 등에서 진행하는 동아리 지원 사업, 도서 지원 사업, 북토큰 지원 사업, 청소년 독서문화 프로그램 등 공모나 지원 사업을 통해 재원을 확보하는 것이 중요하다. 이는 한정된 도서관 예산의 한계를 극복하고, 도서관 도서 확보 및 프로그램 다양화를 위해 필요한 현실적인 노력이다. 동시에 학교를 넘어 지역사회, 각종 단체와 연대하고 민주시민으로 성장할 수 있는 기회의 창이 되기도 한다.

일례로 만성중학교는 시립도서관인 미추홀도서관과 협약을 맺고 다양한 프로그램을 진행하고 있다. 미추홀도서관과의 협력관계에 힘입어 '2019 미추홀북(미추홀도서관 추천도서)'인『만세열전』독서릴레이를 1학년 윤독시간에 진행하였고, 이후『만세열전』낭독공연을 만성소극장에서 진행했다. 중학생들에게 다소 어려운 책이었지만 독서릴레이와 낭독공연을 통해 한층 쉽게 이해할 수 있었다. 2020년에도 미추홀북으로 선정된 김영미 피디의 『세계는 왜 싸우는 가?』, 강변구 작가의 『그 섬이 들려준 평화 이야기』로 1, 2학년 반별 독서토론이 진행되었다.

구립도서관인 소래도서관과의 연계를 통해 학교도서관 활동을 더욱 풍성히 하기도 했다. 남동구에서 진행하는 '남동의 책 독서릴 레이' 책인 선안나 작가의 『일제강점기 그들의 다른 선택』을 1학 년 윤독시간에 함께 읽고 소래도서관에서 진행한 작가와의 만남에 도 학생들이 참여했다. 거리가 먼 소래도서관까지 학생들이 안전 하게 갈 수 있는 방법을 궁리하다가, 학교 건너편 남동장애인복지관 에 협조를 구했고 도움을 받았다.

선안나 작가와의 만남에서는 작가가 왜 이 소설을 쓰게 되었는지, 또한 독립운동가와 친일파를 대립시켜 인물 일대기를 청소년들이 쉽게 접근할 수 있도록 쓴 이유를 직접 들었다. 작가에게 질문하는 시간이 학생들에게 신선한 충격을 주었던 것 같다. 참여 후기를 학 생 설문을 통해 알 수 있었다.

1. "남동의 책, 『일제강점기 그들의 다른 선택』 선안나 작가와의 만남에서 기억에 남는 것은?"
   - 작가님에게 이것저것 물어보는 시간이 기억에 남습니다.
2. "학교도서관이나 공공도서관에서 작가 초청을 한다면 어떤 분야의 작가 와 만나고 싶은가요?"
   - 미래에 관한 이야기, 김지훈 작가요!(『용기를 잃지 말고 힘내요』, 『당신의 마 음을 안아줄게요』의 저자), 요리 관련 책 쓰는 작가, 웹툰 작가, 공지영 작가, 청소년의 마음을 잘 이해해주는 작가요!!

3. 불편한 점이 있었는지요?

    - 갈 때는 남동장애인복지관에서 차량을 지원해주었는데 귀가할 때는 버스를 타고 오느라 불편했어요. 남동구청에서 청소년들이 잘 배우고 자랄 수 있도록 버스운행을 해주었으면 좋겠어요.

동네 피자집도 학교도서관의 협력파트너

도서관을 잘 찾지 않는 학생들을 어떻게 우수이용자로 변하게 할 수 있을까? 학생들의 환경에 눈을 돌려보았다. 집에서 공부에 집중할 수 있는 환경이 확보되지 않은 학생들이 적잖음을 알 수 있었다. 시험기간만이라도 학생들이 공부에 집중할 수 있는 공간을 만들자는 데 생각이 미쳤고 '도서관 야간연장 운영'이 머리에 떠올랐다. 학교도서관에서 공부하면서 모르는 것, 더 깊이 알고 싶은 것은 도서관 책을 활용할 수 있으면 얼마나 좋을까. 이 계획을 교장 선생님께 의논드리니 마침 자기주도학습을 중점사업으로 진행할 계획을 세우고 계시다며 적극 지원해주셨다.

    그런데 밤 9시까지 운영한다면 저녁식사를 어떻게 할 것인가? 사실 도서부 2학년 학생이 시험기간에 저녁도 먹지 않고 청소년수련관에서 공부한다는 말을 듣고 안타까운 맘이 들었던 적이 있었다. 매일 늦게까지 공부하는데 저녁도 제대로 먹지 못하니 피곤이 온몸을 감싸고 있었다.

    해결방법을 모색하다 동네 피자집 사장님께서 복지관 등 도움이 필요한 단체에 한 달에 피자 열 판을 후원하고 싶어 한다는 소식을 접한 터라 후원을 요청하였다. 다행히도 사장님께서 흔쾌히 동참하기로 하셨다.

이렇게 2019년 1학기 2회 고사부터 2학기 2회 고사까지 시험기간에 도서관 야간연장을 하였다. 참석자 총인원이 200명에 달하는 큰 호응을 얻었다. 착한 피자집에는 학생들이 감사의 마음을 담은 편지를 전달하고 '2019년 행복나눔공동체 실현 참여기관 감사장'도 수여했다. 이 소식을 「만성의 풍경」에도 실었다.

청소년 사회참여활동 프로젝트

2019년 1월부터 진행된 청소년 사회참여활동 프로젝트 교사연수에 참여한 것을 계기로, 학교도서관에서 동아리활동을 진행해보았다. 말로만 민주시민으로 살아가기를 할 것이 아니라 일상에서 불편한 사항의 개선을 정책적으로 제안해보고, 실천해보는 프로젝트였다. 학생들이 직접 가정, 지역, 학교에서 개선할 점을 찾아보기로 했다. 앞서 소개한 선안나 작가와의 만남 행사 참여는 학생들이 살고 있는 지역에 '구립도서관이 없다'라는 것을 깨닫는 계기였다. 40분 가까이 걸려 이동해야 했고, 가정으로 돌아갈 때는 각자 버스로 이동하는 불편함을 감수했다. 그래서 '청소년이 마을에서 독서하기 좋게 해주세요'라는 제목으로 청소년 사회참여활동과 연계하여 남동구청 구의원에게 만수1동 인근에 공공도서관을 만들어줄 것을 제안했고 면담이 성사됐다. 하지만 남동구 구의원 면담에서 여러 차례 만수동 주민들이 공공도서관 건립을 요구하였으나 만수1동에 인접한 구월동에 시립도서관인 미추홀도서관이 있어 어렵다는 기존의 입장을 다시 듣는 데 그쳤다. 아쉬웠지만 앞으로도 마을과 학교공동체가 독서를 통해 함께 성장하도록 이끄는 공간인 도서관을 지어달라는 요구를 국가와 지방정부에 대해 지속적으로 할 계획이다.

만성 독서 골든벨

만성중학교 학교도서관이 벌인 여러 활동 중 마지막으로 소개할 내용은 '만성 독서 골든벨'이다. 2019년 '임시정부 수립 100주년'을 맞아 청소년들이 우리 역사에 좀 더 관심을 갖도록 하려는 취지에서 시작했다.

1학년은 국어과 교사들과 협의를 통해 학생들의 참여를 높이는 노력을 벌였다. 여름방학 동안 독서퀴즈 대상 도서를 반마다 다르게 선정해 제시했다. 3학년은 2학기 2회 고사 종료 후 상급학교 진학 상담으로 시간적 여유가 있을 때 진행하였다. 먼저 국어, 역사교과 연계로 협의를 거쳐 1차 저자강연, 2차 골든벨의 방식으로 진행했다. 『청년 김구가 만난 인천, 사람들』의 저자 이희환 박사를 초청해 '청년 김구, 인천을 걸고 독립을 꿈꾸다'라는 제목의 강연을 들었다. 그 강연 내용을 바탕으로 지필고사를 실시해 골든벨 각 반 대표주자를 선정했다.

기존 독서 골든벨은 최후의 1인이 승리자로 남게 되지만, 이번 청소년 사회참여활동 연계 독서 골든벨은 세 명이 한 팀이 되어 서로 협의하여 답을 맞힐 수 있도록 반마다 2팀을 선발하였다. 2차 골든벨 출제 문제는 『청년 김구가 만난 인천, 사람들』,『일제강점기 그들의 다른 선택』, 3학년 근현대사를 기본으로 중3 과정에서 꼭 알아야 하는 우리 문학과 역사를 중점으로 출제하였다. 출제는 담당교사가 80%, 도서부 학생이 20%를 담당하도록 했다. 막연한 골든벨이면 참여도가 적을 것으로 판단해, 100문제의 기출문제를 먼저 제공하여 학생들에게 적극 참여를 유도하였다.

만성 독서 골든벨 설문조사 결과

좋았던 점	개선되어야 할 점
"혼자서 참가하는 것이 아닌 3명이 팀을 이뤄서 진행하는 점이 좋았던 것 같다."	"중간에 난센스 퀴즈 문제를 많이 넣었으면 좋겠다."
"창의적이고 재미있었다."	"골든벨에 참여하지 못한 친구들은 응원 말고 할 것이 없다."
"여러 가지 몰랐던 것을 알게 되고 책에 대해 더 알 수 있어서 좋았다."	"응원할 때 의자에 앉았으면 좋겠다. 위에 있는 의자를 두고 굳이 바닥에 앉아서 하니 허리가 아프다."
"다 함께했다는 것."	
"친구들과 함께 정답을 적는 것이 좋았다."	"패자부활전 문제가 더 어려웠으면 좋겠다."
"단합이 잘되어서 좋았다."	"응원상 상품이 피자인데 골든벨 2, 3위 상품이 노트일 수가 있나? 다음번 상품은 골든벨 1, 2, 3위 팀에게 큰 상품을 주고 응원상을 그다음으로 생각해주었으면. 100개 다 외웠는데 억울하다."
"신선해서 재미있다."	
"김구 선생님의 평생친구 유한무와 김구 선생님의 암살자 안두희를 알게 되었다."	
"까먹었던 역사 내용을 다시 외우니까 이젠 잊어버리지 않을 것 같다."	"패자부활전 폐지."
"기출문제 100문제를 주어 좋았다."	

드디어 '만성 독서 골든벨'이 열리는 날. 학교 체육관에 각 반 3명씩 2팀, 총 16팀 48명으로 구성된 대표팀과 각 반 응원팀, 선생님들이 자리한 가운데 골든벨 행사가 치러졌다. 진행은 도서부 3학년이 맡았다. 답 발표 과정에서 서로 의견이 다른 경우는 틀린 답이더라

도 합의가 되었다면 발표할 수밖에 없었다. 오답일 경우 친구들과 갈등이 있지 않을까 우려했지만, 앞의 표에서 소개된 것처럼 팀 중심 운영은 긍정적인 반응을 낳았다.

4. 민주시민교육은 학교도서관 전문가 확충으로부터

학교도서관은 민주시민교육의 중심이 되는 장이다. 2018년 8월 문재인 대통령 주재로 국무회의가 열리고, 학교도서관진흥법 시행령 개정안으로 전국 모든 학교도서관에 사서교사, 사서 등 전문직 전원 배치를 심의·의결했다. 하지만 인천시 초중고 524개 중 도서관 사서가 배치된 곳은 282개(53.8%, 2020년 기준)에 불과하다. 사서교사는 교육부 소속, 사서는 교육감 소속으로 이원화돼 있어 사서 확충을 더욱 어렵게 하고 있다. 반면 경기도는 모든 학교에 사서교사 배치를 했는데, 이는 사서교사를 교육공무원 정원외로 확충하는 결단을 내린 덕이다.

우리 생활 전반에 걸쳐 민주시민교육을 시행하자면 학교도서관에 전문인력을 배치하려는 노력이 선행되어야 한다. 학교도서관은 학생들이 틈을 이용하여 '숨'을 쉬는 곳이다. 숨은 내 안에 모아놓은 호흡을 내뿜는 작업이다. 학교도서관은 학생들이 자신의 이야기를 누구의 간섭도 받지 않고 털어놓을 수 있는 곳이다. 민주시민교육의 출발점인 학교도서관에 대해 더 많은 관심과 지원이 절실하다.

✏ 추천하는 책과 영화

■ 『역량의 창조 : 인간다운 삶에는 무엇이 필요한가?』(마사 누스바움, 돌베개, 2015)
누스바움이 말하는 '역량'은 한 사람이 타고난 능력과 재능인 동시에 주변
환경에서 선택하고 행동할 수 있는 기회의 집합을 의미한다. 누스바움은 10대
핵심역량을 제안하며 각 역량이 최소한으로 보장돼야 함을 강조한다. 또한
선택과 자유를 중요하게 생각하고 사람이 어떤 기회를 활용할 수 있는지
살펴야 한다고 말한다. 이때 선택과 자유는 오롯이 개인의 몫이다. 지금까지
고립된 채 연구되던 사회 문제를 통합된 관점에서 볼 수 있도록 도와준다.

■ 『페다고지』(파울로 프레이리, 그린비, 2018)
억압이 사라진 민주주의 시대에 페다고지가 무슨 소용이냐고 항변하는
사람들도 적지 않겠지만, 물질적·정신적 빈곤이 여전하고 폭력적 제도와
관행이 우리의 삶을 옥죄고 있는 현실은 다시 이 책을 읽게 한다.

■ 『가르칠 수 있는 용기』(파커 J. 파머, 한문화, 2013)
'교사의 자아의식이란 무엇인가'가 이 책의 핵심질문이다. 이 세상의 많은
사실을 어떻게 판단하고 어떤 길을 가야 옳은 것인지 혼란스럽던 때, 나도
이 책을 읽고 용기를 얻었다. "가르칠 수 있는 용기, 그것은 곧 나 자신에게로
달려가는 용기이다."

■ 〈프리덤 라이터스 다이어리〉(에린 그루웰 감독, 2014)
고등학교 교사였던 에린 그루웰이 교육운동을 시작한 계기는 1994년 부임한
윌슨고등학교 203호 아이들과의 만남이었다. 203호는 갱단이 활개치는
빈민가 출신의 문제아만 150명 모아놓은 일종의 '특수반'이었다. 학대, 차별,
성폭력, 마약중독 등 가정 문제나 사회환경이 악동처럼 행동하게 했을 뿐,
사실 아이들은 도움을 간절히 바라고 있음을 저자는 깨닫고, 『안네 프랑크의
일기』와 『즐라타의 일기』를 함께 읽고 일기를 쓰도록 격려했다.

최현주 인천학생교육문화회관 교사

1. 결코 당연하지 않은 일상의 추억

하나, 나는 1972년생 초등학교 교사이다. 초중고 시절, 특별한 날씨를 제외하고는 월요일이면 어김없이 찾아오는 운동장 조회가 그리 싫을 수 없었다. 앞사람 뒤통수에 내 두 눈을 맞추고 차렷 정자세를 유지했다. 움직임이 허용되지 않았다. 행여나 학생주임 선생님의 눈에 정렬에서 일탈한 움직임이 포착된 학생은 구령대로 불려 나갔다. 그리고 전교생이 보는 앞에서 뺨을 맞았다.

둘, 초등학교 6학년 때 엄마가 학교를 다녀오신 날이었다. 아빠와 크게 싸우셨다. 내가 전교 어린이회장을 하게 되면 운동장 화단에 세울 동상을 기부해야 한다고 했다. 아빠는 전교회장이 뭐라고 큰 금액을 기부하면서까지 하냐고 소리를 질렀다. 어려웠던 형편으로 학교의 문턱이 마냥 높았던 엄마는 딸내미가 전교회장이 될 기회를 놓치고 싶지 않았다. 두 분이 결국 밤늦게까지 언성을 높이며 싸웠다. 당시 철도청 공무원이었던 우리 아빠의 월급은 100만 원이 채 안 되었다. 동상 기부액은 100만 원이 넘었다. 결국, 난 전교회장을 할 수 없었다.

셋, 사립중학교에 다녔다. 3월이면 학교가 학급환경미화대회로 난리였다. 학급 반장은 환경미화 물품구입을 위해 학급비를 걷었다. 우린 늦게까지 남아 벽도 칠하고 창문 커튼도 새로 맞추었다. 1년 치 게시판도 특색 있게 꾸몄다. 담임 선생님은 우리의 이런 모습을 칭찬해주셨다. 학급환경미화심사 결과가 등급 안에 들면 종이상장이 1년 내내 자랑스럽게 학급 게시판에 붙어 있었다.

지금 생각해보면 예전에는 참 비상식적인 일들이 아무렇지 않게 학교 여기저기에서 벌어졌다. 비인권적인 행위가 학생들을 지도한다는 명목하에 비일비재했다. 민주적 선거로 이루어져야 할 학생회 조직은 부모의 경제력에 따른 선택사항이었다. 학생들로부터 받은 수업료와 운영비는 어디로 갔을까? 교육의 공공성을 위한 교실환경 구성을 환경미화대회로 가장한 채 순진한 학생들의 마음, 돈, 노동력으로 충당해가면서 학교환경개선사업을 하였다. 이제는 농담처럼 오고 갈 수 있는 아주 오래된 이야기가 되었지만, 예전에는 적잖은 학교가 그랬다. 세상 참 많이 좋아졌다고 기성세대들은 종종 이야기한다.

2. 혁신학교 운영교사가 된 이유

작은 학교를 자원하다

ㄱ학교는 도심 개발의 손이 미처 닿지 않은 곳에 위치한 아름다운 학교였다. 비좁은 길을 따라 오르다가 '정말 학교가 있기는 한 것일까?' 할 때쯤 놀라우리만큼 울창한 숲으로 둘러싸인 학교가 모습을 드러냈다. 한 학년에 한두 학급, 전교생이 200명이 채 안 되는 작은 학교, 주변은 갈수록 슬럼화되고 경제문화적 차이가 교육격차로 고스란히 나타나고 있는 학교이다.

대체로 교사들은 작은 학교를 선호하지 않는다. 이왕이면 큰 학교에서 여러 선생님에게 잘게 나누어진 업무를 부여받고 여러모로 안정적인 환경의 학생들과 지내고 싶은 마음이다. 보통 ㄱ학교 같은 작은 학교는 교사들이 전보에서 밀려서 가거나, 타 시도 전출교사나 신규교사들이 거쳐가는 곳이다. 그런데 난 이곳을 자원해서 갔다. 그리고 내 인생에서 영원히 기억될 운명적인 만남을 갖게 되었다.

ㄱ학교는 침체된 학교를 주도적으로 끌어갈 수 있는 교사를 구하고 있었다. 나는 순수한 교육적 열정보다는, 나의 진로를 다분히 고려한 의도적인 선택에 따라 ㄱ학교를 자원했다. 처음 1년은 공감을 크게 받지 못한 채 나만의 열정과 성실함으로 무장하고 불도저 같은 추진력으로 많은 이들을 괴롭히며 연구학교를 이끌었다. 다행히도 마음 좋은 선생님들은 말없이 따라주었고 학부모님들은 이전과는 다른 에너지를 보이는 학교를 지켜보았다.

학교는 살아 움직이는 듯했으나 뭔가 불편했다. 안 그래도 일이 많은 작은 학교인데, 연구학교 운영으로 인해 늘어난 활동이 학교를 더 바쁘게 만들었다. 협의회가 많아지고 관련 행사준비와 보고서 작성으로 분주하기 그지없었다. 그러다보니 정작 아이들은 뒷전이 되기 일쑤였다.

그리고 그해 4월 16일, 세월호 사건이 일어났다. 거짓말 같은 일이 일어났으나 진실은 알 수 없었다. 경기도 안산으로 달려가 하염없이 숨죽여 울고왔다. 돌아오는 내내 다짐했다. 남은 교직생활만이라도 아이들에게 미안한 교사, 부끄러운 교사가 되지 않겠다고.

"혁신학교를 한다고요?"

어느 날 교장 선생님께서 날 부르셨다.

"최 선생님, 우리 혁신학교 한번 해보지 않을래요?"

대답 대신 난 그냥 한동안 가만히 있었다. 경기도에서 시작된 혁신학교에 관한 소문을 여기저기서 들었기에 선뜻 답할 수가 없었다. 소문에 의하면 혁신학교는 회의가 엄청 많고, 일도 많아서 퇴근을 정상적으로 할 수 없다. 일반교사들은 업무가 혹 주는지 몰라도 부장교사들 일은 훨씬 더 많아진다고들 했다. 교장 선생님과 교사들의 면담은 이후로도 한동안 계속됐고, 혁신학교에 대한 의견을 물으셨다.

다른 교사들과의 면담이 끝나갈 무렵, 교장 선생님을 찾아가 되물어보았다.

"교장 선생님, 왜 혁신학교를 하고 싶어 하시나요? 지금도 우리 학교는 다른 학교들에 비해 충분히 바쁘고 기초학력 미달 학생들에 대한 교육과 돌봄으로도 너무나 힘든데 왜 혁신학교까지 하려 하십니까?"

"최 선생님, 난 이 작은 학교를 살리고 싶어요. 여기저기 돈 들어갈 건 많은데 큰 학교보다 턱없이 적은 학교운영비로는 기간제 교사 급여 주기에도 헉헉댑니다. 학교운영비 대부분이 시설비와 인건비로 소요되는 우리 학교의 현실을 직시해야 합니다. 학교에 에너지를 불어넣고 싶어서 연구학교를 시작했지요. 효과는 물론 있었어요. 하지만 몇몇 교사에 의해 주도되는 학교운영은 지속성에 한계가 있기 마련입니다. 나는 연구학교로부터 시작된 교육과정 개선 움직임이 확장되어 학교 안팎에서 다양하게 펼쳐지길 바라요. 최 선생님, 혁신학교가 우리 학교 숨통을 제대로 트여줄 것 같은데……, 우리 한번 해보지 않을래요?"

그날 이후 혁신학교에 관해 알아가기 시작했다. 혁신학교 운영계획을 수립하기 위해 각종 자료를 수집하고 나름의 추진과제를 설정했다. 전국의 혁신학교를 찾아다니며 현장에서 '선배'들을 만났다. 시나브로 그 철학에 젖어들었다. 신기하게도 몸은 바쁜데 내 삶이 즐거워졌다. 배움이 날 기쁘게 했고 내게 맞는 옷을 찾은 행복감에 취해 고된 줄 몰랐다. 우리 학교는 교직원협의회 결과 혁신학교를 하게 되었고 결국 나는 혁신학교 운영자의 길을 걷게 되었다. 연구학교 운영보다 더 어려운 길이었다. 하지만 아이들에게 부끄럽지 않은 교사가 되겠다고 약속했던 4월 16일 이후로, 가장 당당한 내 모습을 볼 수 있었다.

3. 왜 학부모자치가 중요한가

2015년에 ㄱ학교는 드디어 인천형 혁신학교인 행복배움학교가 되었다. 나는 학교혁신 및 자치 담당 부장교사를 맡았다. 하지만 행복배움학교의 길은 생각 이상으로 낯설었다. 특히나 혁신학교 취지에 맞게 교육공동체 주요 구성원들과 그 길을 함께 걸어가자니 적잖은 시행착오가 불가피했다.

학부모에 주목하는 이유

교육공동체를 구성하는 교육 3주체에는 학생, 교사, 학부모가 있다. 교사가 학교공동체의 주체인 것은 누구나 인정하고 거부감이 없다. 그렇다면 학생과 학부모는 어떠한가? 여전히 학생은 미성숙한 존재로서 훈시와 통제 대상이고, 학부모는 민원인이거나 동원의 대상일 뿐인 것은 아닌가. 특히나 학부모를 바라보는 시선에서, 이 글 도입부에서 떠올린 과거 학교의 잔재가 완전히 사라졌다고 자신 있게 말할 수 있을까. 혁신학교지만 여전히 적잖은 선생님들이 학부모의 참여를 불편해 했다. 간섭으로 여기거나 본인이 평가를 당할지도 모른다는 불편함을 느꼈다. 어떻게 하면 학부모들이 학교에서도 자기 목소리를 내는 존재가 되고, 교육 3주체가 함께 만드는 교육이 되게 할 수 있을까. 이 같은 질문을 끊임없이 던졌다. ㄱ학교가 혁신학교로 탈바꿈한 취지를 제대로 살리는 마지막 퍼즐의 완성이 학부모자치 실현에 있다고 믿었기 때문이다.

학부모자치회를 돌아보다

ㄱ학교 학부모자치회(이하 학부모회)에는 학년회, 녹색교통대, 책놀이 어머니회가 있다. 사실, 작은 학교의 학부모회이다보니 학년회 소속 학부모가 녹색교통대이고, 녹색교통대인 학부모가 책놀이 어머니회에 참여하는 식으로 중복되는 학부모가 상당수였다. 그럼에도 각 모임의 색깔은 분명했다. 특히, 책놀이 어머니회 소속 회원들은 자신들이 학부모회 산하조직으로 자리매김하는 상황을 인정하지 않고 독립적인 모임으로 활동하길 바랐다. 담당자는 이런 상황도 모른 채 학부모자치를 활성화하기 위해 타 단체에 비해 활동적인 책놀이 어머니회를 적극 지원하며 학교참여 기회를 더 확대하려 했다. 그러

다보니 학년회와 녹색교통대는 교육청 주관 행사와 학교 밖 캠페인 위주 활동을 하고, 책놀이 어머니회는 교내활동 위주로 학생들의 도서관 활용 수업과 저학년의 책놀이활동에 적극적으로 참여하였다. 그러나 아무 문제 없이 운영되고 있다고 생각한 학부모회에서는 학교가 알지 못하는 문제들로 때로는 작은 신경전이 전개되기도 했다.

이후 여러 가지 일을 거치면서 그간의 ㄱ학교 학부모회에 대해 성찰적으로 돌아보게 되었다. 우선 학부모회 문화에 대한 존중이 없었다. 담당 교사가 지원하는 게 아니라 운영을 했다. 길잡이 교사로서 학부모회 운영 안내와 지원을 하면 되는데, 자신이 이해하고 배운 대로, 원하는 대로 학부모회를 운영했다. 교사가 주인 노릇을 한 것이다. 합의되지 않은 학부모회 조직도를 구성했으며 그 조직의 위계성을 고려하지 않았다. 분산과 공유의 리더십이 있을지라도 엄연히 공동체문화에 따른 질서가 있는데 그 부분을 간과한 채 일만 생각했다.

둘째, 학부모 커뮤니티 공간이 없었다. 학부모들이 모여서 대화하고 함께 꿈꾸는 공간이 없었다. 학부모는 학교에 잠시 들렀다 가는 손님이었다. 교사들에게 학부모는 접대의 대상이었지, 동반자로서 학교를 함께 만드는 주체가 아니었다. 정례화된 회의라도 하려고 하면 교무실에 들러 협의실을 사용하겠다는 허락을 받고 열쇠를 받아가는 번거로운 절차가 필요했다. 그것이 불편해 학부모들이 자비를 들여 학교 인근 카페에 가는 현상이 벌어졌다. 소통과 협의로 함께 연대한다면서 정작 학부모에게 주어진 권한과 여건이 변변치 않았다. '학부모 커뮤니티'라는 근사한 말은 아니더라도 학부모들이 편안하게 오가고 기본적인 사무용 가구, 용품 그리고 복지 물품을 사용할 수 있도록 구비된 공간이 없었다. 학부모들은 그냥 잠시 정족

수를 채우기 위해 왔다 가거나, 행사를 위해 봉사하는 존재에 불과했다.

셋째, 함께하는 배움이 없었다. 학부모들이 학부모회 이해와 방향에 대한 가치를 먼저 정립해야 하는데 그 기회를 제공하지 않았다. 갓난아이에게 걸어보라고 재촉한 것과 다름이 없다. 자신들이 왜 여기에 있는지, 무엇을 해야 하는지, 어떻게 해야 하는지에 관한 배움의 시간이 없었다. 배움의 시간에 성찰과 반성이 있고 그로부터 가치가 창출된다. 창출된 가치를 실천하기 위한 방법을 모색하는 이 모든 과정이 결국 학부모회가 스스로 걷게 지원하는 일임을 왜 뒤늦게 알게 되었을까? 그저 혁신과제의 일부로서 성과를 내기 위해 학부모들을 몰아치기만 했다.

넷째, 정례화된 협의체가 없었다. 요즘 학부모회에는 영역별로 온라인 단톡방이 있다. 온라인 단톡방의 좋은 점은 언제 어디서나 서로 연결될 수 있다는 점이다. 하지만 여기에는 아래와 같은 선결조건이 있다.

- 단톡방에는 공적인 내용만 오고 간다.
- 한 주제에 관해 온라인 협의가 필요할 시에는 미리 시간을 공지하고 집중한다.
- 온오프 협의회가 끝나면 반드시 협의록을 올려서 회의에 참여하지 못한 사람도 협의 내용이 공유되도록 한다.
- 맥락적 진실이 기반이 된 사실만을 전한다.
- 협의회에서 합의된 사항은 반드시 지킨다.

좋은 소통의 장을 만들고 유지하기 위한 약속을 정하고 이를 합의한 후 실천으로 이어가야 한다. 이러한 선결 조건이 없는 온라인 매체는 곧 감정의 배출구로 전락해버리고 만다. 내가 좋아도 타인은 원치 않는 광고물, '카더라' 통신에 의한 뒷담화, 주관적 관점과 감정에 치우친 의견은 온라인 단톡방에 대한 신뢰를 해치고, 때론 감정적 소모전으로까지 이어진다. 잘못 운영된 온라인 단톡방은 학부모회 참여를 회피하는 원인을 제공하기도 한다. 그래서 세상이 달라지고 변했지만 가능한 한 정례화된 협의회는 오프라인으로 할 것을 권장하고 싶다. 모든 사람이 다 참여할 수는 없지만 많은 이들이 참석할 수 있는 일정을 정하여 맥락적 이해, 공감, 합의, 실천전략이 도출될 수 있는 시간을 만들어가야 한다. 만약 오프라인 소통이 여의치 않다면 온라인 소통회를 실시하면서 반드시 건강한 소통의 선결조건을 지켜야 한다.

다섯째, 학부모회 역할 변화에 대해 서로 공감하는 시간이 부족했다. 학부모는 학교와 마을을 이어주는 매개자이다. 학생의 앎이 일상의 삶과 연결된 배움으로 축적되자면 학교 밖 배움터가 필수적이며 학부모의 역할이 더할 수 없이 중요하다. ㄱ학교처럼 경제, 사회, 문화적으로 격차가 큰 학교의 경우, 내 아이 남의 아이 할 것 없이 모두가 우리 아이라는 인식이 절실하다. 배움을 넘어 돌봄까지 이루어져야 한다. 학교와 마을 그리고 지역이 함께 유기적인 교육생태계를 형성했을 때에야 가능한 일이다. 학부모들은 시민으로서 누구보다 마을을 잘 알고 누구보다 마을을 사랑하는 이들이다. 학부모들이 적극적 마을 교육활동가로 활동하며 학교(교사)와 원활한 관계를 맺을 때, 학교와 마을의 연결고리는 한층 강화된다.

소통하다

한 학기(학년)를 마치며 학생, 학부모, 교직원 교육활동 나눔시간에 각자의 이야기를 들으면서 서로가 포용하며 공존해야 할 필요성과 제각각의 바람을 이야기했다. 아래는 그 내용을 종합한 것이다.

- 교직원의 이해와 공감 그리고 관계 맺음
- 학부모회 조직에 대한 합의와 의사소통 체계의 존중
- 커뮤니티실 구축
- 역량강화 배움
- 정례화된 월례회

물론 단 한 번의 소통회를 통해 모두의 마음이 같은 마음이 된 것은 아니지만, 최대한 이해하려고 노력했다. 나아가야 할 방향에 관해 함께 생각해보는 시간도 되었다. 좀 더 만남이 편해졌다. 일로만 만날 때는 선입견과 오해로 때로 불편했지만, 진심이 오고 간 이후로는 서로를 위한 지원과 응원이 오고 갔다. 일이 어떻게 진행될지 염려하는 마음은 잠시 접어두고, 일의 성격에 따라 전체 회장 또는 팀별 회장에게 교육청 사업과 학교에서 함께할 일을 알렸다. 그리고 믿고 기다렸다.

더디고 거칠긴 했지만, 과정에서 오는 불편함과 불만이 잦아들고 갈수록 협력이 쉬워졌다. 학부모회 차원에서 자율적으로 제안하는 일도 하나둘 생겨났다. 단기적 성과를 위해서는 교사주도하에 마음이 가는 학부모단체와 일하는 것이 좋을지 모른다. 하지만 장기적 관점에서 공동체의 지속과 자생력을 생각한다면 더디더라도 절차 또한 민주적 교육공동체에 어울리는 방식을 고민해야 한다.

학부모 커뮤니티실이 생기니 학부모들이 자주 왔다. 개인 비용을 들여가면서 카페를 가지 않아도 되고, 모여서 나눈 이야기가 학부모 학교활동 지원 사업으로 연계되기도 하였다. 일본어, 베트남어, 중국어를 할 수 있는 학부모의 외국어 수업, 그림책 읽어주며 놀아주는 책놀이, 주제가 있는 기념일 점심 등이 가시화됐다. 학부모의 교육적 상상이 담당교사와의 협의를 통해 실제 교육활동 지원으로 이어지는 '이상'이 현실이 됐다.

학부모들이 책을 읽기 시작했다. 다행히도 그즈음 혁신학교를 먼저 시작한 학교의 교사와 학부모의 이야기를 담은 책들이 세상 밖으로 나오기 시작했다. 교사는 교사의 이야기를, 학부모는 학부모의 이야기를 읽기 시작했다. 그러고나서 우리가 하고 싶은 것, 해야 할 것을 정해보았다.

학교혁신의 에너지원이 되다

시간이 가면서 학부모회에 대한 교사의 인식도 긍정적으로 변해갔다. 학생과 교직원과 더불어 ㄱ학교의 주인으로서 자율성과 주체성을 가지고 임하면서 학부모 역시 성장했다.

학년회는 학부모총회, 체육대회, 각종 캠페인, 교육활동 등 교육과정 활동과 관련된 교내외 행사에 동원되는 도우미가 아니라, 교육활동의 한 주체로서 기획과 진행 그리고 평가를 함께하였다. 녹색교통회는 이전처럼 같은 지구 내 단체나 유관기관과 연계하여 학생 교통안전 캠페인과 네트워크활동을 협력적으로 해나갔다. 책놀이 어머니회는 독립성을 강화하되, 타 단체와의 조율 노력도 소홀히 하지 않았다. 정례화된 회의를 통해 학생들의 놀이와 책읽기 활동을 다양한 방법으로 구현하였다. 사서교사에게 많은 것을 의존하던 모습이 점점 사라졌다. 저학년에 한정해 이루어지던 독서놀이활동이 전교생을 대상으로 확대되었다. 세계 책의 날이 있는 주에는 점심시간에 운동장 OX 독서퀴즈를 진행해 학생들 사이에서 좋은 반응을 얻기도 했다.

각 단체가 서서히 자리를 찾아갔다. 성숙하지 않은 대화로 때로 오해와 불신을 낳은 모습은 사라지고 ㄱ학교의 학교혁신을 이끄는 에너지원이 되었다. ㄱ학교는 형식화된 학교교육과정 이외에 회복과 치유 그리고 환대의 잠재적 교육과정이 작동하는 학교로 변해갔다. 공동체 구성원의 참여와 실천의 결실이 학교 곳곳에서 이뤄지는 다양한 활동으로 발현됐다. 이는 학생의 배움뿐만 아니라 교직원과 학부모의 성장으로 또다시 이어졌다.

ㄱ학교에는 전교생의 이름을 기억했다가 불러주는 교장 선생님, 학생과 교직원의 마음까지 챙겨주며 인권친화적 학교를 만들어주는 교감 선생님이 계셨다. 아침을 먹지 못하는 학생들을 위해 아침간식을 준비하는 복지 선생님, 기초학력보장을 위해 다중지원하는 담임(상담) 선생님, 수업중심 학교를 위해 일당백을 감내하며 교무행정일을 해주는 교무행정 실무사들이 계셨다. 그리고 빼놓을 수 없는 존재가 바로 학부모회였다. 늦은 밤까지 퇴근을 못하고 일하느라 불켜져 있는 교실에 아무도 모르게 간식을 가져다 놓으시는 등 ㄱ학교를 행복학교로 만드는 데 시간과 수고를 아끼지 않았다. 해를 거듭할수록 활발해지는 학부모회 활동 덕에 모든 아이가 내 아이가 되어 모두에게 따뜻한 행복배움은 깊어만 갔다.

명실상부한 행복배움학교가 되는 데는 정답도 만능열쇠도 없었다. 다만 서로 소통하고 갈등상황을 유연하게 대처하려는 태도가 필요했을 뿐이다. 시행착오를 바탕으로 그다음 해에는 다음과 같이 학부모회 운영지원을 하기로 결정했다.

- 평생학습활동과 학부모회 자율동아리 사업을 통합하여 운영하며 학부모회 회장과 임원들이 주체가 되어 운영한다.
- 학부모자치 운영교사는 기존 학부모회 활동에 대한 프레임을 버리고 자율성, 연대성, 공공성이라는 시민성에 기반한 학부모회 활동을 추구한다.
- 예산을 투명하게 공개하고 기획 및 운영의 권한을 부여한다.
- 각 단체별 학부모자치실에 사무용 집기 및 운영물품을 지원하여 협의회 및 교육활동 지원 자료 제작에 불편함이 없도록 한다.
- 학부모자치의 자생력과 지속성을 위해 목적사업비로 부과되는 행사 위주의 한시적 학부모회 활동은 지양하고 기본학교운영비로 예산을 책정하여 지원한다.
- 학부모회 활동에 대한 이해와 공감대 형성이 선결조건임을 잊지 말자.
- 학부모회 학년회를 중심으로 운영이 이루어지고 산하조직(녹색교통회, 도서관 학부모봉사단)의 개별성과 다양성을 존중하는 문화를 확산한다.
- 학부모회와 함께하는 마을연계 교육활동을 꾸려나간다.

4. 행복배움학교 정원사의 편지

학교혁신 담당자는 업무의 경계가 참 모호하다. 교육과정, 협의체, 공동체문화, 학교자치 등 어느 하나 안 걸쳐 있는 분야가 없다. 작은학교는 그나마 담당교사가 분명치 않으니 자발성과 자율성을 명분으로 관련 일을 해나가도 어느 누가 뭐라 하지 않는다. 하지만 어느 정도 규모가 있는 학교는 담당부장과 운영교사가 있기에 함부로 나서서 일을 도모하는 것이 조심스럽다. 공감대 형성을 위한 노력 과정에서 마음이 아프고 지칠 때가 많았다. 무엇보다도 학교혁신을 위해 당연시해야 할 것들을 일로만 생각하는 교직원들에게는 학교혁신 담당자가 자꾸 일만 벌이는 불편한 사람으로 여겨지기 십상이다.

학부모자치를 제대로 해보겠다고 짧지 않은 시간을 고군분투하며 보냈다. 못다 한 이야기는 이 편지 한 장으로 대신한다.

학교혁신으로 시작된 행복배움학교(혁신학교)가 2.0세대를 맞이했습니다. '지금 알고 있는 걸 그때도 알았더라면' 하는 아쉬움도 적잖습니다. 하지만 출발 자체가 큰 성과임을 강조하고 싶습니다. 지금까지 행복배움학교를 함께 일궈온 우리 자신이 자랑스럽습니다.

행복배움학교에서 즐거움과 의미를 동시에 잡는 다양한 교육활동이 가능한 것은 모두 학습공동체 구성원 간에 신뢰와 끈끈한 관계가 있기 때문입니다. 교무행정업무 지원팀과 학부모자치회의 적극적 협력이 이를 뒷받침합니다. 누구나 말은 할 수 있지만 쉽게 실천하지 못했던 일을 행복배움학교가 해내고 있습니다.

행복배움학교의 민주적 학교운영, 윤리적 생활공동체, 교육과정 편성의 다양화, 미래형 공간혁신은 일방통행 고속도로가 아닙니다. 여러 빛깔의 하늘과 숲, 그리고 출렁이는 강물이 어우러진, 좋음도 힘듦도 함께 겪어나가는 동고동락의 길입니다.

행복배움학교가 대단한 철학을 가지고 있는 것은 아닙니다. '과연 교육적인가', '학생들이 중심인가', '학생들에게 도움이 되는가', '선생님들의 교육활동의 자율성은 보장되는가'. 그저 이런 생각과 질문들을 잊지 않는 가운데 교육적 상상력을 펼쳐가는 곳입니다. '안 될 이유가 없다'라는 도전정신과 '제대로 해보자'라는 열정이 있는 곳입니다. 단기적인 성과와 효과보다는 교육의 본질 회복을 위해 힘쓰는 곳입니다. 이 같은 태도야말로 행복배움 정원의 밑거름이 될 것이라는 믿음을 갖고 지치지 않고 꾸준히 실천하고 있습니다.

꽃이 져도 아름다움에 대한 추억은 남습니다. 정원사는 내년에도 꽃을 피우기 위해 일손을 멈추지 않습니다. 그 같은 노력에 힘입어 행복배움학교의 정원에 아름다운 꽃들이 매년 철마다 피어나길 바랍니다.

행복배움학교 정원사 드림

🖊 추천하는 책

■『학교자치』(김성천 외, 테크빌교육, 2018)
학교자치 구현을 위해 필요한 추진과제, 실천방법, 주의사항 등을 제시한다.
저자들의 현장감각이 빛나는 책으로, 다양한 관점에서 문제점을 진단하고
해결방안을 알려준다. 교육주체이지만 참여할 기회가 적거나 없었던 학생,
학부모, 지역사회의 학교민주주의에 대한 진단과 바람이 담겨 있다. 다양한
교육주체가 함께 노력해 만들어가는 학교자치 역량을 키우는 데 도움이 되는
책이다.

■『학교자치를 부탁해 2』(황미애, 살림터, 2020)
 소담초등학교의 혁신학교 성장통을 고스란히 담았다. 낯선 타자와 세상에
한 걸음 다가서기, 공동체 문제를 내 관점에서 바라보기, 타인의 행복까지
생각하기 등 과정이 소개돼 있다. 상생과 협력을 통해 학교자치는 물론,
지역연대까지 이룬 소담초의 분투기가 뭉클한 감동을 준다.

■『행복한 나는 혁신학교 학부모입니다』(서울형 혁신학교 학부모네트워크,
맘에드림, 2014)
 학부모들이 말하는 혁신학교는 어떤 모습일까? 혁신학교에 아이들을
보냈거나, 보내고 있는 14개 학교 30여 명의 학부모가 혁신학교 경험담을
털어놨다. 학부모의 관점에서 학부모자치 활동을 소개하고, 학교자치에 관한
생각을 전하고 있는 점이 이 책의 가장 큰 특징이다. 혁신학교에 대한 오해를
풀고 싶은 독자에게 특히 추천한다.

■『마을교육공동체란 무엇인가?』(서용선, 살림터, 2016)
부제는 '탄생, 뿌리 그리고 나침반'. 학교를 살리고, 마을을 일구고, 아이들의
건강한 성장을 지향하는 많은 교사, 마을 사람, 전문가의 헌신과 열정이 담긴
책이다. 전국 여러 지역의 마을교육공동체에 대한 진지한 탐구서이자 각양각색
사례들이 담긴 알찬 보고서이기도 하다. 특히 학부모이자 마을 교육활동가인
이들이 찾은 교육희망이 소중하다.

■『로컬에듀』(추창훈, 에듀니티, 2017)
 교육지원청의 장학사가 학교를 바꾸기 위해 마을 단위의 교육공동체를
기획하고 지원한 과정을 소개한 책이다. 진정성 있는 교육행정이 얼마나 큰
힘을 발휘할 수 있는지가 생생하게 전해진다. 학부모, 마을 교육활동가, 지자체
관계자들과 함께 아이를 존중하는 학교, 학교를 살리는 마을, 마을과 함께 숨
쉬는 교육을 위해 고민하고 실천하는 과정이 감동적이다. 교육환경의 변화를
꿈꾸는 실천가들에게 도전의지와 용기를 주는 책이다.

시민교사들의 새로운 '상상상'

유범상 한국방송통신대학교 사회복지학과 교수

마지막이지만 계속될 원칙

'100시간의 여행'이 이 에필로그로 일단 끝난다. 우리는 무엇을 위해 100시간을 함께했고, 이 책을 내려고 했는가? 민주시민과 민주시민 교육이란 무엇인가? 나는 무엇을 어떻게 할 것인가? 함께 공부하면서 합의했던 것은 다음과 같다.

- 민주시민은 '자기 목소리로 공동체에 참여하는 시민'을 의미한다.
- 학교는 자기 목소리로 공동체에 참여하는 시민들, 즉 민주주의자들의 광장이 되어야 한다.
- 교사는 민주주의의 광장을 매개하는 존재들이어야 한다.

'자기 목소리로 공동체에 참여하는 존재'는 프레이리가 말한 침묵의 문화와 자유에 대한 공포를 가진 '신민(臣民)'과 대비된다. 프레이리는 지배의 정치문화 속에서 대부분의 사람은 침묵하고, 생각할 자유와 말할 자유를 오히려 불편해하고 두려워한다고 보았다. 민주시민은 생각하고 말할 수 있어야 한다. 그 생각과 말은 자신을 둘러싼 공동체와 동료 시민에게로 향해야 한다. 이 생각과 말의 행위는 그 자체로 공동체에 참여하는 실천이다. 그리고 공동체모임에 참여하고 현실을 변화시키는 적극적 실천으로 이어져야 한다.

학교는 민주주의자들의 광장이어야 한다. 즉, 자기 목소리로 참여하는 시민들이 학습하고, 토론과 소통의 과정에서 동료들을 만나고, 다양한 실천을 행하는 광장이어야 한다. 이것은 침묵의 문화 속에서 대학입시를 위한 학원, 취업기술을 배우는 직업학교에 머물던 기존의 학교와 대비된다.

학생을 민주주의자들로, 학교와 학급을 광장으로 인식하는 순간, 교사는 민주주의의 광장지기라는 존재가 된다. 이것은 학생이 훈육과 관리의 대상이고, 학교가 교사의 생존을 위한 작업장이라는 인식과 대비된다.

100시간의 상상상과 토론하는 동료들

나는 초기에 '인천광역시교육청 학교민주시민교육 교사아카데미' 계획안을 보면서, "과연 100시간을 채울 수 있을까?" 하는 의구심을 가졌다. 그런데 이것은 기우에 불과했다. 교사아카데미 과정을 마치고 책을 쓰자고 했을 때, 대부분의 교사는 "25명이나 되는 사람들이 같이 책을 만들 수 있을까?" 하는 또 하나의 의심을 가졌다. 이 또한 기우였음을 이 책이 보여주고 있다.

자격증도 주지 않는 100시간 연수를 기획하고 교사들을 모집하는 것은 내게 분명히 '이상'이었다. 아니, 더 정확히 말하면 '이상'하지 않고서는 세울 수 없는 무모한 계획이었다. 그런데 '이상이 일상이 되도록 상상하라(상상상)'를 실천한 인천시교육청이 있었다. 그리고 그 속에 무모하리만큼 용감한 김용진 장학사와 민주시민교육팀이 있었다.

이 상상에 걸려든 선생님들은 더 '이상'한 존재들이다. 이들은 진지한 학습과 열띤 토론을 이어갔다. 이 과정에서 교사들은 생각과 고민을 솔직하게 고백했고, 이 고백을 서로 존중했다. 학습과 솔직한 고백, 그리고 존중은 민주시민교육에 관한 공동성찰로 이어졌다. 서로 어색했던 교사들은 점차 토론하는 동료들이 되었다. 심지어 나의 아재개그에도 진심으로 반응하는!

이렇게 100시간 교사아카데미의 상상은 현실이 되었다. 대부분의 교사가 연수를 수료했고, 이상이 일상이 되는 상상에 불과했던 공동 집필 계획도 『민주주의자들의 교실』(민주시민교육의 철학, 민주시민교육의 실천)이라는 두 권의 책으로 이루었다. 우리의 광장 자체가 민주주의자들의 교실이 되었고, 우리는 도처에 있는 민주주의자들의 교실을 함께 상상하고 토론하는 벗이 되었다.

시민교사들의 상상상은 멈추지 않는다

'상상상'은 지속되고 있다. 2020년 10월 현재 '인천광역시교육청 학교민주시민교육 교사아카데미' 제2기가 진행되고 있기 때문이다. 2기의 100시간 여행은 민주시민교육을 위한 콘텐츠, 즉 인권을 주제로 한 또 다른 책을 산출할 예정이다.

주목할 점은 제1기 교사들의 학습과 토론이 여기에서 멈추지 않을 것이라는 믿음이다. 이 토론은『민주주의자들의 교실』제1권 에필로 그에서 단서를 찾을 수 있다. 즉 '포스트코로나시대의 교실과 교육' 에 관해 우리는 새로운 토론을 시작했다.『포스트코로나시대 민주주 의자들의 교실』과 같은 새로운 버전의 책도 좋을 것이다. 100시간과 책의 출간 과정에서 교사들은 토론하는 동료가 되었다. 그런 경험 을 공유한 이들이 앞에 놓인 문제를 놓고 가만히 있을 수 있을까? 주 제의 확장(불평등, 세계시민, 생태권과 동물권 등)은 물론, 교육방법, 실 천방법, 토론방법 등 함께할 무궁무진한 화두를 함께 던지고 해결의 실마리를 찾아갈 것이다.

함께해온 선생님들이 학습을 통해 또 다른 시민교재를 개발할 것 을 기대한다. 개인적으로는 정치우화 형식으로 민주시민을 위한 교 재를 출간했고, 또 구상 중이다. 함께해온 선생님들과 민주시민교육 을 위한 정치우화 형식의 책을 내도 좋을 것이다. 또는 구체적 사례 를 통한 시민교육 교재도 가능하리라. 이것을 기대하는 이유는 첫 째, 집단지성의 힘을『민주주의자들의 교실』을 통해 보았기 때문이 다. 둘째, 대학교수인 내가 가지지 못한, 학교현장에서 얻은 실천적 지혜를 선생님들에게서 보고 감탄했기 때문이다. 그래서 선생님들 과 함께라면, 무엇이든 가능할 것이라고 생각한다.

더 깊은 기대가 있다. 선생님들이 학교 교사를 넘어 마을의 교사들 이길 희망한다.『민주주의자들의 교실』은 학교 안 교실 이야기가 주 를 이루지만, 이 교실이 마을, 사회, 국가로 본격적으로 확장되어야 한다. 선생님들이 이 책을 매개로 학생뿐만 아니라 학부모, 그리고 마을 속 시민들과 만나 민주시민교육을 진행했으면 한다.

　인천시교육청의 100시간 교육을 함께한 단체가 사단법인 마중물이다. 단체명 '시민교육과 사회정책을 위한 마중물'에서 보듯이, 시민교육에 관심을 갖고 지역에서 활동해온 시민단체이다. 이 단체가 주도해 '협동조합 마중물문화광장'을 만들었고, 현재 서점, 문구점, 카페, 갤러리, 공연장, 강의장으로 구성된 복합문화공간 '마샘'을 인천 지역에서 운영 중이다. 따라서 100시간의 교사아카데미는 교육청과 지역의 시민단체가 함께한 프로젝트이다. 인천시교육청-마중물의 연대처럼, 학교를 넘어 마을로, 교사를 넘어 시민교사로, 교육을 넘어 실천으로 확장되는 다양한 시도가 곳곳에서 이뤄지길 기대한다. 100시간 프로젝트가 인천에서만 진행된 단기적인 프로젝트가 아닌, 전국 도처에서 진행하는 교육운동의 한 사례가 되어 한국사회의 역할모델이 되길 바라본다.

　감사할 사람이 많다. 인천시교육청과 김용진 장학사는 이미 앞에서 언급했다. 김향미 마중물 활동가는 간사로서 이 모든 과정을 매개했고, 과정을 기록으로 남겼다. 협동조합 마중물이 만든 출판사 마북의 김민하 대표, 이선희 편집자, 공미경 디자이너는 많은 저자들이 참여한 글을 성의를 다해 만져주어 좋은 책이 되도록 해주었다. 감사한다. 그런데 이 모든 것이 가능했던 것은 우리 선생님들의 존재 덕이다. 좋은 벗을 만나, 사단법인 마중물 이사장인 나와 마중물들은 행복하다. 토론하는 벗과 이어갈 긴 여행이 설렌다.

참고문헌

1장 후배 민주시민을 위한 수업 이야기

교육부, 『도덕4 교사용 지도서』, 학지사, 2018.

교육부, 「초등학교 교육과정」 교육부, 2015.

김성천·김형태·서지연·임재일·윤상준, 『학교, 민주시민교육을 만나다!』, 맘에드림, 2019.

인천광역시교육청, 「인천광역시 초등학교 교육과정 편성·운영 지침」, 인천광역시교육청, 2019.

인천초등교육과정연구소, 『교육과정을 뒤집다: 백워드로 통합단원 설계하기』, 박영story, 2018.

캐롤 앤 토밀슨·제이 맥타이, 『맞춤형 수업과 이해중심 교육과정의 통합』, 김경자·온정덕·장수빈 역, 학지사, 2012.

Wiggins, G.·McTighe, J., 『Understanding by Design』, 2005, 『거꾸로 생각하는 교육과정 개발: 교과에 대한 진정한 이해를 목적으로』에서 재인용, 강현석·이원희·허영식·이자현·유제순·최윤경, 2008.

2장 민주시민교육, 배움과 실천 사이

김현경, 『사람, 장소, 환대』 문학과지성사, 2015.

김현수, 『무기력의 비밀』 에듀니티, 2016.

넬 나딩스·로리 브룩스, 『논쟁수업으로 시작하는 민주시민교육』 정창우·김윤경 역. 풀빛, 2018.

수잔 크레이크, 『트라우마 공감학교』, 김현수 역, 에듀니티, 2020.

유병렬 외, 『초등학교 5~6학년 도덕5 교사용 지도서』, 지학사, 2019.

장은주, 『시민교육이 희망이다』, 피어나, 2017.

제시카 조엘 알렉산더, 『행복을 배우는 덴마크 학교 이야기』, 고병헌 역, 생각정원, 2019.

제인 넬슨 · 린 로트 · 스티브 글렌, 『학급긍정훈육법: 친절하며 단호한 교사의 비법』, 김성환 외 역, 에듀니티, 2014.

최형규, 『시민, 학교에 가다』, 살림터, 2019.

캐스 R. 선스타인, 『와이저: 똑똑한 조직은 어떻게 움직이는가』, 이시은 역, 위즈덤하우스, 2015.

3장 프로젝트 학습에 민주시민교육 더하기

교육부 외, 『민주시민교육 교원역량강화연수 자료집』, 2019.

교육정책디자인연구소 시민모임, 『학교, 민주시민교육을 실천하다』, 맘에드림, 2020.

시민교육과 사회정책을 위한 마중물, 『상상상지도』, 2019.

심성보 · 이동기 · 장은주 · 케르스틴 폴, 『보이텔스바흐 합의와 민주시민교육』, 북멘토, 2018.

이대성 · 이병희 · 이지명 · 이진희 · 최종철, 『민주학교란 무엇인가』, 교육과실천, 2020.

정진, 『회복적 생활교육 학급운영 가이드북』, 피스빌딩, 2016.

최은경, 「더불어 사는 민주시민」, 『민주시민교육 교원역량강화연수 자료집』, 2019.

파커 J. 파머, 『비통한 자들을 위한 정치학』, 김찬호 역, 글항아리, 2012.

Becker, C. L., 「Modern Democracy」 1941, 『민주시민교육 교원역량강화연수 자료집』에서 재인용, 교육부 외, 2019.

MacIver, R. M., 「The Ramparts We Guard」, 1956, 『민주시민교육 교원역량강화연수 자료집』에서 재인용, 교육부 외, 2019.

4장 민주시민과 함께하는 역사교육 이야기

교육부, 『사회과 교육과정-교육부 고시 제2018-162호』, 2018.

김한종, 『민주사회와 시민을 위한 역사교육』, 서울대학교출판문화원, 2017.

심성보 · 이동기 · 장은주 · 케르스틴 폴, 『보이텔스바흐 합의와 민주시민교육』, 북멘토, 2018.

전국역사교사모임, 『우리 아이들에게 역사를 어떻게 가르칠 것인가』, 휴머니스트, 2002.

전국역사교사모임, 『역사, 무엇을 어떻게 가르칠까』, 휴머니스트, 2008.

키쓰 바튼 · 린다 렙스틱, 『역사는 왜 가르쳐야 하는가: 민주시민을 키우는 새로운 역사교육』, 김진아 역, 역사비평사, 2017.

파울로 프레이리, 『페다고지』, 남경태·허진 역, 그린비, 2018.

홍선이, 「'한국사교과서' 조선후기 신분제 내용의 劃一과 固着」, 『歷史敎育』, 2016.

5장 AI 아이들과 만난 민주시민교육

유상은, 「질문과 대화가 살아 있는 하브루타 공동체」, 『새교육』 723, 한국교육신문사.
　　2015.

이윤주, 「사회과 논쟁문제 수업에서의 이견접촉과 논증유형이 청소년의 정치적 관용에
　　미치는 영향」, 『교육문화연구』 16(2), 인하대학교교육연구소, 2010.

이충모, 「논쟁적 발문은 수업을 어떻게 바꾸었을까?」, 『역사와 교육』, 18,
　　역사교육연구소, 2019.

이현정·최무연·임해정, 『프로젝트 수업, 배움을 디자인한다』, 행복한미래, 2017.

정문성, 『토의 토론수업방법』, 교육과학사, 2017.

6장 세상과 마주하는 열린 국어 수업

김경민, 『문학으로 읽는 나의 인권감수성』, 지식의날개, 2019.

김성천·김형태·서지연·임재일·윤상준, 『학교, 민주시민교육을 만나다!』, 맘에드림,
　　2020.

유범상, 『필링의 인문학』, 논형, 2014.

7장 과학이 민주사회의 파수꾼을 키운다

사토 마나부, 『수업이 바뀌면 학교가 바뀐다』, 손우정 역, 에듀니티, 2011.

손우정, 『배움의 공동체』, 해냄, 2012.

심성보·이기라·홍은영·서현수·권순정·장수빈·장은주, 『학교 민주시민교육의 세계적
　　동향과 과제』, 살림터, 2019.

가치를 꿈꾸는 과학교사모임, 『정답을 넘어서는 토론학교: 과학』, 우리학교, 2011.

8장 누구나 수학, 모두의 수학

김민형, 『수학이 필요한 순간』, 인플루엔셜, 2018.

박형주, 『배우고 생각하고 연결하고』, 북하우스, 2018.

박형주, 『내가 사랑한 수학자들』, 푸른들녘, 2017.

아니타 A. 웨이저·데이비드 W. 스틴슨, 『사회정의를 위한 수학교육』, 박만구 외 역,
　　경문사, 2015.

앤드류 해커, 『수학의 배신』, 박지훈 역, 동아엠앤비, 2019.

윤상혁, 「삶을 위한 수학교육」, https://brunch.co.kr/@ysh2084#works

최영기, 『이토록 아름다운 수학이라면』, 21세기북스, 2019.
캐시 오닐, 『대량살상 수학무기』, 김정혜 역, 흐름출판, 2017.
폴 록하트, 『수포자는 어떻게 만들어지는가?』, 박용현 역, 철수와영희, 2017.

9장 책 읽는 도덕시간 이야기
송승훈·하고운·김진영·임영환·김현민·김영란, 『한 학기 한 권 읽기』, 서해문집, 2018.

10장 고3 학생들, 학교에 대해 말하다
김순천, 『대한민국 10대를 인터뷰하다』, 동녘, 2009.
김선욱, 『한나 아렌트의 생각』, 한길사, 2017.
심성보·이동기·장은주·케르스틴 폴, 『보이텔스바흐 합의와 민주시민교육』, 북멘토,
    2018.

12장 학교도서관, 생활 속 민주시민교육을 실천하다
샤론 그림스, 『어린이 독서 능력향상을 위한 사서의 역할』, 정진욱 역,
    국립어린이청소년도서관, 2010.
송기호, 『학교도서관 운영의 실제』, 한국도서관협회, 2019.
심성보·이동기·장은주·케르스틴 폴, 『보이텔스바흐 합의와 민주시민교육』, 북멘토,
    2018.
장은주, 『시민교육이 희망이다』, 피어나, 2019.
Farwell, S., 「Successful Models for Collaborative Planning」, 『Knowledge
    Quest』, 26(2), 1998, 『어린이 독서 능력향상을 위한 사서의 역할』에서 재인용, 샤론
    그림스, 2010.
Russell, S., 「Teachers and Librarians: Collaborative Relationships」,
    『Teacher Librarian』, 29(5), 2002, 『어린이 독서 능력향상을 위한 사서의
    역할』에서 재인용, 샤론 그림스, 2010.

민주주의자들의 교실
민주시민교육의 실천

초판 1쇄 발행 2020년 10월 30일
지은이 인천광역시교육청 학교민주시민교육 교사아카데미
펴낸이 김민하 **펴낸곳** (주)마북 **등록** 제353-2019-000023호 (2019년 10월 24일)
인천시 남동구 소래역남로 16번길 75 에코메트로3차 더타워상가 B103-5호
전화 070-8744-6203 팩스 032-232-6640 이메일 mabook365@gmail.com
blog.naver.com/mabook365, facebook.com/mabook365

편집 이선희 **디자인** 공미경 **인쇄·제책** 한영문화사

ISBN 979-11-969348-3-5 04370
ISBN 979-11-969348-1-1 (세트)